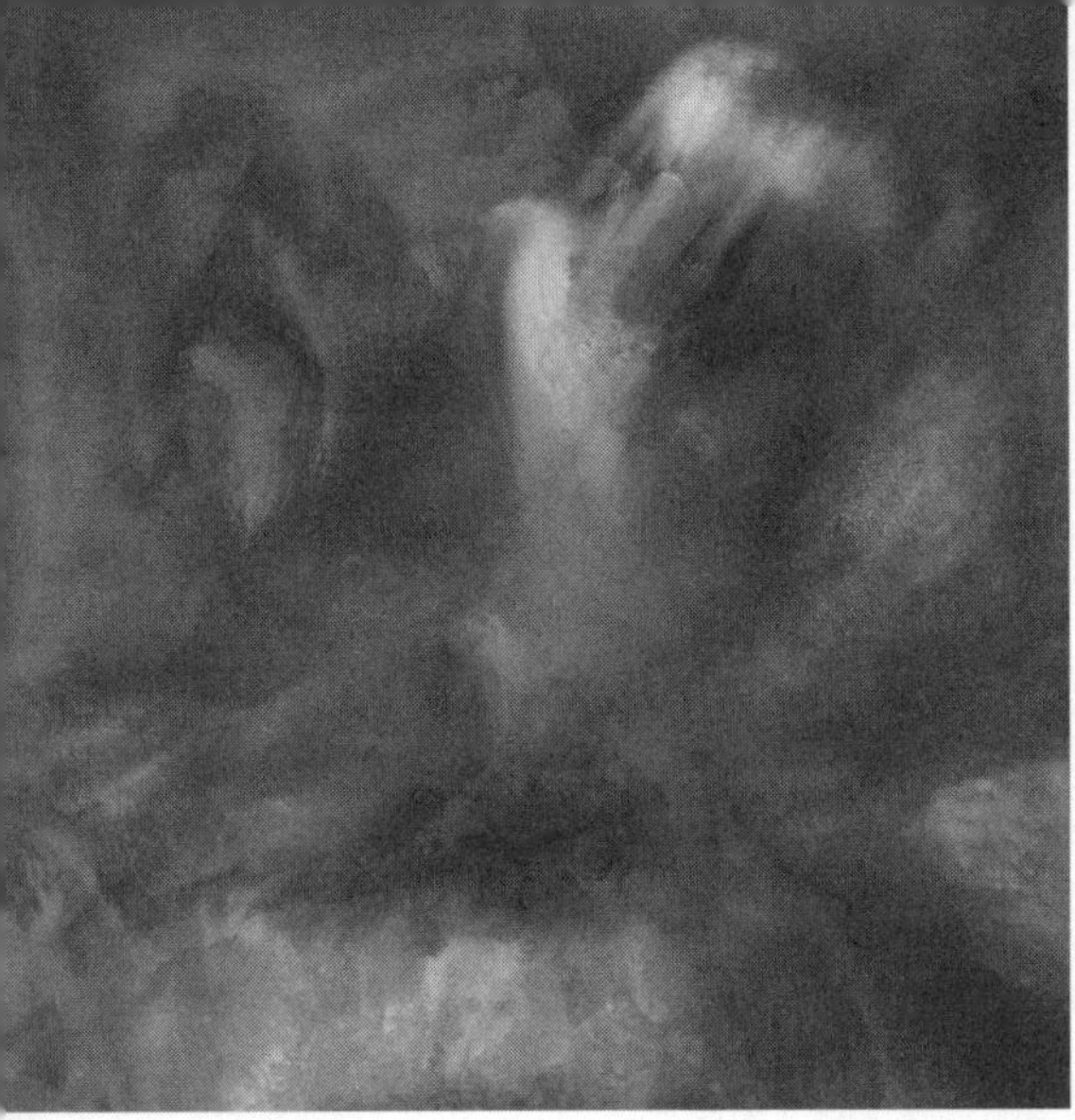

能邨英士《のむらえいし》選集

よきひとのおおせをかぶりて

真宗同朋会運動を生きた人

能邨英士選集刊行委員会編

親鸞《しんらん》におきては、ただ念仏して、弥陀《みだ》にたすけられまいらすべしと、
よきひとのおおせをかぶ《（蒙）》りて、信ずるほかに別の子細《しさい》なきなり。

『歎異抄《たんにしょう》』第二条より

ありし日の能邨英士師

（写真提供＝産経新聞）

宗務役員（職員）の仲間と

宗務所時代、青年時代

結婚披露宴（1964年）

長女 奏美子《そみこ》と

スナップ写真

（写真提供＝勝光寺）

宗務総長時代

真宗大谷派宗議会にて

蓮如上人五百回御遠忌での挨拶
（1998年4月）

「女性室」開室（1996年12月12日）

第二十五代門首記者会見
（1996年7月31日）

「蓮如と本願寺」展開催記者発表に臨む
東西両本願寺総長（1997年5月28日）

（写真提供＝真宗大谷派）

ご門徒と家族

仏弟子入門講座で
（2002年〜）

本山にいる
能部英士総長に会いに

家族（勝光寺住職継承式のとき　2006年）

孫と遊ぶ

（写真提供＝勝光寺）

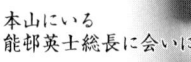

能邨英士選集の刊行にあたって

真宗大谷派の元宗務総長・能邨英士《のむらえいし》師は、二〇〇八年五月十三日、石川県小松市の自坊・勝光寺において逝去されました。その葬儀に参列し、帰途を共にした者から「能邨英士師の遺稿集の出版を」との声があがり、「師の一周忌に発行」を目指し、早速その準備が始められました。

師は、大谷派において『宗門白書』が発せられた一九五六年に宗務役員（職員）として本山に奉職され、親鸞聖人七百回御遠忌法要を経て、真宗同朋会《どうぼうかい》運動にはその発足当初より、これに深く関わられました。その後、「開申」事件に端を発した教団問題の発生という未曾有の宗門混乱時には、その渦中にあって宗務役員（職員）として、宗議会議員として、内局員として、さらに宗務総長として、心身を磨り減らしてその解決に奔走され、宗門正常化のために大きな努力を傾けられました。

また、一九九八年の蓮如上人五百回御遠忌法要には宗務総長としてこれを円成《えんじょう》させるとともに、高《たか》木顕明《ぎけんみょう》師の名誉回復、ハンセン病問題への宗門の謝罪声明とその後の取り組み、死刑制度廃止への意思表示など、時代・社会の中に、宗門が存在することの意義と使命を明らかにすべく尽力されたことは記憶に新しいことであります。

亡くなられる十日ほど前、医師から病名と回復困難な病状が知らされた時、「厳しいご催促だなあ」と呟かれたと聞きますが、師の死はまた私たちへの厳しいご催促であり、無言の遺言でもありました。その促しをどのように聞き、受け止めていくのか。

「前《さき》に生まれん者は後《のち》を導き、後に生まれん者《ひと》は前《さき》を訪《とぶら》え、連続無窮《むぐう》にして、願わくは休止《くし》せざらしめんと欲す。無辺の生死海《しょうじかい》を尽くさんがためのゆえなり、と。」（親鸞聖人『教行信証』化身土《けしんど》末巻）と教えられてありますが、後に生まれた者として、また大谷派なる宗門に御縁をいただいた一人として、ひとえに「無辺の生死海を尽くす」ことを願っての今回の選集の発行であります。

親鸞聖人七五〇回御遠忌法要を目前に控えて、「御遠忌は教団の死化粧か」との厳しい声すら聞こえます今、師が、教団再生を賭けて展開された同朋会運動と共に悪戦苦闘され、常に教団の本来化を憶念しつつ宗門に関わられたその足跡を辿りつつ、私たちもまた、師の残された「同朋会運動は宗門のいのちである」との言葉に導かれて、僧伽《サンガ》*1建立・教団再生の原理と方向を再確認していきたいと思います。

最後になりましたが、この能邨英士選集の発行に際して、白澤社に多大のご尽力をいただきましたこと、ここに厚く御礼申し上げます。

二〇〇九年五月十三日

能邨英士選集刊行委員会　三浦　崇（代表）
玉光順正
佐々木五六
見義悦子

〔編者注〕
*1　僧伽（サンガ）…梵語サンガの音写。略して僧といい、和、衆と訳する。和合の意。仏法僧の三宝の一。仏法を信じて仏道を行う人々の集団のこと。

能邨英士選集に寄せる

阿《あ》満《ま》利麿

能邨さんが宗務総長を退かれてから十年も経たないうちに、同朋会運動は深刻な閉塞状況に陥った。本山の役員たちの言動には驚くような反動ぶりが目立つ。反動化の原因は、おそらく、同朋会運動がいよいよ信心《しんじん》為本《いほん》を全面に打ち出し、末寺住職の意識革命を必要とする段階へと進みはじめてきた点にあるのであろう。

この点、能邨さんは早くから、どれほど本山の中枢を改革してみても、法主《ほっす》と少しも変わらぬ体質の全国の住職がいるかぎり、教団革新はありえないのではないか、という危機感を持ち続けておられた（本書収録「教団問題の克服への歩み」）。私がはじめて能邨さんにお会いしたときにも、能邨さんは「同朋会運動は、いつもとへ戻るか分かりません。真宗大谷派八五〇〇ヵ寺の基盤は脆弱なものです」と話しておられた。

では、「法主と同じ体質の住職」たちは、どのようにすれば「同朋社会の顕現」のために立ち上がることが、できるようになるのであろうか。今こそ、反動をよい機会として、末寺のあり方を変えてゆく処方箋、あるいはモデルを作りあげてみてはどうか。そのような作業は、同朋会運動が現代日本にインパクトを与える信仰運動に発展するためには、ぜひとも通らねばならない関門なのではないか。

私事にわたるが、私はもともと本願寺派の末寺の長男に生まれて、跡を取ることになっていたのだが、既成教団には親鸞はいないと絶望して、寺を出た人間である。その私からいえば、今さら教団の信仰運動に期待するところはないはずなのだが、不思議なことに、同朋会運動には強い関心を持ち続けてきた。なぜならば、現実の社会があまりにも不条理と矛盾に満ちていて、同時代のどこかに、「真実」によって結ばれた人々のつながりが存在する——と信じないことには生きてゆけない、という状況があるからだ。その意味では「同朋社会の顕現」は、きわめて魅力あるスローガンなのである。

それにしても、寺院や僧侶が「家業」となりさがって久しい。守るべき「家業」をもつ人々に「家業」を否定するかのような運動は、なかなか賛同を得られないであろう。いっそのこと、「家業」とは無縁の信仰共同体を新たにつくる方向をもっと模索してもいいのではないか。

晩年の能邨さんは、「家業」から解放された、明治の「浩々洞」のような信仰共同体が続出することを期待しておられた。そういう積み重ねが、いつの日にか新しい真宗のサンガ（僧伽）を形成することになるはずだ、と。運動には、前衛も後衛もある。「法主のような体質の住職」は大型トレーラーのようなものだ。急旋回はできない。ならば、せめて「後衛」に留まる勇気をもち、「前衛」を励ます立場を選ぶことはできないものか。既成寺院のほかにもう一枚、現代の「浩々洞」というカードを新たに加えて、第二次同朋会運動を出発させることは出来ないものであろうか。

私は、能邨さんの期待と展望が正しいと信じる一人なのだ。

（明治学院大学名誉教授）

能邨英士選集　よきひとのおおせをかぶりて——真宗同朋会運動を生きた人◉目次

Ⅳ　インタビューに応えて

Ⅴ　親鸞聖人の教えの本《もと》へ

◉カバー装幀…蓑輪秀一／装画…みのわ淳
◉口絵レイアウト…森和代
◉本文中カット…能郁希有／能郁香美／能郁真実／池野久子／佐々木和子／河島佐葉子

I

語る

——現代を生きる智慧

汝《なんじ》 自《みずか》ら当《まさ》に知るべし（仏説無量寿経）
能邨師の書から

『産経新聞』一九九五年四月四日～九月二十六日（毎週一回掲載）
一九九五年十月十七日～九七年三月二日（毎月一回掲載）

恋愛

恋によって問われる人生の意義

およそ恋ほど、文学や演劇での題材としてとりあげられてきたものはないでしょう。とりわけ人びとは、悲恋の物語に共感し、どれほど涙してきたことでありましょうか。

「今はただ思いたえなんとばかりを　人づてならでいうよしもがな」（『後拾遺和歌集《ごしゅういわかしゅう》』*1）

百人一首に選ばれたこの歌の詠み人、王朝の歌人・藤原道雅《ふじはらのみちまさ》は、前の斎宮《いつきのみや》当子《とうし》内親王に恋の虜《とりこ》となりました。しのび逢う恋の歓喜もつかの間、禁断の恋ゆえに三条院の怒りに触れ、愛する人への情《おもい》を断ち切ろうとして、今はただこの一言を直接伝えようにも、すべはないものかと、ひたすら悩み悲しみます。

だが、恋慕の思いを断ち切ったのは当子内親王のほうでありました。その人は尼《あま》になりました。でも、恋をあきらめることができて尼僧《にそう》になったのではないでしょう。あきらめきれない深い執着の故に、尼僧となって、互いに恋のしがらみから解き放されようと願ったのにちがいありません。恋の激しさ切なさが、伝わってきます。この話は、そぞろ哀れを感ずるものの、なぜかホッとさせられます。

若き日に読んだ倉田百三《くらたひゃくぞう》*2の戯曲『出家《しゅっけ》とその弟子《でし》』の中で、恋のとらわれ人となって悩む唯円《ゆいえん》が、親鸞《しんらん》*3にむかって、

*1　**『後拾遺和歌集』**…平安時代の勅撰和歌集。20巻1200首。白河天皇の勅命で藤原通俊が撰。

*2　**倉田百三**（1891～1943）…劇作家・評論家。結核により第一高を退学、療養生活に。1915年、西田天香の一燈園に入り思索的生活を続け、翌年「生命の川」創刊、「出家とその弟子」連載。宗教文学隆盛の端緒となった。『出家とその弟子』（新潮文庫）。

「恋は罪の一つでございましょうか」

とたずねたのに対して、

「罪にからまったものだ。この世では罪をつくらずに恋をすることはできないのだ」

とこたえた親鸞の言葉が脳裏に浮かびます。

思えば、恋心ほど独占欲が強く、執着の深いものはありません。ときとして、周囲を傷つけねばおかぬようなものを内に秘めています。真実に愛すといい、いのちをも惜しまぬという激しい愛も、その底に憎しみの心をすら宿しています。ひとたび縁がもよおせば、愛情が転じて憎悪となります。さまざまな人生のなかで人は哀歓の模様を織りなしていくのでしょう。

戦後五十年、思ってもみなかった、自由な世の中になり、いつしか恋も奔放で衝動的なものになりつつあるのでしょうか。

忍ぶ恋という言葉がありますが、厳しい寒さに耐えて花開くように、恋によって人生が深く豊かになってほしいものです。恋は人生の中で生まれますが、恋が人生のすべてではありません。

恋はむしろ、失恋に涙するときのほうが、人生をより深く知る機会を与えられることになりましょう。不幸を知らないものは不幸です。悲しみのわかる心こそ、本当に豊かな人間性であります。悲しみのわかる心こそ人をいたわり、人を敬う心に通ずるからであります。

（一九九五年四月四日）

＊3　**親鸞**（1173～1262）…浄土真宗の開祖。比叡山で堂僧をつとめていた。1201年、六角堂に参籠し、95日目の暁に聖徳太子の示現により吉水に法然を訪ね、雑行（ぞうぎょう）を棄てて本願に帰した。1207年、法然一門に対する念仏弾圧により、越後に流罪（承元の法難。住蓮・安楽等は斬首された）。以後、愚禿と名のり、非僧非俗を生きられた。

生きがい

生きている、それだけで充分

「息の緒のよりて甲斐《かい》ある一ふしの豈《あに》なからめや盲《めし》いたりとも」（『白描』）

ハンセン病のため、三十八歳で逝った明石海人《あかしかいじん》（一九〇一～一九三九）の歌です。海人は画家を志し上京しましたが、二十代で発病。すでに結婚して二女に恵まれた生活も、「癩《らい》予防法」施行のもと、両親や妻子、世間から隔離されて、瀬戸内の孤島・長島愛生園に入りました。療養もむなしく、やがて失明し、体の一部がまひし、ついには気管切開して命が刻々ついえていく日々でした。

ところで、ハンセン病はかつては不治の病として結核以上に恐れられ、「予防法」で強制隔離され人権も奪われ、患者やその家族に多くの悲劇をもたらしましたが、疫学的には伝染病ではなく弱い細菌感染症で、大部分の人は免疫をもっているといわれ、まれに発病したとしても近年は特効薬により完全に治癒でき、決して恐れるべき病気ではなくなっています。

しかし、いまなお偏見と差別が絶えないのは悲しいことです。その点から一日も早く「らい予防法」（現行名）を改廃すべきであります。*1

さて、海人はその有り様を「癩は天刑である。加わる笞《しもと》の一つ一つに、嗚咽《おえつ》し慟哭《どうこく》しあるいは呻吟《しんぎん》しながら、私は苦患の闇をかき捜って一縷《いちる》の光を渇き求めた」と述べていますが、地獄のよ

＊1 「らい予防法」は、1999年4月1日に廃止された。

うな生活のなかで、彼は三十を過ぎて短歌を学び、「あらためて己を見、人を見、山川草木《さんせんそうもく》を見る」ようになって、自分が棲んでいる大地がどんなに美しいかを感じ、またこれまでの苦渋を一首一首の歌に表現しながら、肉身を生きる己を祝福できるようになりました。彼は「人の世を脱れて人の世を知り、骨肉と離れて愛を信じ、明を失っては内にひらく青山白雲をも見た。癩はまた天啓でもあった」と告白しています。

考えてみれば、人は意のままにならない現実に出合って挫折し、ときには死んだほうがましだとさえ思います。私たちはこうした「おもい」をそのまま本当のことだと執着して、この身の事実と自我の「おもい」のギャップに気づくのは容易ではありません。しかし、この気づきを通してあらためて己を見るとき、自我のおもいをこえて、この身を生かせている無限なるいのちに出遇《あ》うことができます。

「らい」におかされて最後には呼吸をすることすら困難であった海人が、しかもなお、生きている、ただそのことを無条件に有り難いと受け止められたことに深い共感を覚えるのであります。

（一九九五年四月十一日）

夫婦

孤独の中にも生きる意味を

戦後社会の大きな変化のなかに核家族化と高齢化社会の問題がありますが、いずれも夫婦のありように密接な関係があります。核家族化はいうまでもなく老後を夫婦単位で生きていくという方向を示すものでありましょう。

一方、高齢化の問題は、人生の最晩年を孤独に耐えて生きなければならないという現実を惹《ひ》き起こしています。たとえば、長寿国日本では、男性の平均寿命が七十六歳、女性の平均寿命が八十三歳ですから、その差は七歳となります。そして、夫婦間の年齢格差は総じて夫が平均して妻より二、三歳くらいは年長でしょう。としますと、数字の上では妻のほうが夫より十歳ちかく長く生きる可能性が出てきます。

しかし、現実は統計通りではありませんから、最愛の妻を失ってわが身の孤独と悲哀に沈む男性も決して少なくありません。

『夜と霧』の著者、ヴィクトル・E・フランクル教授[*1]が語っておられたことですが、ある老人が最愛の妻に先立たれて、悲哀と絶望のふちに突き落とされ、喜怒哀楽を示すこともなく魂の抜けたような日々を過ごしていました。

ところが、その老人が機会あってフランクル教授に会うことになり、教授はその老人の立場を

＊1　ヴィクトル・E・フランクル（1905～97）…ウィーン生まれ。オーストリアの精神医学者。ユダヤ人ゆえにナチスにより強制収容所に送られたが、奇跡的に生還。そのときの体験をもとに人間の本質を精神医学者の観点から『夜と霧』（みすず書房）に著す。30頁「希望」参照。

心配して次のように言いました。

「あなたが、生きる望みも失われるほど悲しまれる気持ちはよく分かります。でも、もし立場が逆で夫人が後に残られたら、やはりあなたと同様にどれほど悲嘆されることでしょうか。そのことを思いますと、あなたは最愛の夫人につらい思いを体験させることがなかったのですよ」と語り終えると、その老人は落ち着いた表情を取り戻し、納得した顔つきで黙って去って行ったということです。

よく、夫婦は一心同体といわれますが、お互いのいたわりあいのその底には、でも、どうしても自分だけはつらい目に合いたくないという思いが抜けないのでしょう。世の男性のほとんどが一日でもよいから妻より先にこの世を終えたいと願うのもその証しかもしれません。フランクル教授の話に出てくる老人は、そのようなわがまま一杯の自分に気づかされたのでありましょう。

妻に先立たれたことは、嘆き悲しんでも、なおあまりある人生の悲哀であったが、しかし、そのことを通して自らの都合のみに立っていた姿に気づかされ、それが光となって逆境を生きることに大きな意味を見いだし、孤独に耐えて生きる意欲につながっていったのだと思います。

（一九九五年四月十八日）

いじめ

好醜《こうしゅう》にとらわれる感情から

他人をいじめることが悪いことであるということは、小学生はおろか、幼稚園児でも知っていることでありましょう。これだけはっきりしていることが、なぜ次から次へと起きてしまうのでしょうか。人間の理性でどうしてもコントロールできない領域のことだからでしょうか。

阿弥陀仏の四十八願[*1]の、その第四番目に「無有好醜《むうこうしゅ》の願《がん》」という願があります。これは阿弥陀仏の世界には姿や形が違うことによって、好ましい姿のものと醜いものというように差別されるようなことが決してあってはならない。もし好醜の差別があるようなら、私は誓って仏とはならないという願いであります。

この本願が何を語ろうとしているかといいますと、人間は、理性よりももっと深い感情の領域で常に好醜に執《と》らわれ、好き嫌いで差別し、是非の判断を下して、そのために自らも傷つき、他を傷つけずにはおれない人間のありようを言おうとしております。

ここに一つの逸話があります。

あるとき、数人の紳士が集まって世界の平和や人間の幸せについて熱心に語り合っていました。ところが、そのとき、ひとりの人が洟《はな》をかんだのです。すると、居合わせた人はその洟のかみ方に対して、何ともいえない嫌悪《けんお》の情にもよおされて、雰囲気がすっかり損なわれてしまったとい

＊1　**阿弥陀仏の四十八願**…浄土教の根本経典である『仏説無量寿経』の正宗分に説かれる、法蔵菩薩が仏に成るための修行に先立って立てた48の願のこと。国を棄て、王位を捨てて、世自在王仏のもとで出家して修業者となり、法蔵と名のった。法蔵菩薩は、仏となって理想の浄土を実現するための願いを発した。それが四十八の本願。

うのであります。

人はみな仲良く、世界は常に平和でなければならないというのは、人間の理性の領域でありま す。しかし、理性よりももっと底にある好悪の感情につき動かされると、洟のかみ方ひとつで嫌悪の情に駆り立てられてしまいます。

いじめの問題は少年期だけのことではありません。年とった親の老醜に対し、子がふと、どうにもならぬ嫌悪の情を抱いてしまいます。親は子の嫌悪の表情を見取ってどんなに心いためることでしょうか。察するにあまりあります。

だからこそ、人間は、等しく好醜にとらわれる感情をもつものであり、その感情を持続させ、発露し、さらには共同化さえしてしまう存在であることをよく自覚する必要があると思います。その自覚はどこからくるか。それは存在の根底にある、いのちの願いに目ざめるところからくるのでしょう。この願いに背いている自分に気づくことによって、はじめていじめは克服されると思います。真実の教えに基づいた本当の智慧《ちえ》に学ぶ、そういう真実の宗教による家庭の教育や家族の交わりが、今こそ大切なときであると痛感いたします。


（一九九五年四月二十五日）

父母

容易ではない〝本当の出会い〟

ひとつのいのちが誕生する、その瞬間に親と子が初めて出会います。子の誕生は同時に父母の誕生でもあります。

呱呱《ここ》の声をあげるといいますが、生まれ出た子に自覚はなくても、その声は両親には生涯忘れることのできない感動を与えます。しかし、子供にとって父母に本当の意味で出会うということは必ずしも容易ではありません。

かつて新聞の投書欄で感銘を受けた記事があります。ある父親が、貧困のなかから言語に尽くせぬ苦労を重ねて事業に成功され、自分の子供に対しても金で苦労をさせないよう大事に育ててきました。

ところが、その最愛のわが子が高校生のとき、突然、自らのいのちを絶ってしまい、両親はどん底に突き落とされました。「子供には自分のようにつらい思いをさせたくないと、欲しいものは何でも買い与え、したいということは何でもさせてきたのに、何の不足があって息子は死を選んだのか。だれか教えてほしい」という趣旨の悲痛な言葉が今も忘れられません。

この父母の苦労や愛情が、青年の自死をとめる力に、何故《なぜ》なり得なかったのか考えさせられます。

もしかしたら、親の愛がいつの間にか一方的な押しつけになり、かえって精神的な負担となってはいなかったでしょうか。物だけがすべてではないと叫びたかったのかもしれません。もし自分が、世界中の人から見捨てられても、父母だけは絶対に自分を見捨てないという信頼感こそ、子が父母に求めるものではないでしょうか。

このような話を聞いたことがあります。盗みをしたある小学生の父親のことです。子に裏切られて激怒した父は、わが子を寒中の庭の池に放り込み、自分も一緒に飛び込んで、何故そんなことをしたのか、と涙ながらに真剣にわが子をただしたのでした。共に飛び込んでくれた父の姿に、その子は父の愛をしっかり受け止め、はじめて父と子が本当に出会ったというのです。

子をもって知る親の恩といわれますが、私自身三人の子供に恵まれてこの言葉を実感しております。父はすでに亡く、老いた母が健在ですが、考えてみますと、今、私自身が父母の願いにどれだけ応《こた》えてきたのであろうか、また子供たちに対し、親としてどのような人間になってくれと願っているのか、わが身が問われているのを感じます。これはつまるところ、自分自身がどのような人間になろうと願って生きているのか、と問いかけられていることにほかならないと深く思い知らされることです。

（一九九五年五月九日）

終末論

足下の事実を見つめ直そう

「脚下照顧《きゃっかしょうこ》」[*1]という言葉がありますが、終末論とか終末思想といった観念的な論議もさることながら、今われわれが立っている足下《あしもと》を明らかにすることが最も大事でないかと思います。街行く人々に対し「人類に未来の展望はありますか、イエス・ノーで答えてください」と問うた場合、恐らく一様に戸惑いを感じられるのではないでしょうか。

環境破壊・資源の枯渇・エネルギー問題・食糧問題・人口爆発・南北格差・エイズ問題・民族主義の台頭と紛争、そしてボタン一つで地球上の生態系を一瞬にして破滅する核兵器を、いまだに廃絶できずにいる問題があります。また、われわれの身近なところでは、犯罪や自殺者の増加、麻薬の汚染や家庭崩壊の問題等々、どれ一つ取り上げても実に容易ならぬ問題ばかりであって、このままでは人類はまさに、破局の危機に直面しているといっても過言ではありません。

そしてもう一つ大きな最後の危機は、このような人類の危機的課題に対し、「もう何をやっても事態は良くならない」というニヒリズムに陥る危機であります。そのようなニヒリズムは、例えば、オゾン層破壊の問題でも「自分の生きている間は大丈夫であろう」という逃避主義となり、自分だけの刹那《せつな》の快楽を追い求める極めて利己主義的な生き方になってしまいます。このような考えの人が増えていくとしたら恐るべきことです。

*1 **脚下照顧**……脚下とは自分の足下。「却下照顧」「照顧脚下」「看脚下」とも。足下を顧みるということで、靴の整理整頓の標語とされることもある。自分の足下を顧みるとは、自分の行いや我が心をふりかえりなさい、という意味。

どのようなことにでも結果があれば必ず原因があります。今日の人類の危機は、一体どこにその起因があるのでしょうか。そこには人間の深い迷いが思えてなりません。その迷いの内実はあくなき欲望を追求してやまぬ、人間中心主義に根ざしていると思います。

近ごろ「地球にやさしい」とか「共生」といった言葉がよく聞かれます。しかし「地球にやさしい」ということも、一体どこに立って言っているのかということです。虫も魚も鳥も住めないようでは人間が住めるはずがない、だから地球にやさしくしようというのなら、所詮《しょせん》は「地球にやさしく」ではなく「人間にやさしく」という、人間中心主義を一歩も出るものではありません。

もし人間と自然が対等の関係であって、人間はその持てる能力によって自然を支配することができる、またコントロールすることができるなどと思うのは、とんでもない思い上がりです。

人間はどこまでも自然的存在、自然の一部として生かされている存在であるという人間自身の分限をよく自覚することこそが、最も大切であるのではないでしょうか。

（一九九五年五月十七日）

若者へ

人と成《な》る——信念の確立

若い人たちの重要な課題は、何といっても「成人」するということでありましょう。「成人」とは、「人と成る」ということであって、それは年齢が満二十歳になって「成人式」を迎えるということだけには、とどまらないはずであります。

「人と成る」ということは、自らの人生を主体的に生きる、そのような「人と成る」という意味があるのだと思います。

もうずいぶん前のことでありますが、知り合いの婦人が突然訪ねてこられて、深刻な悩みを打ち明けられました。

「実は昨日、娘と進学のことで親子ゲンカをしてしまいました。

娘は前から家の経済事情で、高校を卒業したら就職することになっていたのです。ところが親しい友人に誘われたこともあって、どうしても短期大学に進学したいということになり、話し合っているうちにあまりにも聞き分けがなくせがむので、私はつい『いったいお前はだれのお陰《かげ》でここまで大きくなれたのか』と、娘のわがままをなじってしまったのです。すると娘は『私は生んでほしいと頼んだ覚えは一度もない。親が勝手に生んだのだから、親が育てるのは当たり前でしょ』と言い返してきたのです。それを聞いて私は絶句しました。その夜は、くやしいやら情けないやらで、ほとんど眠れませんでした」

ということでした。

しばらくして私が、「娘さんは親が勝手に生んだというが、本当に親が勝手に子を生めるなら、そんな親に逆らう親不孝な子を生まずに、もっと素直な子を生むはずだがなあ」と言いましたら、そのお母さんは我《わ》が意を得たりという顔で「そうです。その通りです。さっそく娘に言って聞かせます」と言われますので、私は「それは駄目《だめ》です。それではどこまでいっても娘さんの気持ちを傷つけるだけです。それよりも家の暮らしのことを何もかも打ち明けて相談したらどうですか」と申したことです。

結果、その娘さんは自分の非を詫《わ》びて、十分に納得して自ら進学を断念されたそうです。我々《われわれ》はとかく自分に都合のよいことは、自分の手柄にし、都合の悪いことは全《すべ》て他人の責任にしてしまいます。そうではなくて自分が立たされている現実の中で、全ての責任を引き受けて自分の生きる道を決定する。すると不思議にも、どんな人生を生きようとその人生全体を私の人生とすることができるのであります。その娘さんもお母さんも、ともどもにこの経験を通して「成人」への出発点に立たれたのでありましょう。

（一九九五年五月二十三日）

笑い

微笑——湧きいづる喜び

笑いにも大笑、苦笑、忍び笑い、嘲笑《ちょうしょう》、微笑、等々、いろいろありますが、やはり心惹《ひ》かれるのは快心の笑いかもしれません。

これまで実にたくさんの笑顔に出会ってきましたが、私には忘れられない最高の笑顔がありました。長女がちょうど生後十ヵ月余りのころ、元気よく這《は》って遊んでいたのが突然、何の支えもなしに自分の足で立ち上がったのです。生まれてはじめて両足で立った、その瞬間、何ともいえない笑みがこぼれたのです。全身に喜びが溢《あふ》れるという光景でありました。非常に印象深くその笑顔が心に焼き付いております。それは、その笑顔を見た私にとっては、出世《しゅっせ》の本懐《ほんがい》を思わしめるものでありました。出世の本懐とは、この世に人と生まれてきて、このこと一つというような最も根源的な願いが満足するということであります。

笑いについて、もう一つ心に刻まれているものがあります。

釈尊《しゃくそん》*1の時代、王舎城の太子である阿闍世《あじゃせ》*2の反逆によって、無道にも王である夫が殺され、それを助けようとした韋提希《いだいけ》夫人自身が王宮の深くに幽閉されてしまいます。

平和な家庭が一挙に地獄のどん底に突き落とされ、その苦しみの中から韋提希は釈尊のお弟子に救いを求めます。思いかけず釈尊ご自身が韋提希の前に現れます。彼女は、王妃のプライド

*1 **釈尊**…釈迦牟尼の略である「釈迦」は部族名もしくは国名で、牟尼は聖者・修行者の意味。「釈迦族の聖者」という意味の尊称。紀元前5世紀頃、現在のネパールのルンビニで誕生した。父は釈迦族の王で、王子として裕福な生活を送っていたが、29歳で出家。35歳で正覚（覚り）を開き、仏陀（覚者）となった。『ブッダのことば』（岩波文庫）、『真理のことば・感興のことば』（同）。

も何もかも投げ出して洗いざらい愚痴を吐き出したことから、ようやく心がしずまり、二度と地獄、餓鬼、畜生の生き方を繰り返すことのない浄土に生まれ往《ゆ》く道を教えてくださいと、釈尊に願われるのです。

釈尊は思わず「微笑《みしょう》」されて、一人の悩める夫人・韋提希に教えを説き始められるのです。韋提希が深い悲しみと苦悩の中にあるのに、何故《なぜ》釈尊は他人の不幸を楽しむかのように「微笑」されたのでしょうか。

それはこの悲劇を通して韋提希は人間が本当に求めている道を問うことができた、この人間としての根本課題を見い出した韋提希に対し、仏陀釈尊は心から祝福し満足されて思わず「微笑」されたのでありましょう。

そして、よくよく考えてみれば、笑って暮らせることは、まれなことであります。しかし、だからといって、まるで自分一人で世の苦労を引き受けて生きているというのも、どうでしょうか。「人と生まれた悲しみを知らないものは、人と生まれた喜びを知らない」という言葉がありますが、実は、喜びも悲しみも、人生そのものからの贈り物なのでしょう。そうとすれば、わが人生は、深い「笑み」のうちにこそあったことを教えられるではありませんか。

（一九九五年五月三十日）

＊2　**阿闍世**…南インドのマガダ国王・頻婆娑羅（ビンバシャラ）と王妃・韋提希（ヴァイデーヒー）との間に生まれた王子。提婆達多（ダイバダッタ）にそそのかされ父を殺して王位につき、母をも幽閉したが、前非を悔い仏に帰依した。『観無量寿経』は、阿闍世の逆害と、韋提希の致請を機縁として説かれたもの。

病《やまい》

病気になって見えた世界

人が避けて通ることのできないものに病気があります。病気知らずで健康自慢の人にも病気にならないという保証はありません。また、肉体的には健康であっても、心が病んでいる場合もあります。

身の病にしても心の病にしても、本人にその自覚がないうちに進行し、致命的となることもあります。

幼稚園の園長をしておられた鈴木章子《すずきあやこ》さん（一九四一〜一九八八）は、ある朝、園児が「えんちょうせんせい」と勢いよく胸に飛び込んできたとき、左乳に突き刺すような激痛が走って、それが癌《がん》との出合いとなったそうです。

乳癌の手術の経過は良好でしたが、三年目に左肺に転移、左肺上葉《じょうよう》摘出手術も無事終わったものの、翌年、さらに左右両肺に転々移、最善の医術の力も及ばず、ご主人と四人の子を残されて四十七歳の生涯を終えられました。

はじめから本人の希望もあって、鈴木さんは医師から癌の告知を受けました。強い衝撃の中で、「私、人間だったんだ。私、生きていたんだ」という想いが胸にこみ上げ、自らの死に直面したことから、人生が見直され、限られたいのちを本当に生きるという営みが始まりました。だが、すんなりといったというわけではありません。

手記である『癌告知のあとで』（探究社）によりますと、「〈心の狐児〉的覚束《おぼつか》なさで〈お先まっくら〉といった心境」にもなられた、そんな時、お父さんの「生死《しょうじ》はお任せ以外にはないのだ。人知の及ばぬことはすべてお任せしなさい」「自分でどうにもならぬことを、どうにかしようとすることは、あなたの傲慢《ごうまん》である。ただ事実を大切にひきうけて任せなさい」との手紙の言葉にハッとして、初めて「代ってもらうことのできない、誰にも責任を転嫁《てんか》できない自分の人生である」ことに気づかされたということです。

予期せぬ癌の訪れを「章子、目覚めよ！　何をしている」と「み仏様が私のほっぺたにビンタをくれた音」だと受け止められ、癌になってもならなくても、すでに「死の縁《えん》無量」の現実の中に生かされていたことを知らされたのです。そして、今生きていることそのことが不可思議というほかない、なんでもない一日一日の、いのちのはかり知れない尊さに気づかされたのです。

病を意に添わぬ敵として闘う闘病ではなく、その事実を受け取って癌を拝んで暮らすまでに成《な》られ、また、死が消滅ではなく「いのちのふるさとに帰る」ことであるとの安らぎを発見し、与えられたいのちに謝念をこめて完全燃焼された鈴木さんの生き様に、深い感銘を覚えるのであります。

（一九九五年六月六日）

挫折《ざせつ》

思いが破られたところから

この世に生を享《う》けた以上、人は挫折の経験を経ずには生きていけないものであると思います。挫折は、人生にかける我《わ》が思いや努力が思い通りにならない現実に出合って、くじけ、破れ、傷つくことですが、大切なことは、それによって人生そのものが駄目《だめ》になることではなく、むしろ人生は挫折の経験を通して、世界が開かれ、より成熟した人間へと育てられていくご縁だといえましょう。

今、一人の老婦人のことが憶《おも》われます。早く夫に死別された松田トクさんは、苦労して一人息子を育てあげ、息子は結婚して孫も生まれ、苦労の甲斐《かい》があったと思う間もなく、子息が過労で倒れ半身不随になって寝込んでしまわれた。半年の後にはお嫁さんも同じように寝込まれ、松田さんは息子夫婦の下の世話から、小さな孫の面倒まで見なければならなくなりました。

やっと楽隠居《らくいんきょ》ができると思った矢先だっただけにショックが深く、愚痴ばかりが出てどうにもならず、日ごろから仏法を聞いていた藤原鉄乗師をたずねました。

「先生、なんでウラ《（私）》だけ、こんな目に合わにゃならんのや」と、胸に溜《た》まった思いを畳の目をつめでかきむしるほどに必死で訴えました。黙って聞いていた鉄乗師は、言いたいことはそれだけかと確かめられた上で、「そりゃ婆さんが娑婆《しゃば》に出てきたからじゃ」と一言こたえられました。

やさしい言葉のひとつもと期待していた松田さんはムカッとして、そんなこと聞かなくても分かっていると腹を立てて帰ってしまいました。だが、心の深くで気にかかっていたのか悶々《もんもん》とした日を送るうちに「やっぱり娑婆へ出て来たからやったな」と気づき、初めて鉄乗師の言葉が胸に落ちました。娑婆とは忍土《にんど》、思い通りにならぬことを受け止めて生きるほかない世界。自分で絵を描《か》いていたのが絵の通りにならなかっただけのことだと気づかされたのです。鉄乗師まで恨んだ自分が恥ずかしくなり、早速お詫《わ》びして燃えるような勢いで聴聞され、力も湧《わ》いて孫を背負い、リヤカーをひいて野菜を売りに歩くようになったということです。

よい結果ばかりを求める人間の都合中心の思いには行き詰まりがあっても、人生そのものに行き詰まりはないということなのでしょう。

結果の如何《いかん》にかかわらず、身はそこに生きて何事もすでに引き受けているという事実がありです。「身を捨ててこそ浮かぶ瀬もあれ」という先覚の言葉がありますが、逃げようとすれば閉ざされ、受ければ必ず道の開く、そのようないのちを私どもは頂いているのではないでしょうか。

（一九九五年六月十三日）

希望

暗闇の中にこそ光が照らす

もの心がつき始めると、人は希望に胸ふくらませ、希望とともに生きるようになります。

希望は、叶《かな》えられるときのことよりも、むしろ叶えられないときに、どう受け止めるかが深刻な問題です。

希望が叶えば得意になり、有頂天になりますが、その幸せも、壊されるときの苦しみは、地獄の苦しみよりも甚《はなは》だしいといわれます。人間の予測を破って、いつ絶望的な状況がおとずれるかも分かりません。

アウシュビッツの強制収容所から奇蹟的に生還されたフランクル教授[*1]の体験記録の中には、目をおおわずにはおれない地獄の状況が報告されています。

精神医学者として妻と二人の子供に恵まれ平和な研究生活を続けていた教授が、ナチスドイツによって一家は皆逮捕され、恐るべき集団殺人の施設へ送り込まれました。アウシユビッツだけで三百万の人命が絶たれたといわれていますが、教授の両親、妻、子供もガスで殺され、あるいは餓死し、暴虐非道なナチスの犠牲になりました。このような、絶対にあってはならない地獄を、私どもは決して遠くに見ることはできません。

この強制収容所の過酷な現実に、「もはや人生から何ものも期待できない」と絶望し自殺にから

＊1　フランクル教授…14頁脚註参照。

れた人が、同じ囚人のフランクル教授の語りかけによって、愛情をもって待っている人があり、まだ仕上げなければならない仕事があることに気づかされて希望がわき、自殺を思いとどまったと伝えています。

また教授自身、いつガス室に送られて殺されるかもしれない明日なき収容所の中で、心理学者として体験記録の原稿を命がけで窃《ひそ》かに記していました。驚嘆のほかありませんが、このことは、人間が地獄に拘束されて絶望しかない極限状況の中でも、希望や目的など、生きる意義を見い出し、そのことを証《あかし》せずにおれない精神的存在であることを教えてくれます。人生が思い通りにならない以上、失意であれ絶望であれ、その現実をどう受け止めるかに、その人の生き方のすべてがかかっています。

親鸞《しんらん》は、「念仏者は、無碍《むげ》の一道なり[*2]」と、念仏の生活によって何ものにも碍《さま》げられない人生の大道が与えられると教えられています。どんな状況におかれようとも、そこで人間の生きる意味を見い出し、他の何ものにもかえることのできない、いのちの尊さを学ぶことができるということであります。

この無碍の一道に立ってこそ、どのような逆境や失意の中からも希望がかぎりなく開かれてくるのでありましょう。

（一九九五年六月二十日）

＊2　『歎異抄』第7条より。『歎異抄』については、39頁脚註参照。岩波文庫（ワイド版）ほかにも。

安らぎ

天命に安んじて人事を尽くす

だいぶ以前のことですが、ある党の総裁選で有力二氏が争ったことがあります。自信をもっていたA氏は記者のインタビューに「人事を尽くして天命を待つ心境です」と泰然と答えたのですが、結果は敗れて、記者に「天の声も時々おかしな声がある」と答えたのが印象的でした。

実際、人事を尽くすといっても結果の好・不都合を問わないということは容易ではありません。釈尊《しゃくそん》は、人間が気を配り、心を使って働きながらも「安き時」がなく「心身倶《とも》に労《つか》れて坐起《ざき》安からず」と悲しまれていますが、本当の安らぎを見いだしかねている現代人の姿を言い当てているようです。この安らぎのなさは、過去のことが悔やまれたり、将来のことが心配されることに起因しています。

清沢満之《きよざわまんし》*1先生（一八六三〜一九〇三）の晩年の逸話ですが、長男が五、六歳の時、夫人が、この子が十五、六歳になれば、東京に出して勉学をさせたい。そのため学資を貯《た》めたいと言ったところ、先生は「この子が無事に成長するかどうかも、賢愚もまだ分からない。学校へ行けるようになるなら、そのとき学資の路は必ず開ける。十年も後のことを今からそのように苦慮することはない」と諭されたそうですが、その長男は十歳で病死してしまいました。取り越し苦労が無益であり、人生は恃《たの》むことができないということを、この事実は示しています。

＊1　清沢満之…大谷派の僧侶。東本願寺の宗政革新運動をすすめ、1900年には東京に浩々洞を営み、門下を教導した。1901年、雑誌『精神界』を発刊、同年、真宗大学学監（学長）となった。その唱導する精神主義は、近代的仏教信仰を確立したものとして注目される。著書に『宗教哲学骸骨』『我が信念』など。『清沢満之全集』（岩波書店）。

清沢先生の、現在に安住するとの信念は、悲惨な生活の現実から獲得されたものでした。教団の改革運動の失敗、教団からの除名（後に解除）、二人の子供と夫人の死等、しかも晩年の十年は肺病のため痰壺《たんつぼ》を離されたことはなく、その病で四十歳で逝《ゆ》かれたのです。

先生は自殺を思ったこともあるということですが、縁《えん》がもよおせば何を思い何をしでかすかもわからないこの身が、気づけばすでにわが思いを超えて生かされているまぎれもない事実に出遇《あ》われたのです。そこに自分の損得や善し悪しを思いはからって悩む必要のない、いのちの成り行く事実に全存在を乗托《まか》されたのであります。

「如来の教えに遇う者は現在安住の思念に住して、どんな困ったことにあっても必ず活路が与えられる」

と先生は門弟に述懐されております。

先生は「天命に安《やすん》じて人事を尽くす」と言われ、人事を尽くすこと自体が天与の恩恵であると、現在に安住して生きる道を証《あかし》されたのであります。

不安の尽きぬ現代、先生の生き方が改めて憶《おも》われることです。

（一九九五年六月二十七日）

豊かさ

よき師友との出遇《あ》いから

戦後五十年、経済優先にひた走って経済大国日本といわれるまでになり、その言葉にも驚かなくなりました。

それは、人間の欲望に限りのないことの証左かもしれません。エコノミック・アニマルという呼称をもらっているだけに、一人ひとりが、本当の豊かさとは何かということを真剣に考えなければならない時に遭遇しています。

有史以来の、思ってもみなかった繁栄が実現したわけですが、それが一部・表層のものであり、必ずしも人間の豊かさや幸せにつながりませんでした。過労死やストレス症候群の激増、家庭崩壊や老後の不安、いじめや自殺に象徴される人間関係の亀製の深さ、さらに環境破壊やごみ処理問題など、内外とも深刻な問題の渦中にあるといえましょう。

いずれにしても、豊かさを物質的な繁栄のみに期待することが迷妄であったことは、はっきりしてきました。

にもかかわらず、人間の欲望が益々《ますます》肥大化の一途をたどり満足することを知らないのは、餓鬼《がき》の姿そのままです。

源信僧都《げんしんそうず》は『往生要集《おうじょうようしゅう》』*1に、餓鬼のひとつの姿として「口は針の孔《あな》の如く、腹は大なる山の

*1 『往生要集』…平安中期の天台僧・源信（942～1017）の著。極楽往生に関する経論釈の要文を集め、念仏が往生の要であることを明かしたもの。厭離穢土、欣求浄土、極楽証拠、正修念仏、助念方法、別時念仏、念仏利益、念仏証拠、往生諸業、問答料簡の十門からなる。

如し」と示されていますが、物のあふれる中で、人間の不信や孤独、欲求不満など、飢え渇いている現代の人間と重なってきます。

今、何よりの急務は、文明の利器を駆使しながら、内実は餓鬼となっている現実の生き様を、先ず直視することです。

この世の人間の迷いの深さとその痛苦を凝視された源信僧都は、偈《げ》を引いて「足ることを知らば貧なりといえども富と名づくべし、財有るも多欲なるは是を貧と名づく」と教えていますが、さらに「得難い人身を得ても、仏法に遇《あ》い、自らの姿に目覚める信心を生ずることが最も困難である」(取意)と、仏法を求めて、空しく生きることのないように、とさとされています。

生涯を聞法者《もんぼうしゃ》・念仏者として生き、家も財産も持たれなかった名もなき市井《しせい》の求道者というべき木村無相さんは、「おん同朋《(御)どうぼう》」という念仏詩に、

「右を見ても　おん同朋／左を見ても　おん同朋／前を見ても　おん同朋／後《うしろ》を見ても　おん同朋／みんな　みんな　おん同朋」(『念仏詩抄』永田文昌堂)

と讃えています。

よき師・よき友との出遇いを通して、仏法に生かされていると気づいたことで誰も彼も、命の絶対平等に生きるおん同朋であり、互いに真の知己であるといえるこの「おん同朋」の世界こそ、尽きることのない本当の豊かさではないでしょうか。

(一九九五年七月四日)

孤独

開けゆく心、閉ざす心

孤独ということを今日の世相の中で考えるとき、「孤老の死」という見出しの報道に象徴されるように、老いが孤独につながっていくような深刻な問題があります。

それは、高齢者の間だけではなく、若年層向けの雑誌などに、「いかにして友だちをつくるか」という特集が組まれるほど、若い人たちにとっても避けられない問題となっています。塾通いに追われるなど、自由な時間や遊びを奪ってしまった、合理主義的管理社会のしわ寄せが露呈してきたといえましょうか。

温《ぬく》もりの伝わる愛情や信頼を求めてやまない人間には、孤独地獄という言葉もあるほどに孤独は不安で耐えがたいことなのです。

釈尊《しゃくそん》は、人は世間の愛欲の中にあって、「独《ひと》り生《しょう》じ独り死し　独り去り独り来《きた》る」ものであり、人生の苦楽もこの身自らが引き受けるほかなく、誰《だれ》も代わることはできないと諭されています。

自分だけは絶対に孤独になりたくないという切実な願望も、それが自己愛にもとづく執着であったと気づかされるとき、はじめて私どもは、「独生独死《どくしょうどくし》　独去独来《どっこどくらい》」＊1の本来孤独なる身の事実に頷《うなず》き、どのような人生であれ、自ら果たし遂げるほかない厳粛な人生として受けとめることができます。

＊1　**独生独死**…『仏説無量寿経』（巻下）に「人在世間　愛欲之中、独生独死　独去独来」とあり、「人、世間の愛欲の中にありて、独（ひと）り生まれ独り死し、独り去り独り来（きた）る」と読む。

そこに開けるものこそ、「つくべき縁《えん》あればともない、はなるべき縁あれば、はなるることのある」[*2]（親鸞）人間の執着を超えた自在なる交わりであります。

こんなことを聞いたことがあります。ある囚人となられた方が、独房の窓から迷い込んできた、こおろぎか何かの虫との出合いが始まったそうです。彼はその虫に声を出して話しかけ、こよなく愛して、独房の中の孤独がどれほど癒《いや》されたことか……。彼は、独房から離れる日、後から入る人にぜひこの虫を大切にするように伝えて欲しい、と看守に頼んだというのです。

囚人となられた方が一匹の虫に出合ったのがまさに孤独の中からであったように、孤独は人間にとっておそるべきものではなく、むしろそこから広い世界が開かれていくものであります。本当に孤独を知るものこそ、出合いのよろこびを深くかみしめられるのではないでしょうか。

私どもがおそれなくてはならないのは孤独ではなく、孤立することです。孤立は自らの生き方をよしとする余り、他を認めず拒否します。自分を認めないものに対してはいきどおりとなり、恨みともなります。私どもの内にはたらく独善的なおもいこそ、人との出合いと交わりを閉ざしていくものでありましょう。

（一九九五年七月十一日）

＊2　『歎異抄』第6条より。

挑戦

人間をつき動かす意欲

「あかときに見しゆめはしも友と二人　荒野をかける吾《わ》れに足あり」

三歳のとき、突発性脱疽《だっそ》で両手両足を途中から切断され、苦難の多い七十二年の生涯を遂げられた中村久子《なかむらひさこ》さん（一八九七〜一九六八）の晩年の歌です。

老いてなお、「吾れに足あり」と夢にまで見られたところにあきらめ切れぬ思いがしのばれます。伝記によりますと、七歳のとき父の死に会い、一家を襲った過酷な現実の中で、お母さんと祖母は将来を考えて、久子さんが自立できるように厳しく育てられました。小学校にも行けなかった久子さんは、祖母から勉強の手ほどきを受け、お母さんからは針仕事ができるよう容赦なくしつけられました。

手足のない身には、まるで不可能への挑戦でした。悪戦苦闘してもできないと音をあげると、お母さんは「できないからといって止めてしまったら何もできません。できないというのは横着だからです」と、しかられたとのことです。

残された手足や口、体を総動員し、血と涙のにじむ努力の末にやっと糸を通して針が運べるようになった、その喜びはたとえようがありません。

久子さんは二十歳で見せ物小屋に入り、口を使って書を書いたり、縫い物をするなどの芸を見

＊1　ヘレン・ケラー（1880〜1968）…アメリカの女性教育家・社会福祉事業家。2歳のとき盲聾唖となったが、努力のすえ大学を卒業。身体障害者の援助に尽くす。3度来日。1937年来日のおり、中村久子さんと会った。ヘレン・ケラーとサリバン先生のことを描いた『奇跡の人』は映画・演劇で有名。

せて自活し、以後二十二年間、その生活を続けました。その間、結婚生活に入り、子供を出産した喜びも束《つか》の間、夫との死別など、筆舌に尽くせない苦難に出会います。

そんな中で、座古《ざこ》愛子女史（寝たきりで女学校の購買部を受け持ち、身体「障害者」の相談に応じていた）や、ヘレン・ケラー女史[*1]、さらに『歎異抄《たんにしょう》』[*2]に出遇えたことは、久子さんの人生に忘れることのできないものです。

久子さんは、「四肢なき身が、私の善知識《ぜんちしき》であった」と述懐され、「手足なき身にしあれども生かさるるいまのいのちはとうとかりけり」とその感動を歌っています（『こころの手足』春秋社）。

考えてみますと、私どもは、飛ぶ鳥を見て自分も空を飛べないかと思うような、何かにふれて本能的に自己をつき動かす意欲にかられる存在であります。挑戦とは一人ひとりの中に潜在している能力を可能な限り開発せよとの促しでもありましょう。

久子さんも、よき人びとの励ましを受けて、もてる能力を開発し切り、いのちの完全燃焼をされたのであります。

ただ私どもには、他を意識したり、失敗するなら止めておこうというような打算がはたらきますが、そのような打算を超えて精一杯の努力を惜しまない。そのような生き方をしたいものであります。

（一九九五年七月十八日）

＊2　**『歎異抄』**…親鸞の語録。一巻。弟子唯円の編と言われている。18条からなり、前半は親鸞から直接聞いた法語を記し、後半は当時行われていた宗議の異説を指摘する。西本願寺所蔵の蓮如書写本が最も古く、本文の後に法然と弟子7人の流罪と、善綽、性願、住蓮、安楽の死罪のことを書き刻む。『歎異抄』（東本願寺出版部）。

言葉

人生は真理の一言に出遇《あ》う場

たくさんの言葉を知っている人も、本当に必要な言葉を知っていると言えるでしょうか。

ある先生が、小学低学年の子供から、「人間はどうせ死ぬのに何故《なぜ》生きているの」と聞かれて、返す言葉がなかったという話を聞きますと、他人事とは言えません。知識としての言葉は豊富であっても、人間そのものを問いかける言葉にはなかなか答えられないものです。

私の知り合いの方の中でこんなことがありました。三世代が同居している若夫婦の一歳余りの子供が、ある日、仕事から帰ってきたおじいちゃんにまとわりついていたのですが、着替えをしていたときにたまたま孫が離れていったのに気づきませんでした。孫に声をかけようとするとその姿が見えない。あわてて探すと浴槽の中に落ちて死んでいた。一家はたちまち地獄のような悲嘆にくれました。やがて集まった親《しん》せき知人も涙ながらのお悔みの中から「たくさん大人がおって何故こんな悲しい事故が起きたのか」という繰り言がもれ、身が切られるような、おさまりのつかない状態になりました。

その時、おじいちゃんが「そんな事故の詮索《せんさく》ばかり繰り返してもどうにもならんでないか。みんなでお念仏を申そう」と呟《つぶや》かれた言葉に、やっとみんな我《われ》にかえり一緒に念仏申されたというのです。

もし、「お念仏申そう」との一言が聞かれなかったら、誰が悪いというよしあしの裁きになったり、不運をのろったりして悲しみの上に更《さら》に、この家庭自体も引き裂かれたかも知れません。ただ念仏申すよりほかないということによって、泣きながらも、どうにもならぬ事実を受け止めるしかないと頷《うなず》くこととなったのです。そして、小さな命の死が悲しみの中から、限りないいのちの尊さを気づかせてくれることとなったのです。

親鸞は主著である『教行信証《きょうぎょうしんしょう》』*1に「真理の一言は悪業を転じて善業と成す」という言葉を引いて念仏のはたらきを讃《たた》えていますが、真理の一言（お念仏）に出遇って初めて闇中に光がさすように私どもの生活がよび覚まされ、人間であることの弱さに頷き、いのちの尊さに気づいて生きる人生へと転ぜられるのであります。

光を浴びて氷が自然に溶けるように、真実の言葉はかたくなな心を解きほぐし、人としての悲喜を、いのちのあるかぎり深めてゆきます。

「どうせ死ぬのに何故生きているの」という問いは、そのまま忘れてはならぬ人間の根源的な内奥からの問いであります。この問いの持続するところ必ずや、真理の一言に出遇わしめられるでありましょう。

（一九九五年七月二十五日）

＊1　**親鸞聖人『教行信証』**…親鸞著作。『顕浄土真実教行証文類』全6巻は、一般には略して『教行信証』と呼ばれる。浄土真宗の立教開宗の根本聖典。『御草本』と呼ばれる自筆の再稿本が坂東報恩寺（東京都台東区）を経て東本願寺に現存する（国宝）。親鸞の東国（関東）在住時代に構成がまとまり、亡くなるまで補訂されていた。『真宗聖典』（東本願寺出版部）所収ほか。

私の8月15日

なぜ「誤りの虜《とりこ》」になるのか

五十年前の八月十五日、私は旧制中学の一年生、十三歳でした。いたたまれぬような思いで、親友と二人川へ行きましたが、いつもの水泳ぎする人影も見えず、ただ淋《さび》しい思いにかられて水泳もせず、これから日本や自分たちがどうなるのかということを子供心にも心配しましたが、とても口に出せるような心境ではありませんでした。それで、とりとめもないことを話して時を過ごしたことが深く印象に残っています。

事件としての戦争は、確かにその日で終わったのですが、戦後の復興が進むのと同時に、自分の心の中から戦争はだんだん消えて風化していきました。

戦争と自分のかかわりという問題が意識されだしましたのは靖国神社国家獲持の法案[*1]が出てきたころからです。特に最近、フランクル教授の

「人間にどのような能力があり、またどのような誤りの虜《とりこ》になるかということを実証した時代が二十世紀である」

という言葉に出会って考えさせられてきました。ここには、限りなく光を求めてきた人間の営みそのものが誤りの虜になって、闇《やみ》の中に流されてきたという事実があります。

こういう言葉に出会って、自分にとって戦争は何であったかという問いを起こしてみますと、

＊1　**靖国神社法案**…法案には、靖国神社を日本政府が直接管理し、国によって戦没者の英霊を慰める儀式・行事を行うなどを規定。1964年、自民党内閣部会に小委員会が設置され、69～72年、自民党から議員立法として毎年提出されたが、廃案となった。73年提出法案は審議凍結などを経て、74年衆院可決も、参院で審議未了、廃案となった。

これまで戦争を外にしか見てこなかったことが知らされます。戦争を外に見るかぎり合理化や正当化の問題が常に出てきます。「人間が何故《なぜ》誤りの虜になるのか」ということに思いをいたしてみますと、そこに戦争をひき起こす誤りのもとが自らの心に深く内在していることが明らかになってきます。

親鸞は自らが生きる世の現実を、「五濁増《ごじょくぞう》のしるしには　この世の道俗ことごとく　外儀《げぎ》は仏教のすがたにて　内心外道《げどう》を帰敬《ききょう》せり」[*2]と悲歎されています。どこまでも自分の主張や価値観に固執して対立抗争のつきないこの五濁の世界が現出してくるのは、その「しるし」・証拠として、この世の道俗《ひとびと》がみな「内心外道を帰敬」しているからであると、その因《もと》を明確にされています。

外道とは、端的にいえば経済優先や科学万能、快楽中心主義などにとらわれ、そういうものだけが人間を幸せにすると固執して生きる生き方です。その根にあるものは我《わ》が身の本当の姿を見失い、どこまでも自我を拡大しようとする生き方にほかなりません。

戦後五十年を経て、戦争だけではなく、今日言われる平和の中にあって、いつでも「誤りの虜」となりうる危機の存在としての私どもの、在り方そのものが問われていることを痛感することです。

（一九九五年八月一日）

＊2　「正像末和讃」より。『親鸞和讃集』（岩波文庫）。

思いやり

生きることの重さが共感されて

私が若い時に、ある法話の席で一人の老師が農家のおばあさんたちに、こんな話をされたのを聞いたことが印象に残っています。

農家でお嫁さんを迎えるということになると、大体農作業の働き手としての条件が優先し、力が強くて病気知らずで、野良仕事に精出す人が求められます。そのような人を探してやっと迎え、初めはよく働く嫁が来てくれたと喜んでいても、しばらくすると、うちの嫁は何とも根性のきつい人で、どうにもならん、姑《しゅうとめ》を姑とも思うておらん、というようになってしまう。舅《しゅうと》や姑が病気しても、病人のつらさが分からんので全く思いやりがない。思いやりがないといっては、かぎりなく愚痴をこぼす。

そんなのは余りにも身勝手な話で、自分が求めたことではないか。大体、欲張り過ぎる。病気もしない、働くことしか知らないような嫁を求めておりながら、自分が病気になったからといって痒《かゆ》いところに手が届くような病人を思いやる心を求める。病気の体験のない丈夫な者にどうして病人のつらさまで思いやれるのか。思いやろうにも思いやりようがないではないか、というようなお話でした。

たしかに、人間の思いやりといっても、「我《わ》が身をつねって人の痛さを知れ」また「同病相憐《あいあわ》れむ」というように、所詮《しょせん》は自分が体験した範囲で思いやるというのが精一杯《せいいっぱい》でありましょう。いつも自分の体験が間尺になっていてそれを超えることは容易ではありません。

ところで、他を思いやることも大事ですが、一体自分自身に対してどれだけ思いやっているでしょうか。

安田理深《やすだりじん》[*1]（一九〇〇〜一九八二）と言う先生が「一生かかって一人たすけよ。その一人は自分自身である」と言われています。本当の意味で自分自身を思いやったことが一度でもあるのかという声が聞こえてくるようです。隣の畑のことや他人様のことについては色々《いろいろ》言えても、その我が身が問われますと、自分の都合ばかりにとらわれている姿が知らされます。本当に思いやる心ひとつ起こすことのできない我が身であったと気づかされ、このような我が身が生かされていることに驚きを感じます。

そういう自分が明らかになってくれば、当然お互いが自我一杯の身として明らかに見えてきます。そういうところから、人生を生きることの苦労が本当に共有・共感されてきます。そうなりますと、「生きるということは、お互い大変ですなあ」という思いやりの心が自然に起こってくるのでありましょう。

（一九九五年八月八日）

＊1　安田理深…大谷派の僧侶。1924年、大谷大学専科に入学。1930年より「興法学園」園長に就任。雑誌「興法」を主宰。1933年、興法学園解散。のち「乳水園」で「阿含経」を講義。「学仏道場　相応学舎」の私塾を始める。以後、逝去まで「唯識三十頌」「浄土論」「論註」「教行信証」等を講義した。

友好

純粋な心こそが信頼の絆《きずな》に

教育者の東井義雄先生（一九一二〜一九九一年）が紹介された中学生の「元服《げんぷく》」という作文が、私の心にとまっております。

A君は都内でも有名高校を目指して受験勉強に余念がありませんでした。級友のB君と一緒の受験ですが、成績は常にB君より上位で担任の先生から「君たちなら大丈夫」と励まされていました。

ところが、その入試でB君が合格してA君は落ちてしまいました。A君は得意の絶頂から奈落の底へ落ちてしまって、二階の自室に閉じこもり布団の上に横たわっていたとき、お母さんが入ってきて「Bさんが来てくださったよ」と言いました。A君はすぐ「僕が今、世界中で一番見たくない顔が誰の顔か、お母さんは言わなくたってわかっているだろう。すぐ帰ってもらっておくれ」と言いましたが、「せっかく、来てくださったのに帰ってくださいなどと、お母さんにはとても言えませんよ」と言って出て行きました。二階へ上がってくるB君の足音がして戸が開き、いつものくたびれた学生服を着たB君が現れました。B君は「僕だけが合格してごめんね」と涙ぐんで言って、両手で顔をおおい帰っていきました。

そこでA君は、はじめて自分のことを思ったのです。もし僕が合格してB君が不合格だったら、わざわざB君のところに泣いてなぐさめに行っただろうか。そんなことするはずがない。僕のほうがB君より勉強ができるのだから当然だと思って、ますます傲慢《ごうまん》になってしまっただろう。そう思うと、大体、僕とB君とでは人間の出来が違う。僕が落ちてB君が合格するのが当然の結果だったんだ、と気づいたのです。

するど、これは天が与えてくれた試練であったと思えるようになったのです。昔の人は十五歳で元服したという。僕もこの入試に落ちたおかげで元服できた気がする、というような内容の作文でしたが深く感銘を受けました。

もし、B君がA君のところに謝りに行かなかったなら、友達の関係は終わっていたかもしれません。

友好を成り立たせるものは、自分のことは後にして他のことを先にする、そのような心であるとあらためて教えられた感がいたしました。このような他をおもう純粋な心こそ如来《にょらい》と等しい心だといっても過言ではないのでしょう。

戦後五十年、経済大国日本といわれるようになりましたが、果たしてどれだけ諸外国のことを思っているのでしょうか。とりわけ近隣のアジア諸国に対して、この両君のような友好の心に学びたいものです。

（一九九五年八月十五日）

貧しさ

賜《たまわ》っている世界に安《やす》んじよう

貧しいか富めるかということは、やはり金銭や物の多少によっては、決められないものでありましょう。物質的に貧しくとも、心は豊かということがありますし、その反面、物質的に富めるものが、心貧しいということもあります。

私の世代は、あの第二次世界大戦中に小学校、国民学校の時代を過ごしたのでありますが、「欲しがりません勝つまでは」という耐乏生活は、まさに「無い無いづくし」の生活でありました。でもそのような生活を決して貧しいとは感じませんでした。何故ならば、右を見ても左を見ても豊かな暮らしの人は一人もいなかったからです。ただ物資の不足がこんなに困ることかという思いは、骨身に徹して知らされたものであります。

しかし、そのような耐乏生活の中からでも子供たちはいろいろ工夫をし、模型飛行機や竹トンボ、さらには竹のスキーをこしらえたりして遊びに熱中し、結構楽しんでいたものであります。

さて、仏教では四苦八苦の苦しみの一つに「求不得苦《ぐふとくく》」という苦をあげます。求めたものがどうしても得られない苦しみです。

石川啄木《いしかわたくぼく》（一八八八～一九一二、歌人）は「はたらけどはたらけど猶《なお》わが生活《くらし》楽にならざりぢっと手を見る」と詠んでいますが、求めて得ざるものの苦悩の思いがよく実感させられます。

それにしても私たちの「求めるもの」とは一体何でありましょうか。今は亡き先輩、嶺藤亮元宗務総長（真宗大谷派）は「求めるもの」を「欲しいもの」と「必要なもの」とに分けて教えてくださいました。いわく、「君たちは欲しいものを買おうとするから金が足りないのだ。欲しいものは不要のものだ。実際に必要なものを買いなさい」と諭してくださったのを懐かしく思い出します。

古来より「起きて半畳、寝て一畳」という諺があります。どのように立派で広壮な邸宅に住んでいても、人は起きて座れば半畳、寝れば一畳の広さがあれば事が足りるということであって、そこに我々《われわれ》の分限というものを思わずにはおられません。

清沢満之《きよざわまんし》先生（一八六三～一九〇三）は「絶対他力の大道」の中で、「請うなかれ、求むるなかれ、汝《なんじ》何の不足かある。若《も》し不足ありと思わば是れ汝の不信にあらずや」と非常に厳しい問いを投げかけてくださっています。

おもうに我々は、生きるに必要なものをすべて賜《たまわ》っているにもかかわらず、その事実を忘れ去り、飽くなき欲望に目が眩《くら》み、賜っている世界を見失っている。まことに我が身に対する不信であります。

願わくば、貧しくとも富めるとも心貧しきものとは、なりたくないものであります。

（一九九五年八月二十二日）

師

よき人によって自己を発見する

およそ教育活動をぬきにして師という存在は成り立ちません。

教育活動には、一般にいわれる知識や技術などの伝達だけではなく、大切な人間の教育があります。

「人間が人間を人間にまで高める活動が教育である」といわれています。この場合、「人間が」というときの人間は先生であり親であり、そして「人間を」というのは生徒であり子供でありましょう。ところで、「人間にまで」というときの「人間」とはどういう内容であるかということになりますと、必ずしもその人間像は明確でありません。

古来、人間は万物の霊長であると言い、尊厳なる存在であると言ってきましたが、すでに人間はアウシュビッツや広島・長崎という取り返しのつかぬ罪を犯しています。一体、人間はどこに立って尊厳なる存在といえるのでしょうか。今ほど、人間そのものが根本的に問われている時代はありません。人間とは何か、自己とは何か。この問いに対して導いてくださる人こそ真の師といえるのでありましょう。もし、人間の根本問題が明らかにならないならば、科学技術や知識でもって、どれほど便利で豊かな文明が築かれようとも、その全体が空《むな》しい営為としてついえるのであります。

＊1　「天網恢…」…中国の『老子』73章にあることば。悪いことをすれば、必ず天罰が下る意。

かつてM師からこんな話を聞いたことが憶《おも》い出されます。大阪で金融業をしていた人が、どうせ世間からよく言われないのだから、とことん悪知恵をはたらかして金を儲《もう》けよう。それには法の網をくぐるのが一番だと、法律を一生懸命に勉強して、時にはあこぎなことをして金儲けをしたそうですが、「天網恢恢疎《てんもうかいかいそ》にして漏らさず」[*1]の言葉のとおり、ついに悪事を摘発され刑務所に収容されました。たまたまそこで出会った『仏説無量寿経《ぶっせつむりょうじゅきょう》』[*2]を暇に飽かせて読んでみると、その「下巻」に人間の悪事のあらゆる姿がまざまざと説かれている。お経というのは善人になることばかり説いているのかと思っていたが、わしみたいな悪人も考え及ばないほどの人間悪を、すでに釋尊《しゃくそん》は見徹《みとお》しておられる。そのことに全く驚き、衝撃を受けて仏教に対する考え方が一変し、彼は出所後、師を求めて仏教を真剣に学ぶようになり、ついに念仏の教えを心から喜ぶようになったということであります。

おもえば、人間の愚かさと罪悪性を徹底的に気づかしめる、そこにこそ、よき師との出遇《あ》いがあります。この人間の無明《むみょう》性や罪悪性に目覚めたときに、本当に謙虚に生きる道が私の上に開かれます。そこに、有り難い人生を賜《たまわ》ったという喜びが自《おの》ずから涌《わ》いてくるのでありましょう。

（一九九五年八月二十九日）

＊2 『仏説無量寿経』…浄土三部経（仏説無量寿経・観無量寿経・阿弥陀経）の一つ。無量寿（阿弥陀）仏の四十八願と極楽の様子、および極楽往生の方法を説いたもの。大無量寿経、大経ともいう。『真宗聖典』（東本願寺出版部）所収。『浄土三部経』（上・下、岩波文庫）。

民族

真の共栄は不戦の誓《ちか》いから

人類の歴史は民族興亡の歴史でもあります。ことに二十世紀は「民族の世妃」といわれるほど、民族の独立運動が次々起こりました。一方、民族のエゴは随所で不幸な植民地支配を企ててまいりました。世紀末の今も民族紛争が絶えず、無惨《むざん》にも多くの人びとの命が奪われています。民族や人種の確執を超えて、あらゆる人びとが共存し得る平和な世界を実現することは、人類永遠の課題であるといえましょう。

釈尊《しゃくそん》の時代、釈迦族が隣の巨大なコーサラ国におかされましたが、殺し合うことの無意味さと罪の深さを知るの余《あま》り、あえて武力をもって争うことなく滅ぼされたということが今、想起されます。さらにまた、親鸞が「和国の教主」と敬われた聖徳太子《しょうとくたいし》*1一族の滅亡のことがおもわれてなりません。

太子が作られたわが国最初の「十七条憲法」では、「和を以て貴《とうと》しと為《な》す」（一条）、「篤《あつ》く三宝《さんぼう》を敬え。三宝とは仏《ほとけ》・法《のり》・僧《ほうし》なり」（二条）、「我必ず聖《ひじり》に非《あら》ず。彼必ず愚かに非ず。共に是《こ》れ凡夫《ただひと》ならくのみ」（十条）の、これらの言葉に太子の精神が余すところなく表されていると思います。

太子は当時、氏族間の反目と闘争が絶えず、血で血を洗うような現実を目の当たりにした中から、何よりも和が根本であると「和国」の実現を願われたのです。その依《よ》り処《どころ》となるものは三宝

*1　**聖徳太子**（574～622）…親鸞が「和国の教主」と讃仰した日本仏教の始祖。用明天皇の第2皇子。幼時から聡明で、2歳の時に東方にむかって南無仏と称えたという。推古天皇が即位すると皇太子・摂政として国政を総理し、冠位十二階、十七条憲法の制定。真宗寺院で七高僧と共に太子絵像を安置する。

であり、三宝を敬う中から如来に照らされて、「共に是れ凡夫《ただひと》ならくのみ」と平等なる人間存在の自覚こそ、最も大切であることを示されています。

しかし、太子亡き後、蘇我一族は専横に走り、蘇我入鹿《いるか》は不都合な山背大兄王《やましろのおおえおう》(太子の子、皇位継承の有力な候補者)を排除し、遂《つい》には襲撃します。軍勢に囲まれた山背王は「私は、兵を起こせば必ず勝てる。しかし、一身の故をもって百姓《おおみたから》を死傷させることを欲しない。わが一身をば入鹿に賜《たま》う」と言って、一族は自ら命を絶ち壮烈な最後を遂げました。聖徳太子の精神に生きればこそ、百姓《おおみたから》を犠牲にすることを欲せず、自ら捨身されたのであります。

この事実から学ばなければならないのは、非戦平和をとなえることは、まことに容易ならざる覚悟が要るということでありましょう。

そこで、今われわれ、全世界の人びとに求められていることは、釈迦族のごとく、また山背大兄王のごとく、どこまでも非戦の決意に徹していける覚悟が本当に定まっているかどうかということだと思います。つまり、民族が共存し得る平和な世界の実現のために、今、日本民族は一度そこまで徹底した思索を深めなければならないように思えてなりません。

(一九九五年九月五日)

食

我がいのち、ささえるもの

日本の豊かな食文化を思うにつけ、今も飢餓《きが》に倒れている人びとのことを忘れることはできません。

食わなくては生きられないことは誰でも承知しており、また、何か事が起こると「これでは食べていけません」という言葉が口をついて出るほど食うことを忘れたことのない私たちですが、それでは「食うために生きるのか、生きるために食うのか」と質問されると、どう答えられるでしょうか。

私は蓮如《れんにょ》[*1]（一四一五～一四九九年、本願寺第八代、真宗再興の祖）の晩年の言葉が憶《おも》い起こされます。「衣食支身命《しんみょう》とて、食うことと着ることとのふたつかけぬれば、身命やすからずして、かなしきことかぎりなし。まず、着ることよりも食うこと一日片時もかけぬれば、はやすでにいのちつきなんずるようにおもえり。これは人間においての一大事なり、よくよくはかりおもうべきことなり」という言葉ですが、五百年の歳月の隔たりを超えて今も身につまされます。

私どもにとって、衣・食・住のみな、無くてはならないものですが、なかでも食うことが切実です。蓮如自身、当時の本願寺のさびさびとした状況と、長い部屋住みの生活の中で家族ともども、食うや食わずの飢渇《きかつ》と貧困の体験をされましたが、この言葉にはそれがにじんでいるようで

＊1　**蓮如**…7世存如の長男、6歳で実母と死別、1431年青蓮院で得度。不遇の中に成長し、父に教義を学び、近江・北陸の教化を助け、東国に親鸞の旧跡を歴訪。1465年、亡父の職を継ぎ近江の教化を進めたが、1465年、延暦寺衆徒の本願寺破却により大津南別院に。1471年、越前吉崎に坊舎を建て、御文（おふみ）作成など独創的な伝道を展開した。

す。しかし、蓮如はそのなかでたゆむことなく親鸞の聖教《しょうぎょう》を学ばれました。食わなければ生きられない人間の悲しみのぎりぎりのところで、なお親鸞の教えに、生きることの意味を問いたずねずにはおれなかった蓮如の姿に、人間としての志願の深さを教えられます。人間は、食だけで生きるものではなく、本当に有り難いいのちを賜ったという喜びに生きたい存在なのです。

考えてみれば、どんなに粗食でも一椀の食が無ければこの命を保てません。自らの生命を養うために実に多くの生命を頂いているのです。食が生命そのものと言っても過言ではないほど、いのちと同質の重さをもったものであります。

このことに気づけば、徒《いたずら》に食うだけでは済まされません。自分の前に運ばれてきた食物に手を合わせずにはおれないのです。

よく、「空腹にまさるご馳走《ちそう》はない」と言われますように、飢えを通して食の本当の味が知られ、生命の重さが憶《おも》われるのでありましょう。ところが、グルメとか称して舌先の美味を求める飽くなき欲望に翻弄《ほんろう》されて、本当の食の尊さ、いのちの尊さを忘れているならば誠にはずかしいことであります。

必ず、食前食後には、食を拝んで頂きたいものであります。

（一九九五年九月十二日）

お金

相対の価値から絶対の価値へ

人間の知恵が産み出したお金によって、生活が便利になり経済の流通がスムーズに行われているのも事実ですが、半面、生活の豊かさを競う余り人間がお金に縛られ、金銭にまつわるさまざまな争いや犯罪、さらには破産の地獄苦に悩まされ、命を断つものが絶えないのも悲しい現実です。

私は、蓮如《れんにょ》（一四一五～一四九九）が「堺の日向屋《ひゅうがや》は、三十万貫《がん》持ちたれども、死にたるが仏《ぶつ》にはなり候うまじ。大和の了妙《りょうみょう》は、帷《かたびら》一つをも着かね候えども、此の度、仏《ぶつ》になるべきよ」*1と言われていることに驚嘆と深い感銘を覚えるのであります。

戦国乱世にあって三十万貫（今の二百億円くらいか）の富を蓄えた豪商の日向屋と、ひとえの着物ひとつ買えないような貧しい女性の了妙。蓮如自身、生きるためにはお金がどれほど大事であるかは骨身に泌《し》みて承知のうえで、なおこのように、一見、富を否定するようなことを言われるのは何故でありましょうか。それは富を否定するのではなく、お金にかぎりなくとらわれていく、その執着心を否定しているのであります。そして、貧しくともお念仏の教えに遇い、人間の尊さに目覚めた了妙の生き方は美しく輝いている。この人生において、何が最も大切であるかを如実に語られていると思います。

＊1　「蓮如上人御一代記聞書」73より。『真宗聖典』（東本願寺出版部）所収。

求道の先達である相田みつを[*2]氏の「そんかとくか　人間のものさし　うそか　まことか　仏さまの　ものさし」という言葉には、損得の計算を離れられない人間のすがたが仏さまの智慧を通して言い当てられています。

生活のことごとくが量や数値で計られ金銭に換算されて、損か得かに血眼になる人間。幸せを求めて、これを加え、あれを加えというように、学歴や経済力などを自分に加えていく生き方です。だが、どれだけ加えても満足できません。

それに対して、仏さまの智慧《ものさし》は、量や数値にとらわれ、損か得かということから一歩も出ることのできない私たちの生き方が、南無阿弥陀仏《なむあみだぶつ》のお念仏によって徹底的に批判され、照らし出してくださる。そういう徹底的な批判に遇《あ》い、自らのすがたが知らされるとき、これまで当たり前だと思っていたものが、当たり前ではなかったという世界に気づいていきます。

このいのちひとつ賜《たまわ》って生きているということが、いかに不可思議な、自分の思いを超えた世界であることか。そこに、損か得かの思いで何ものとも比べる必要のない、自己の分限が覚知され、絶対平等なるいのちに頷《うなず》いて、この身に感謝して生きる生活が始まるのであります。

（一九九五年九月十九日）

＊2　**相田みつを**（1924～1991）…『にんげんだもの』（角川文庫）、『新版　いちずに一本道　いちずに一ツ事』（同）など。東京・丸の内に相田みつを美術館がある。

未来
現前の事実に生きる

人間にとって未来がどうなるかということは、古今東西を問わず大きな関心事の一つです。科学技術の進歩した現代でさえ、占いや姓名判断などによって運勢を見てもらうことが若い人びとを中心にひろがっているのは、単に遊び心というだけではないものを感じます。明日のことが分からないから知りたいということは一応もっとものようですが、実は今日を生きる不安や、本当の意味の充足感のなさの表れともいえましょう。

こんなエピソードを聞いたことがあります。世界的な仏教者である鈴木大拙《すずきだいせつ》先生[*1]（一八七〇～一九六六）が、たまたまアメリカの有名な心霊学者に会った時、その学者は死後の世界について滔々《とうとう》と話しました。ところが、大拙先生が一向に熱心に聞こうとしないので、「あなたは死後の世界が気にならないのですか」と詰《なじ》るようにたずねると、間髪を入れず、「死んでからでは遅いではないですか。今、どう生きるかが問題です」と答えられたということです。

この言葉は、死後の世界といういわば未来がどうであるかが問題ではなく、人間にとってはあくまでも現在只今の事実こそ最も確かなものとして、その現実を頂いていかに生きるかということこそが大切であると教えられていると思います。

たとえば、身体が現に病床にある場合も人間の思いには際限がありません。希望と絶望の間を

＊1　**鈴木大拙**…仏教哲学者・思想家。石川県生れ、学習院、大谷大学教授。禅の研究者として知られ、欧米にも大きな影響を与えた。著書に『禅思想史研究』『日本的霊性』など。『鈴木大拙全集　増補新版』全40巻（岩波書店）。

揺れ動きます。「こんな筈《はず》ではなかった」「何故《なぜ》自分だけがひどい目に」と思ってしまいます。絶体絶命の状態の中でも一縷《いちる》の望みにすがり、奇蹟《きせき》を期待せずにおれないのが、人間の偽らざる姿でありましょう。

しかし、事実を事実として知らせる真実の智慧にふれ、かぎりない我執の思いにとらわれている身が明らかになるとき、はじめて、病床に身を横たえている現在の事実が、偶然ではなく成るべくして成る、法のはたらき（他力）の中にあったと頷《うなず》けるのでありましょう。この目覚めの時こそ、人間の妄念妄想の思いがひるがえされて、この身の事実に立つ「今」であります。

そこに、「今からどうなるか」と、我が思いにとらわれて悩んでいた人間が、「すでに成るように成っている」、いのちが我が身の事実となって成就していることに気づき、確かな生を頂くのであります。

未来は、どこまでも未《いま》だ来らざる世界であり人間にとって分からない世界ですが、分からない世界だからこそ分かる必要のない、私の分を超えた世界だと気づかされます。そのとき、「未来」ではなく「当来」（まさに来るべき確かな世界）という意味に満ちた時を生きる者となり、現在に安んじて生きる境地が開かれてくるのであります。

（一九九五年九月二十六日）

いやし

限りない励ましと共に生きる

人間は、今日あって明日のわからない生身の存在です。

身も心も病むということは皆承知のことですが、いざ自分が病んだり傷ついたりしますと一刻の猶予もできないほど、苦痛が癒《いや》され悩みから解放されることを求めます。耐えがたい体の病が薬や治療によって癒され、誰にも言えない心の悩みが人の優しさや、美しい自然や音楽などにふれて慰められ、人心地つくのも事実ですが、それらは究極的な癒しとはいえません。

それにしても、何故人は藁《わら》をもつかむほどに癒しを求めずにおれないのか、そういう我が身とは一体何なのか、と考えさせられます。

釈尊の時代、王舎城[*1]において、父王・頻婆沙羅《びんばしゃら》を殺害して悩んだ阿闍世《あじゃせ》のことが憶《おも》いだされます。悪友のそそのかしによって父を殺して王位を奪い目的を達したものの、罪もない王を無道に殺害したことが悔やまれ、身心を嘖《さいな》んで体中に瘡《かさ》ができ、悪臭を放って人が近づけないほどになりました。阿闍世は、地獄の果報が身に迫ってくるのを感じて恐れおののきます。母・韋提希《いだいけ》の看護も甲斐なく、六人の大臣の相次ぐ慰問も、責任転嫁の論をのべて悩まないようにすすめるばかりで、憔悴《しょうすい》した阿闍世の心にはひびきません。そして、ついに大医・耆婆《ぎば》の誘いにより釈尊をたずねます。

＊1　王舎城…中インドのマガダ国の首都。付近に釈尊の説法地として有名な霊鷲山や迦蘭陀竹園がある。『観無量寿経』は王舎城における王位簒奪の事件を機縁として説かれた。現在のラージギルにあたる。

その時、釈尊の「阿闍世王の為に涅槃《ねはん》に入らず」という、苦悩をともに悲しんでくださる言葉に阿闍世は心打たれました。月の光が一切のものをやさしく照らして包むように仏陀の深い悲しみが阿闍世に浸み透《とお》り、はじめて自我中心の思いに閉ざされていた心が開かれます。懺悔《ざんげ》のほかない罪の身がそのまま、はかり知れないいのちに生かされていたと知ったのです。このことに目覚めた阿闍世は、「この真実に生きて人びとの迷いが破られるためならば、私は常に無間地獄にあって苦悩を受けても苦とはしない」と仏陀に申し上げるのです。私は、この仏弟子阿闍世の誕生に感銘を覚えます。

「念仏は肩の荷を下ろして楽になるのではない。背負い切れないものを背負って立つ勇気と励ましを与えてくれるのが念仏である」と安田理深《やすだりじん》師（一九〇〇〜一九八二）は述懐されていますが、癒しを求めるということも、ただ自分が楽になるということだけのためならば、所詮《しょせん》は満たされることのない欲望追求に終わるのでありましょう。そうではなくて、苦痛や苦悩を生きることの意味が見いだされるとき、「念仏者は無碍《むげ》の一道なり」[*2]（親鸞）と申されるような、苦痛や苦悩を背負って生きる確かな人生が開かれるのであります。

（一九九五年十月十七日）

＊2　『歎異抄』第7条より。

争い
異《こと》なるままに和《なご》み合う

動物の世界で、人間だけが限りなく勝ち負けに執《と》らわれ、優越感と劣等感にふりまわされて大切な自分自身を見失っています。

生命の誕生を素直に喜ぶ感動も、すぐに幼児の英才教育熱にかられ、やがて偏差値に心奪われていくことになります。

教育者の竹下哲先生（一九二三〜）の著書で拝見した話が思いだされます。広島県のある高校でのこと、学級対抗の水泳リレー競技のため、その学級では三人の選手はすぐ決まったのですが、残り一人がなかなか決まらず、そのクラスの番長がAさんを指名しました。Aさんは小さい頃、小児まひを患って泳ぐことが下手なので、彼女を笑いものにしようという下心があったのですが、番長が怖くて反対する者はいませんでした。当日、Aさんは懸命に泳いだのですが、遅いうえに泳ぎ方が不格好なのでみんなドッと笑いました。その時、背広のままプールに飛び込んだ人がいます。校長先生でした。「つらいだろうが、頑張っておくれ」と、Aさんを泣きながら励まし、一緒に泳いだのです。この光景に全校生徒は粛然とし、二人がやっとゴールにたどり着いた時には、皆泣きながら拍手を送りました。それまでとても荒れていたその学校が、次第に平静さを取り戻し、見違えるほど立派になったというのです。

とかく、われわれの考えは、早いものは勝《すぐ》れ、遅いものは劣っている、偏差値も高いものは善く、低いものは悪いと思い込んで、まるで烙印《らくいん》でも押されたような優劣や善悪の価値観の虜《とりこ》になっていないでしょうか。この高校での出来事は、数値や比較、人間の固定観念では計れない、裸の人間の輝きに期せずして出遇った尊い体験となったのでしょう。

現代では教育の世界は勿論《もちろん》、生活の全体が数値に換算されて勝ち負けに執らわれてしまい、人間そのものを見失いがちです。勝ち負けに対する限りない執着は、他をも傷つけ、自らの心も暗く閉ざしていきます。

人間のこの深い執着があさましいと自覚され、勝ち負けだけに生きがいを感ずるのが人生ではなく、努力に意味を見いだせる人生があると実感出来たとき、はじめて争いを超えていけるのでありましょう。人は能力も異なり持ち味も違うでしょうが、何ものとも比べる必要のない、いのちあるものが皆輝いている世界を、釈尊は「青い色には青い光、白い色には白い光」(『阿弥陀《あみだ》経《きょう》』＊1)と讃えています。果てしない競争心に引きずり回されて自他を傷つけ見失うのではなく、お互いに尊重し合い、どこまでも話し合っていける豊かな人生を生きたいものです。

(一九九五年十一月二日)

＊1　阿弥陀経…大乗仏教の経典の一つ。原題は「スカーバティービューハ」(サンスクリット語)で、「極楽の荘厳」の意味。『仏説無量寿経』『仏説観無量寿経』とともに浄土三部経の一つ。『阿弥陀経』は釈尊自ら説かれた経であるため「無問自説経」とも呼ばれる。一般に『仏説阿弥陀経』(鳩摩羅什訳)を指す。

年の瀬に思う

見失っている世界の発見

今年も、もう歳末。クリスマスの計画に華やいだ気持ちの人もあれば、なかには切羽《せっぱ》詰まった問題を抱えた人や、実にさまざまでしょう。

しかし、平凡な歳末であれ、切羽詰まったものであれ、ただそれだけで終わるなら、日常の中の出来事という他はありませんし、それは、夢幻のごとく終わる人生の中の一こまであります。親鸞は、そのような姿を「空《むな》しく過」ぎる人生と悲しみ、蓮如は「ただいたずらに明かし、いたずらに暮らして、年月を送るばかりなり」と嘆いています。

もし、自らの人生が空しく過ぎるなら、それに最も耐え難いのは自分自身です。人間は必ず心の奥深くで、空過することのない、光り輝く人生を求めているのに違いありません。どうしたらそのような人生を見い出せるのでしょうか。

今、「横《おう》に四流《しる》を超断《ちょうだん》せよ」と人びとに呼びかけられた中国の善導大師《ぜんどうだいし》[*1]（七世紀）の言葉が憶《おも》い起こされます。「四流」とは、いわば欲望や執着の虜《とりこ》となり、濁流《だくりゅう》渦巻く暴河《ぼうが》に流されていくような日常生活を言います。

「横」とは、日常性を断つことです。これは先ずもって立ち止まることです。人生の意義を問い、自らの在り方をこれでよいのかと、自身を問うことであります。立ち止まると、自分の都合に引

＊1　**善導大師**（613 ～ 681）…中国唐代の浄土教の祖師。僧慧遠を慕って廬山に入り、また諸方を訪ね、長安近郊の終南山の悟真寺に住した。唐の貞観19（645）年、道綽の教化をうけた。以後、悟真寺で念仏を修すると共に、長安の光明寺や市街で念仏弘通につとめた。『観経疏図帖』で浄土教立教の本旨を説く。

きずり回されている姿に気づかされ、そこに虚仮《こけ》という他ない人生が見えてきます。このような目覚めの体験のない生活は、まさに自己を見失った生活です。

たとえば、われわれは人生は運・不運のものだと考えます。ひとつ運が悪ければ人生が行き詰まると思い込んでいます。だから、不測の出来事が起こると、自制の心を失って自暴自棄の行動に陥り、気がつけばどうにもならぬ後悔の念にかられるのであります。

はたして人生というのは、本当に運・不運によって開けたり行き詰まったりするものでしょうか。これでは年も越せない、というほどに困った事があったとします。困った事は困った事に違いありませんが、その困った事を引き受けるというところに立てば困ったままに道が開けます。しかし、困った事が片づいても、また、事に当たれば困る自分が残っているのも事実です。

安田理深《やすだりじん》先生（一九〇〇～一九八二）は「人生が行き詰まるのではない。自分の思いが行き詰まるのである」と教えられています。人生を行き詰まらせる事が外にあるのではない、困るような自分がいるのだという事に気がつけば、日々の忙しさに流されそうな歳末の中にも、更《あら》めて人生の大事を憶わしめられることであります。

（一九九五年十二月十九日）

夢

ただ一日一日があるだけ

夢といえば、希望とか理想とかでいわれますが、夢の本質というのは「覚める」ということではないでしょうか。

夢の最も象徴的なものとしてアメリカンドリームという言葉があります。開拓精神に培われたアメリカならではのロマンといえましょうが、一体、そのロマンを現実のものとして功《こう》成り名を遂《と》げた人はどれだけいるでしょうか。その殆《ほとん》どは、夢破れて平凡な人生を送ったのではないでしょうか。

人生を生きるに、大きな夢というべき目標なり理想を持つということは決して悪いことではありません。しかし、大切なことは、夢はどこまでも夢であって現実ではないということを知るべきであります。ひとたび夢を持てばどうしてもその夢に執《と》らわれて、夢が大きければ大きいほど、破れた時の傷痕も深いからであります。叶《かな》えられれば得意になり、叶えられなければ自暴自棄になって生きる意欲さえ失いかねません。要は夢といっても希望といっても人間の欲望であるということです。そのことをよく知るべきで、夢への執着から覚めるということがなければなりません。

立身出世の代表的な豊臣秀吉《とよとみひでよし》（一五三七〜一五九八）も「露と落ち露と消えにし我が身かな　難波《なにわ》

の事も夢の又夢」という辞世《じせい》を残しております。功成り名遂げて、改めて夢に執着してきた我が身のはかなさを知った辞世の句でありましょう。

いま、こんな話が思い出されます。夢の中で、百万円拾って大喜びし、さあどこへ隠そうか、あそこなら人に見つからないだろうかと隠し場所の心配をしているうちに夢が覚め、そのとたん、あれほど隠し場所に執着していたことが、一瞬にして吹っ飛び、夢の中の愚かさに改めて気付かされたというのです。夢が覚めることによって、夢の中のお金が心配で再び夢見る必要がないように、夢が覚めてこそ揺るぎない現実に出合い、そこからむしろ純粋な理想を実現する歩みが始まるのでありましょう。

「一生というものはないさ　一日があるだけなんだよ」（毎田周一）と語られているように、遠い彼方《かなた》に理想を夢見て現実を忘れるのではなく、この千載一遇《せんざいいちぐう》の一日との出合いこそ肝要です。ライフワークも一日一日の積み重ねが無くては成りません。

私どもが、あまりにも自分の夢に執《と》らわれて、足元の現実をおろそかにしているものですから、一日一日を確かに生きよと、如来は南無阿弥陀仏の念仏にまで成って、私どもに呼び掛けられておるのであります。この呼び声に目覚まされるとき、夢が叶えられても叶えられなくても、本当に充足した日々が安んじて尽せるのであります。

（一九九六年一月十八日）

春

青春——求道心《ぐどうしん》の芽吹くとき

厳しい寒さを経て迎える春は実に感動的ですが、人生の春もそれに劣らずドラマに満ちています。もう一度青年時代に帰してくれるなら財産も地位も全《すべ》てを投げ出す、と言った有名な実業家がいましたが、この人の言葉を待つまでもなく、青春は何ものにも替え難い、命輝く日々であります。

鶴田義光さんは、大阪の有名な進学高校に難なく入学したものの、一流大学に入るための受験勉強に追い立てられる雰囲気の中で、次第に学校生活になじめなくなりました。そんな中で、「一体、何のために勉強するのか」、「俺《おれ》は何のために生きるのか」という疑問が起こり勉強が手に付かず、高校を中退しました。退学後の思いに反した空《むな》しい生活を経て、再び、高校生活に入りましたが挫折し、登校拒否を続けるような悶々《もんもん》とした模索の中で、「人生は生きるに値しない。信じるに値するものは何もない」と結論づけるにいたり、死のうとして死ねず、生きることも出来ない状態にまでなりました。

このような時、二人の先生の真剣な、血の通う導きにより、ある寺の本堂で、「ものすごく温かい何か大きなものに包まれている、安らかで充実した」世界を知らされて、「ああ、人生は生きるに値するんだ。信じるに値するんだ」と確信でき、新たな歩みが始まりました。一夜をかけて、この世が生きるに値すると教えられたその場が真宗の寺院であり、話をしてくれたのは、彼を寺院に連れていってくれた彼の高校の先生であり、先生と親しい住職でした。以後も決して道は平坦ではありませんでしたが、この事がきっかけとなって仏法に出遇《あ》い、よき師友に恵まれて、現在は養護学校の教師をしておられる鶴田さんの生き生きとした聞法生活の魂の記録（『すでにこの道あり——生きることの意味を求めて』草光舎発行）は読む者に感動を伝えずにおきません。

考えてみれば、誰の中にも、「人は何のために生きるのか」という問いが深く宿されているのでありましょう。そのような問いに突き動かされ、道を求めずにおれない姿に私は人間存在の輝きを感じます。

安田理深《やすだりじん》師（一九〇〇～一九八二）が、あるとき、「なぜ、道を求めんならんのだろう」と自問して、「道を求めんならんというのは、春になって木の芽がめぐむようなもんなんだよなぁ」とつぶやかれ、しきりに「時節到来」について語られたということが、あらためて思い起こされます。

人間も、すべての生きとし生けるものを共に生かしめている大地の恩恵をうけて、その恩恵を有り難いと感じ、真に生きようとする意欲の萌《きざ》すとき、人生の花が開いたといえるのではないでしょうか。

（一九九六年二月十六日）

わが友

卵三つに込められた「友情」

幼友達に始まって、学友、職場の友や同好の友など、人生は様々な友人に恵まれることであります。

昭和十四（一九三九）年、私が小学校（のちに国民学校）に入学して最初の授業の時のことです。私の斜め後ろの席からカリカリという妙な音が聞こえてくるので、ふと振り返って見ると、F君が鉛筆を削らないで来たので、芯を出そうとして一生懸命に鉛筆の先を歯で齧《かじ》っていたのです。そのころは、今のような鉛筆削りはありませんでした。でも、私が兄譲りのナイフを持っていたので彼に貸したのが、F君との初めての出会いでありました。

その時の、F君の丈夫そうな真っ白な歯と彼の向こう見ずな子供離れした逞《たくま》しさが、とても印象的でした。F君は在日韓国人の子供で、彼の家と私の家は二㌔余り離れていましたが、それ以来彼とは随分親しい友人となりました。中でも体育の、相撲とか水泳などよいライバルでいつも競い合ったものでした。

そのようなF君との仲も、六年生になると上級校に進学するグループと、そうでないグループとが自然にできあがり、進学をしないF君との間も急速に疎遠になっていきました。そして、中学に進学した年の八月、終戦を迎え、いつしか秋も深まった午後のこと、突然、F君がわが家を訪ねてくれました。

彼は別れを言いに来たというのです。戦争が終わったので家族全員、故国へ帰るため、取り敢《あ》えず大阪の方へ引っ越すとのことでした。彼は別れぎわに、ポケットから卵を三個取り出して、これを食べてくれと言って去っていきました。そのころの卵はとても貴重なものでした。彼との音信は、その後全く途絶えたままです。

戦後五十年を経て、先の大戦やその後の日本の、韓国やアジア諸国に対するありかたを思うにつけてもF君のことが想い出され、いたずらな歴史認識などにとらわれず、何故《なぜ》侵略戦争の非を率直に詫《わ》びることができないのかと残念に思うことであります。

日本の歴史を振り返りましても、大陸伝来の仏教を何よりも尊ばれた聖徳太子は、仏法僧《ぶっぽうそう》の三宝に篤《あつ》く帰依されて、仏法（真実の法）をこそ、この国の礎とされたのであります。

そこに太子は、己を是とし、他を非として争い傷つけ合わずにはおれない、善悪に執《と》らわれた人間の姿を、「共に是《こ》れ凡夫《ただひと》ならくのみ」と明らかに見定めらて、自ら「凡夫《ぼんぶ》の自覚」に立たれ、あらゆる人々と対話されたのであります。まことに思想や人種、生活習慣の違い等や国境を越えて人々が出会い、限りなく友を見いだしていく原点こそ、太子の生きられた凡夫の自覚にほかならないと教えられることです。

（一九九六年三月十三日）

誕生

限りなきいのちの世界から

「産みの苦しみを経て、はじめて赤ちゃんの元気な泣き声を聞いたとき、お母さん方は頬《ほお》に一筋の涙を流して喜びます。『ようこそ生まれてくれてありがとう』という感動の涙でしょうね」と、以前、ある講話の中でお聞きした先生の言葉が、いまだに印象に残っています。

ともすれば生活に追われて、いつの間にか当然のこととしてしまっている生も、この誕生という事実がなければ、私自身の人生は何一つ始まらなかったのだと知らされると厳粛な思いにさせられます。

人のいのちの誕生について、科学的にはよく、卵子と何億という精子の中からの結合ということから説明されて、たしかにこれも驚くべき生命のドラマに違いありませんが、このような単なる合理主義的ないのちの誕生の認識には、人間を誤らせる危険性を私は感じてしまいます。

テレビや雑誌、日常会話など、至るところで何のためらいもなく「子どもを作る」とか「もう子どもは作らない」などという言葉を見聞きする昨今です。たしかに人口爆発の問題に対して「バース・コントロール」は必要な人間の知恵かもしれません。また、試験官ベビーや他人の女性の胎内を借りるという問題など、それぞれ切実な事情があるのでしょう。そして、結果として新しい生命を賜《たまわ》るのかもしれませんが、果たしてこれが本当に進歩といえるのかと考えさせられます。

もし、科学技術の進歩と相俟《ま》って、人間はいのちを作ることもできるし作らないこともできると、いのちがあたかも人間の手中にでもあるかのように考えるなら、とんでもない傲慢《ごうまん》だと思います。

大切なことは、生命の誕生は、人間の能力を超えた限りなきいのちの用《はたら》きの中にこそあることを知ることです。もしこのことを忘れるなら、地球上の生態系をみな人間の思いのままにしてはばからない過ちを犯すのではないでしょうか。

かつて中世から江戸時代にかけて、生活苦から子どもを間引くことが各地でみられたそうですが、なぜかお念仏のお法《みのり》の盛んな土地では、そのような悲しい事実がほとんどなかったということであります。そして、仏法を大切にする土地では今も、例えば、滋賀県のある地方などでは、子どもができたときに「児《こ》をもろうた」という言葉でその喜びを表しているそうです。このような人間の思いを超えてはたらいてくださる無量寿のいのちに目覚めたとき、いわゆる人間が人間と成る第二の誕生が実現せられるのであります。

どんなに科学技術が進んでその恩恵を私たちが受けようとも、「児をもろうた」という言葉に込められている根元のいのちの世界を拝んで参りたいものであります。


（一九九六年四月十日）

風

涼風、なお苦の縁《えん》となる

風薫る五月、じつにさわやかな季節です。やがて新緑が深い緑となり、炎天下で汗ばんだ体を緑陰に憩うとき、田の面を渡ってくる涼風の心地よさはまた格別です。

このような自然の風の恵みについてばかりでなく、私には忘れられない「風」があります。『往生要集』[*1]（源信）に、殺生罪《せっしょうざい》を犯した者が「等活地獄《とうかつじごく》」に堕《お》ちて、罪人は互いに常に害心を抱いて鉄の爪《つめ》で攫《つか》み裂きあい、血肉も尽きて骨だけになる。あるいは、獄卒が鉄棒や刀で、頭から足の先まで打ち砕き、切り刻んで砂塊のようになり、その形すらとどめなくなる。すると、いちじんの涼風が吹いてきて、罪人はたちまち元の姿に活《よみが》えり、また始めから、互いに攫み裂きあい、獄卒に打ち砕かれ切り刻まれる。これが際限なく繰り返されて終わることがない、と説かれています。

この地獄の受苦に、人間の根源的な罪が、罪人の死をもって終わるような根の浅いものでないことを知らされます。

それにしても、打ち砕かれた残骨に、なぜいちじんの涼風が吹くのでしょうか。妙《たえ》なる音楽でもいいと思われるのに涼風が吹き、残骨が吹き散らされてもおかしくないのに、たちまち元の姿に活《よみが》えり、獄卒も、「活活」といって活えりを待つ。何とも心とらえられる不思議な光景です。

＊1　『往生要集』…34頁脚註参照。

思えば、暑さにあえぐ者に涼風ほどさわやかなものはないように、生活の中で絶えず心地よさや、快楽を求めています。しかし、人心地がつくのもつかの間、たちまち、更なる苦しみが身心を襲います。人間の作った涼風であるクーラーが、チェルノブイリ原発のような地獄を現出していきます。

等活地獄というのは遠い世界のことではなく、われわれの生き様の中にあるのではないかと思われてなりません。

それにしても、心地よいはずの「涼風」がなぜ地獄の苦しみの縁となるのか、迷いの世界は一切が苦であると説かれた釈尊の教えが深く味あわされます。

（一九九六年五月二十九日）

宇宙

帰ろう、もとのいのちへ

宇宙といえば、「果たして有限か無限か」と、誰でも一度は必ず考えたことがあるのではないでしょうか。

この地球もその星の一つである。太陽系があり、それを包む銀河系がある。さらに、無数の銀河系がある。想像を絶しますが、そういう宇宙に、いったい、果てが有るのか。有るとすれば、その果ての外はどうなっているのか、と考えていきますと、結局、解《わか》らないということが解ることになります。そして、その壮大さの前に人間がかぎりなく小さな存在になってしまいます。

しかし、端的にいうと、自分自身が生きているということが、既に宇宙のはたらきそのものにほかなりません。

「一粒の米の中に宇宙がある」といい、「一ひらの雪片の中に三千大千世界を感じた」という先覚の言葉が、そのことを見事に語っていると思います。

宇宙は、客観的に言えば、計り知れない空間と時間の世界ですが、人間の世界と別にそれがあるのではなく、生きとし生けるものの上にそのはたらきが具現しているのでありましょう。

曽我《そが》量深《りょうじん》師[*1]は「……生きた人間ばかりに血が続いているのではない。山河大地みなである。血のもとは、山河大地、土であり国土である。有情（生きとし生けるもの）と国土は一つである。

*1　**曽我量深**（1875 ～ 1971）…大谷派の学僧。仏教思想家。『歎異抄聴記』（東本願寺出版部）、『曽我量深講義集』（彌生書房）、『曽我量深選集』（同）。

……仏法では、国土を産むといわず、国土を感ずるという」と述べています。

血というのははたらきであり、いのちです。それを感得するところに山河大地に感応して生きる人間の主体的な自覚があります。そこには自然との対立も孤立もなく、人間自身が自然に帰るのです。人間と宇宙が一つになるのです。

今、環境破壊が、生態系の滅亡につながる深刻な問題です。これは、宇宙・自然の恩恵を忘れた人間中心主義への反動が引き起こしたものであることは明らかです。

人類は今こそ広大無辺ないのちの世界に目覚め、「帰ろう　もとのいのちへ」（南無阿弥陀仏）と喚《よ》びかけられた声に、一人一人が耳を傾けるべき時であると痛感することです。

（一九九六年六月二十七日）

魂《たましい》 私は浄土《じょうど》へ往《ゆ》く　ただそれだけ

人は、他の動物と同様、必ず死を迎えますが、この自然界の事実をそのまま受容できない心があります。

ことに、「死んだらどうなるか」という問いは、おそらく人類がものを考えるようになって以来の疑問でありましょう。

古来、人は死んだら、肉体の命から魂が抜けて霊魂になると考えられ、受け入れられてきました。例えば今、お盆にお墓参りが多いということも、この問題と無縁ではありません。

死後の事を司《つかさど》り、その事に明るいのが仏教だと思われている人もいますが、釈尊《しゃくそん》は死後についての質問に何も答えておられません。

何故なのでしょうか。死んでも霊魂は不滅と言えば、それにとらわれ死後の世界を実体化して、現在の生を見失うことになり、死後は何も無いと言うと、死んだら〝終《しま》い〟になる人生なのかと虚無感に陥ってしまいます。

死後が有ると言っても、無いと言っても、人間の迷いや不安、恐れなどの真の解決にはなりません。釈尊は、有無にとらわれる執着こそが迷いの〝因《もと》〟であると明らかにされています。死後が気にかかるということは、実は、二度と迷いの生を繰り返すことのない世界、本当に諸々の憂いがなく、安らかで浄《きよ》らかな世界に生まれたいと願っているしるしであります。

かつて、がんで余命幾許《いくばく》もないといわれた方をお見舞いしたことがあります。病床にありながら、命のあるかぎりはと、尊敬される師の原稿整理の仕事を穏やかなお顔でされていました。「死生共に如来にあり」というその師の言葉を、明日知れぬ病中に、お念仏と共に頂かれていたお姿に感銘を受けたことです。

憶《おも》えば、我が命を我がものと思うて、その命滅びゆくことに恐れおののく我々を哀れんで、如来は真実のいのちに目覚めよと喚《よ》びかけてやまないのであります。

「私は浄土へ往《ゆ》く　ただそれだけ、それでもう充分」と信國淳《のぶくにじゅん》*1師は述懐されましたが、如来の本願に感応して人生を尽くす念仏者の魂が彷彿と感じられ、人生究極の方向が教えられます。

（一九九六年七月十六日）

＊1　信國淳（1904～1980）…大谷派の僧侶。1929年、大谷大学予科教授となりフランス語を担当。1937年大学を辞し、無住であった大分林松寺に住む。多くの聞法篤信者が集った。1958年、安田理深の推挙により大谷専修学院長に就任。『信國淳選集』8巻。引用の文は『いのちは誰のものか　呼応の教育』（柏樹社）より。

国際貢献

〝バラバラで　いっしょ〟

国家といえば、お互いの国家関係、いわゆる国際社会の中でしか存続できないものでありますが、依然として、互いに国家のエゴ、民族のエゴで相争わねばならぬという現実があります。

いったい、そういうエゴをどのようにすれば超えられるのかということは、すべての国家が抱えている課題であると思います。そのような状況の中で一九九〇年から国際貢献ということが言われ始めました。

国際貢献といえば、まず、富める国が貧しき国に対して行う援助というような先入観がありますが、実際に、発展途上国に対する援助などを行わなければ、国際間での自国の立場が悪くなっては困るという考えのもとで行う国際貢献であるならば、それは、他国のためでなく自国の利益を図ってのことになります。

国際貢献をしてやったというのであったら、折角《せっかく》の行為も、恩着せがましい「雑毒の善」となり、本当の信頼関係を開くものとはなりません。

さらにまた、金や物や技術でのみ貢献できるのであるという抜き難い思いがありますが、必ずしもそれらを提供することのみが国際貢献ではなかろうと思います。

釈尊は、金や物が無くても誰にでもできる「無財《むざい》の七施《しちせ》」（眼施、和顔悦色施、言辞施、身施、心施、床座施《しょうざ》、房舎施）を説かれています。施とは、いわゆる布施のことです。たとえば、眼施はやさしい眼で見つめ、ニッコリと相手を受け入れることで、接する人にどんなに安らぎや力をあたえるか分かりません。身施といえば、今日のいわゆるボランティアでありましょう。

そして、そのような本当の意味での国際貢献が成り立つには、まず他国との出会いが必要です。異なった国、異なった文化や宗教、言語習慣、そういう他者に出会い、他者を尊重し合える精神の確立こそ急務です。つまり、すべての国が異なったまま、バラバラのままで一つになれる、すなわち、差異《ちがい》を認める世界を発見するということです。このことを抜きにしては、隣国への理解も無く、国際貢献はおろか自らの足元がいちばん危ういことになるのでないでしょうか。

（一九九六年八月十二日）

子供

大人が問われている課題

今の子供たちは、いじめや登校拒否、さらに一方では、テレクラなどによる女子中学・高校生の売春、覚せい剤使用や非行の低年齢化など、まさに子供の心が病み疲れています。このような子供たちの心の荒廃は、教育のあり方そのものが問われていると同時に、子供たちを取り巻く社会環境には、たとえば児童に対する虐待など、あまりにも退廃している実態があり、大人の生きざまの反映として責任を感ずるものです。

いったい、私どもは親として、子供を養育するについてどのような人間に育ってほしいと願っているのでしょうか。そのことが明確になっていないということがないでしょうか。それはつまり、大人自身が、どんな人間になりたいと願っているのかわからない、ということがあるのでありましょう。

これは最近、ラジオで聞いたことですが、筋ジストロフィーで入院中の青年が、ボランティアで来てくれた青年に、「病院にいるのは嫌だ。早く家に帰りたい」と告げました。それを聞いて「病院にいれば至れり尽くせり。何故《なぜ》不便な家に帰らねばならないのか」と尋ねると、「帰れば不便であり、苦しくもなるだろう。皆に迷惑をかけるかも知れないが、自分は自分の人生の主人公としての日々を過ごしたい」と話したそうです。ボランティアの青年は、自分はこれまで、自分自身が人生の主人公として生きたいなどと一遍でも考えたことがあっただろうかと気付かされた時、心から恥ずかしくなったという話です。

蓮如上人（一四一五〜一四九九）は、「弥陀《みだ》をたのめば、南無阿弥陀仏《なむあみだぶつ》の主になるなり。南無阿弥陀仏の主に成るというは、信心をうることとなり」[*1]と述べておられますが、「弥陀をたのむ」ということは、欲望を自己として生きているということに気付くことです。それは即《すなわ》ち自己が自分の人生の主人公として生きていないということ、つまり、人生の全てを自己の内容として、生きてはいないということであります。

今、子供たちの問題も、大人である我々自身の生き方が厳しく問われておる課題として受け止めなければならぬと憶《おも》われてなりません。

（一九九六年九月六日）

＊1　「蓮如上人御一代記聞書」239より。

肉体

老病死を意味するもの

人として生まれた以上、私どもは自らの肉体を選び直すことはできません。人はこの肉体と生死を共にする他ないのです。

近ごろの風潮を見ても、肉体を満足させることに心奪われ、「年を取らないで長生きしたい」と思っているかのような感さえ受けます。しかし、この肉体に現れる老病死の厳しい現実の愁嘆をだれも覆い隠せないのも事実です。

釈尊は、なぜ人は、老い、病み、死ななければならないのか、と人間を凝視し、その意味を真剣に問われました。肉体をもった以上、老病死はすべての人に平等に訪れます。人はこの事実に目を背けたり逃げたりして、ひたすら快楽を貪《むさぼ》っているかのようです。

このような人間の生き様に、釈尊は、思い通りにならぬものを思い通りにしたいという人間の愚かさとその根源悪、つまり、いのちを私有化する罪の深さを見徹《とお》されたのです。私どもは、この人間の根源悪に気付かされることによって、はじめて老病死の苦悩を超えることができるのです。それは、老病死という肉体の厳しい現実が、人間存在の根源悪に目覚めさせ、同時に、真実のいのち・永遠のいのちのはたらきの中に生かしめられる自己を見い出すからであります。なるほど、年老いるということは、辛く悲しいことであります。

ところが、大変皮肉なことですが、人間が有史以来願ってきたことが、長生きをすることでした。しかし長生きをすれば、必ず通らねばならぬ道が、老いるという唯一の道です。だから、若くて健康だといって他に誇ることは全く意味のないことであります。さらにまた、老いた身であるからといって、いたずらに嘆き悲しむこともありません。

私どもに肉体が与えられているかぎり、この身の事実を通して自我のはからいが破られ、限り無い仏の光の中で、いのちのほんとうの尊さに出遇《あ》い続けていけるのですから。

（一九九六年十月二日）

大自然

人間、その知性の闇《やみ》

アフリカのケニアで、たくさんの動物が群れていても大自然があるだけですが、それに反して、周囲がどんなに豊かな自然でも、そこに人間が住むと、もう自然ではなくなります。

大自然のなかの動物の一種であり、森の樹上で生活していた類人猿が、ある日突然、二本足で立ちだしたのです。そして、道具を使い、言葉を話すようになり、どんどん大脳が発達していきました。

鈴木大拙《すずきだいせつ》＊1先生（一八七〇～一九六六）は「大脳が発達したから手が器用になったのか、手が解放されて働くようになって大脳が発達したのか。わしは後者を取る」と述べられていますが、この人間の誕生という自然発生的な進化が、一体何をもたらしたのでしょうか。

人間はいつの間にか万物の霊長と驕《おご》るようになりましたが、そのような人間とは一体何でありましょうか。百獣の王として恐れられるライオンも満腹になると、それ以上は殺しません。人間は自分の都合のためなら必要以上に殺し続けます。人間がたむろすると自然が壊され、生き物のありのままのすがたである業道自然《ごうどうじねん》の世界に、むやみにいのちを傷つけ殺し合う穢土《えど》を現出していきます。

もちろん、科学そのものは本来「無記《むき》」で、善でもなければ悪でもありません。それを使う人

＊1　鈴木大拙…58頁参照。

間の心によって、核兵器やサリンガスにみるような殺りくの地獄をもたらすのです。ここに、科学的な営みをする人間、「人間とは何か」が今最も問われなければならないのでしょう。

しかし、科学がどんなに進歩しても、人間そのものを科学で明らかにすることはできません。そのような人間の知性の闇を照らすのが如来の本願《ほんがん》（南無阿弥陀仏）の呼びかけであります。

自分の力で生きておると錯覚し、限りなく欲望を拡大することにかかずり果てていたわが身が、いったん如来の智慧に照らされて見れば、大いなる自然のはたらきの中に生かされていた自己を知り、やがて限りなく謙虚に、すべてのいのちが敬われてきます。そこからはじめて、明るく広やかに生きる平和な世界が開かれるのであります。

（一九九六年十一月五日）

寒《かん》

耐える心、頂く心を大切に

かつて、雪国の農家では、冬は田も畑も出来ませんので、稲藁《いなわら》で縄《つな》や筵《むしろ》、俵《たわら》などを編んだり、囲炉裏《いろり》を囲んでは、人びとは親鸞聖人の教えについて語り合う、仏法の談合をしました。寒さの中にも、「冬来たりなば春遠からじ」との思いで春の到来を待っていました。

この、耐え忍ぶということは、人間の営みの中で実に大切な心ですが、現代はどうかと言いますと、大量生産、大量消費の時代となり、その心がすっかり忘れられ、資源の枯渇や環境破壊の問題等までできたしております。

産業革命[*1]により、大量に物を生産する能力を高めることができ、大量消費が始まりましたが、人間中心の欲望満足の方向では必ず挫折します。欲望は無限であり、資源は有限だからです。今、ようやく気付いて、リサイクルということが大事にされ始めましたが、もっと根本的に、近代の産業革命以来の価値観を根底から問い直さなければならない期《とき》が来たと思うのです。

アメリカでの話ですが、ある学者が工夫して、タングステンが非常に長持ちする電球を発明しました。特許を取って、メーカーに売り込みに行ったところ、「この電球は耐久度が優れ電球としては優秀でも、商品としては駄目です。初めは売れても後が売れません」と言ったそうです。まさに大量生産、大量消費の矛盾を絵に描いたような話です。環境破壊をもたらすような問題の

＊1　**産業革命**…産業の技術的基礎が一変し、小さな手工業的な作業場に代わって機械設備による大工場が成立し、これとともに社会構造が根本的に変化すること。1760年代のイギリスに始まり、1830年代以降、欧州諸国に波及した。産業革命を経て初めて近代資本主義経済が確立した。

中で、何を最も大事にしなければならないかと言えば、勿体《もったい》ないという心です。単に物惜しみをするというのではありません。本当に物を大切にする心であります。

蓮如上人は、廊下に落ちていた紙切れに目が留まり、「仏法領《ぶっぽうりょう》のものをあだ（無駄）にするかや」*2と、両手に頂かれたということですが、些細な物も限りない謝念と共に頂いていく心です。我慢するということでは、環境や大自然を頂くということが出てきません。

損か得かで資源を大事にするということではなく、もっと本質的に、物心両面にわたって、私どもが、いかに勿体ないことをし、無慙無愧《むざんむぎ》な生活をしているか、そのことに気付くことがなければ、本当の意味の環境問題の解決も出来ないと憶《おも》われます。

（一九九六年十二月五日）

*2　「蓮如上人御一代記聞書」310より。

夢

無意識の世界が語りかけるもの

元日に見る初夢にも、一富士《ふじ》、二鷹《たか》、三茄子《なすび》というランクづけがあるようですが、なかなか思うような夢を見ることができないのが現実です。

それどころか、大抵の夢は、身に危機が追ってどうにもならず、もがきあがくような悪夢が多く、楽しい夢などはほとんど見ないのが常のようです。

しかし、何故そのように怖い夢を見るのか、現実生活での悩みなどに、それと気付くこともあれば、思い当たらないこともあります。

夢は必ずしもおびえる夢ばかりとは限りませんが、日常の意識では計れないような無意識の領域にわたる人間存在の底知れぬ深さに気付かされます。

現実の生活では、案外と平穏な日々を過ごしているようであっても、心の底では常に不安の思いに駆られ、身を守ることにのみ明け暮れている深層の意識が、怖い夢となって現れるようであります。

精神医学者のユング（一八七五〜一九六一、スイス）は、人類が長い間体験してきた様々な情緒が、人間の無意識の領域の深層にあると指摘していますが、この被害者意識も、奪い合いや殺し合いなど、いのちが脅かされ恐れ続けてきたその歴史が、私どもの心の、無意識の深層に息づいているように思います。

癌《がん》のため、五十そこそこの若さで逝ったある知人の方が、亡くなる直前に、「自分の人生は、結局、被害者意識ばかりだった」と慚愧《ざんき》の述懐をされたということを聞きましたが、この被害者意識に終始するということは、自分の加害者的行為に恥じることなく、我が身が不可思議なご因縁の中に生かされているという感謝の心を見失っていることを証《あかし》するものでありましょう。

どんな怖い夢も覚めれば、もう夢におびえることはないように、自らの被害者意識や不安の思いに先だって、賜《たまわ》っている身の事実に気付かされれば、不可思議のいのちのはたらきに生かされて、この身（己が人生）を安んじて引き受けていくことができるのでありましょう。

（一九九七年一月八日）

神話

実証主義の限界

神話といえば、ギリシャ神話や古事記などが思い出されますが、今日では神話は遠い昔話であり、空想の世界のものとしか受けとめられないのではないでしょうか。

現代は、とかく科学的実証主義の考え方がすべてであって、実証できないものは存在しないものであり、存在しないものは信じられないもの、というような状況になってきています。

そして、科学的合理的にすべてのことを行うなら人間は必ず幸せになれると考えている。そういう人間が、本当に人間らしく幸せに生きているのでしょうか。深く考えさせられる問題です。

浄土真宗（本願念仏の教え）で、神話といえば、まず、法蔵菩薩《ほうぞうぼさつ》の物語が想い起こされます。十方衆生《じっぽうしゅじょう》を救い遂げなければ自分も決して阿弥陀（無量寿・無量光）仏とはならない、という誓願を法蔵菩薩がたてられ、兆載永劫《ちょうさいようごう》（永遠）のご修行《しゅぎょう》をして阿弥陀仏となられたという釋尊《しゃくそん》のおしえです。

ところが、その法蔵菩薩が、どこで修行されているのかと問われれば、そんなことを客観的に実証できるわけがありません。しかも永劫《ようごう》の修行というのですから。

しかし、ここに本願の教えに深く帰依したある念仏者の一人が、自分の家の庭に「法蔵菩薩ご修行の地」という標柱をたてたという話を聞いたことがあります。その人にとっての家庭とは、そのまま、損得勘定やねたみ・そねみなど、愚痴の絶えない、まさに煩悩にまみれた者達の生活の場にほかならなかったのでありましょう。その救われようのない生活の場、そこにこそ法蔵菩薩が修行しておられると実感されたのだと思います。

蓮如上人（一四一五～一四九九）が「末代《まつだい》無智《むち》の在家《ざいけ》止住《しじゅう》」*1と申されるように、煩悩に明け暮れる生活者としての身であると知らされれば、法蔵菩薩の永劫の修行と言われる意味が頷かれてまいります。

現代は、科学的合理主義を確かなものと執着するあまり、不可称・不可説・不可思議の、かぎりないいのちのはたらきが見えなくなっている時代と言えましょう。

不可思議光如来（阿弥陀仏）の存在がわからなくなっているところに、人間の知性の闇の深さが厳しく問われていると思われてなりません。

（一九九七年二月四日）

＊1　「御文（おふみ）」第5帖より。御文は、蓮如上人が御門徒に書き与えた消息体（お手紙）による法語。『真宗聖典』（東本願寺出版部）所収。

ひな祭り

願いに気づかずにいる私

私にとって、身近な初めてのひな祭りは、長女が生まれて、妻の母親がお雛《ひな》さまを贈ってくれ、それを飾ったことです。

初孫のためにいろいろと心くばりをしてお雛さまを贈ってくれた、今は亡き義母《はは》の心情を偲んで感慨ひとしおであります。

もう随分以前のことですが、あるデパートで万年筆を買おうとしているとき、少し離れた玩具《がんぐ》売り場で初老の女性が、赤ちゃんのおもちゃをあれこれ手に取りながら、入念に時間をかけて選んでいました。私もちょうど、万年筆をあれこれ手にとって調べていました。

その時私は、赤ちゃんのおもちゃは、どうせ半年か一年くらいのものだが、万年筆は一生のものと思っていましたので、よくもあれだけ入念に選べるものだと感心しておりました。

しかし、よくよく考えてみますと、おそらくその女性は、きっと初孫のおもちゃを求めようとされていたのでしょう。その女性の所作に、孫に対するひたむきな愛と願いというものを感じさせられたことです。

ひな祭りにこめられた親の愛と願いを思うにつけても、南無阿弥陀仏《なむあみだぶつ》の名号《みょうごう》が憶《おも》われます。

ひな祭りに親の願いが込められておるように、南無阿弥陀仏の名号には阿弥陀仏の本願《ほんがん》という、生きとし生けるものすべてにかけられている、広大無辺の大悲の願があります。

我々は、人生の中で行きづまり、他人《ひと》にもいえぬ悩みの中で、どうしようもないほど孤独感を味わい、空しくなることがあります。

しかし、そのような時でも、決して孤独ではないのです。ただ、自分にかけられている大きな如来の願いに気付かないだけであります。

「念仏をもうせ」と呼びかける本願に出遇《あ》うとき、一緒になって苦しみ悩んでいる如来のはかり知れない大悲を感じ、決して一人ではないと知らされます。

そして、ひとりぼっちだと思っていた自我いっぱいの我が身の姿に気付かされ、その我が身の姿に心から深く懺悔《さんげ》するとき、はじめて人生の挫折から解放されて明るい世界が開かれるのであります。

（一九九七年三月三日）

（池野久子・画）

※本章は、連載時の文章に、より読みやすくするために、適宜ふりがなを付し読点を加えました。また、参考として一部人名の後にカッコ内で生没年等を挿入したほか、脚註を付けました。（編集委員）

II 慚愧《ざんき》の念を胸に宗門の歩むべき道へ

――宗務総長演説（抄録）

- ●蓮如上人五百回御遠忌を勝縁として（一九九四年度）
- ●新しく躍動的な宗門活動の展開を（一九九五年度）
- ●二十一世紀を切り拓く宗門をめざして（一九九六年度）
- ●真宗同朋会運動の推進をいのちとしている宗門（一九九七年度）
- ●慚愧の念を胸に宗門の歩むべき道へ（一九九八年度）

書斎の床の間。軸は清沢満之師

第27回宗議会[*1]・第25回参議会[*1]
宗務総長演説要旨（一九九四年）

蓮如上人五百回御遠忌を勝縁《しょうえん》として

――全宗門人による宗門全体の活性化

本日ここに第二七回宗議会の常会にあたり、議員の皆さまにおかれては、諸事ご繁忙の折りにもかかわらず、それぞれ遠近よりご参集くださいましたこと、まことにご苦労様に存じます。

まず最初に、平成五年度の経常費収納の状況につきまして、五月末現在におきまして、一一二・五％の収納をみることができたことであります。近年にない冷害不作と経済的不況の中にあって、かかる成績をいただきましたことは、全国の寺院ご住職はじめご門徒各位の格段のご懇念の然らしむるものと、深く感謝いたすところであり、わけても議員各位のなみなみならぬご支援ご協力に対しまして、厚くお礼申し上げる次第であります。

さらにまた、先般一月の組局《そきょく》以来、宗議会の各会派はもとより参議会並びに全国教区会正副議長協議会など、宗門各界からいろいろと有意義なるご提言やご要望を賜り、ご支援ご協力をいただきましたことに対し、衷心よりお礼申し上げることであります。

これらの各般にわたるご提言、ご要望については、ただちに実現に移すことが困難なものもありますが、いずれも宗務の課題として将来にわたって検討を重ねてまいりたいと思うことであります。

宗務執行の基本的姿勢について

さて、これから宗務の方針を述べるに先だって、若干宗務執行に当たっての基本的姿勢について申し上げたいと存じます。

まず、現下の宗門の状況について、どのように認識しているかでありますが、ご承知のとおり宗門は永年にわたる教団問題の紛糾を克服して、今ここに蓮如上人五百回御遠忌を四年後に迎えんとしておりますが、この御遠忌を契機として、宗門がその本来性を回復せんとする道に向かうのか、それとも衰微凋落の道を辿らんとするのか、まことに重大な岐路に立たされているものと厳しく現状認識するものであります。そのような意味において、当局はその責務の重大さを厳しく受け止めておるものであります。

顧みれば、戦後の宗門の歩みにおいて、重大なエポックを画したというべき出来事がありました。それは、あの昭和三一年（一九五六年）四月に発せられた「宗門各位に告ぐ」という、いわゆる「宗門白書」であったことは、おおかたの認められるところであろうと存じます。

この宗門白書の精神は、宗門が幕藩体制以来の旧套《きゅうとう》に泥《なず》み、その本義を見失わんとしているなかにあって、かの清沢満之先生が「大谷派なる宗門は、何れの処に存するか」との深い歎異のこころによって提起された、教団は何のために世に在るのかという課題を受けて、「宗門存立の本義」を明らかにしようとしたところにあります。

そして、この宗門白書の精神を因として、さらに宗祖聖人七百回御遠忌を勝縁として、真宗同朋会《しんしゅうどうぼうかい》運動が展開されるところとなったのであります。

この同朋会運動は、戦後の寺院をとりまく厳しい状況の中で、心あるご住職、ご門徒にとって限りない励ましとなり、宗門の活動は大きな昂まりを見せるに至ったのであります。

しかし、このようにして同朋会運動が進展する中で、昭和四四年（一九六九年）に至って、宗門は一挙にその存在を根底から問われる事態に直面するのであります。

いうまでもなく、一つは難波別院輪番差別事件[*2]について、部落解放同盟[*3]による糾弾を受けたことによって明らかとなった、宗門の差別体質の問題、いま一つは、同年三月の靖国神社法案反対声明に端を発する、いわゆる靖国神社国家護持法案によって問われた、宗門の戦争責任とその習俗的体質の問題であります。これら二つの問題は、宗門の外から宗門が問われた問題でありますが、いま一つは、宗門の内なる問題として惹起したいわゆる教団問題であります。管長職譲渡の開申事件を発端としたこの出来事は、遂には本山本願寺の離脱事件という、まさに宗門崩壊の危機を招来することになったのであります。

このように宗門は、その内外から問われた厳しい試練に遭遇して、当然のことながら、同朋会運動もあらためてその真価を問われることとなったのであります。そして、そのような教団の動きの中からの批判的見解として、「同朋会運動は、所詮宗門内発想に止まり、時代社会に対する積極的なかかわりに乏しく、また極めて消極的であり、ことに同和、靖国等の諸問題は宗門の重要課題であるにかかわらず、同朋会運動において既に限界をきたしているのではないか」というような趣旨の厳しい批判が提起されることにもなったのであります。

さらにまた、同朋会運動が有する、いま一つの側面である宗門組織の近代化という点についても、同朋会員志に象徴されるように、募財制度をはじめ、その他の制度の刷新等も一向に遅々として進展せぬではないかという批判があるのもご承知のとおりであります。

このように宗門の現状は、まことに厳しいものであるといわねばなりません。しかしながら、いまあらためて戦後の宗門の歩みを虚心に顧みるとき、もし宗門において、同朋会運動の発足がみられなかったとすれば、これら「同和」問題や靖国問題についても、ただ通り一辺の対策にのみ汲々として終わったであろうと考えられます。さらに教団問題についても、宗門の落ち着く先は、想像するに難くありません。

これら「同和」問題や靖国問題をして、あくまでも大切な聞法のご縁、すなわち一人ひとりの信心の課題として受け止める方向を見失わずに歩むことができた力は、ひとえに純粋なる信仰運動として、宗祖親鸞聖人のご精神に立ち帰り、宗門存立の本義を問い求めた同朋会運動の初心の願いによって培われたものと、深く確信いたすところであります。

今般、教学研究所における『教化研究』誌特集号において、「真宗同朋会運動の願い」その「初心・歩み・展望」が発刊され、その間の実情が余す所なく収録されましたことは、現下の宗門にとってまことに時宜にかなったことと、関係各位のご苦労とご協力をいただいた皆様に甚深の謝意を表するものであります。

いま、宗門において最重要課題は、真宗同朋会運動の初心に立ちかえり、宗門の歩みを真摯に省みて、これを点検、総括し、将来への展望を開くことであろうと存じます。

その意味において、来たるべき蓮如上人五百回御遠忌は、さらなる真宗同朋会運動の充実を期する、大いなる勝縁としてお迎えしたいのであります。

そのためには、いまこそ宗門は、その総力を結集し、この蓮如上人五百回御遠忌を目標として、さらには二〇一一年にお迎えする親鸞聖人七百五十回御遠忌までを見据えた長期的視野で、教学の振興並びに教化推進の計画を急ぎ策定いたし、宗門活動の中・長期的な展望を明確にしてまいりたく、このことを宗務の基本的姿勢として進めてまいりたいと願っているのであります。（以下略）

（真宗大谷派発行『真宗』誌、一九九四年七月号）

〔編者注〕

＊1　**宗議会**…真宗大谷派は全国三〇教区。それぞれの教区で僧侶代表を選出（全六五名）、毎年六月、本山で宗議会を持つ。同じ六月、門徒代表（六五名）によって**参議会**を持つ。

＊2　**難波別院**…大阪市中央区にある真宗大谷派別院。「輪番」は、別院の最高責任者。

＊3　**部落解放同盟**…被差別からの完全解放の実現のために活動している自主的・全国的な部落解放運動団体。

第28回宗議会・第26回参議会
宗務総長演説要旨（一九九五年）

新しく躍動的な宗門活動の展開を
――帰敬式実践運動を展開・推進

（略）

緊急事態への対応と今後の方針

昨年一月に宗務執行の重責をおあずかりして以来、宗議会、参議会両議会のご負託に応えるべく懸命の努力を傾注してまいったことであります。そうした中、まことに思いがけず昨年一〇月四日、北海道東方沖地震が起こり、同年末には三陸はるか沖地震が発生し、続いて本年一月一七日未明には兵庫県南部地震が、さらに又去る四月一日には、新潟県北部地震が続発し、各地で大きな被害が発生いたしました。殊に阪神大震災においては、大阪教区第八組、第九組並びに山陽教区神戸組の方々が、想像を絶する甚大な被害を受けられました。

これらの震災によって、五、五〇二名の方々が犠牲になられました。亡くなられた方々はもとより、ご遺族の方々に思いをいたし、改めて衷心より哀悼の意を表し、現在なお厳しい生活を余儀なくされておられる多数の被災者の方々に対し、又、北海道東方沖地震、さらに三陸はるか沖地震や新潟県北部地震の被災者の方々に心からお見舞いを申し上げる次第であります。

当局におきましては、このたびの阪神大震災に対し、直ちに救援本部を設置し、救援物資の搬送等の救援活動を行うとともに、全教区に対し義援金を募ったところ各教区から心温まる多額の義援金をお寄せいただいたことであります。義援金は、五月末日現在におきまして総額二億三、六四五万余円に達しております。その内、去る三月二七日、兵庫県に対し一億円の義援金を寄託いたしたことであります。さらに又、五月一六日に大阪教区に五、〇〇〇万円、続いて五月二六日に山陽教区に五、〇〇〇万円をお届けし、速やかなる復興に資していただくべく措置してまいったところであります。

ここに、全宗門各位からお寄せいただいた心からなるご支援、ご懇情に対し深甚の敬意と謝意を表する次第であります。

ところで、かかる不測の災害に遭遇し、改めて認識せしめられたことは、宗門のこれまでの災害に対する対応は、ややともすると災害見舞いの域を出ないものであって、いわゆる救援活動におけるマニュアル等の備えもなく、救援活動はその迅速性及び内容、方法において、充分な対応をなし得たかどうかについて、いろいろと問題を残しております。救援活動はいうまでもなく、物心両面にわたるべきことは当然のことでありますが、宗門にとっては、とりわけ精神面を重視した長期的活動を考えていくことが重要であることを痛感いたしておるところであります。したがいまして、去る五月二二日「広域災害の対応に関する委員会」と称して宗務審議会を組織し、

一　広域大災害への危機管理（救援本部体制の常設）

二　ボランティア活動を中心とした救援活動のあり方

三　現行共済制度の確認
四　宗派における寺院復興融資制度の可能性
等諸般の問題に対して早速ご審議をお願いいたしているところであります。当局としましては、これら審議会のご答申をいただきつつ、最善の策をとり、今後も息の長い救援活動を続けてまいりたいと存じます。

次にまた最近大きな社会問題となっているオウム真理教の事件によって、今改めて「宗教とは何か」という大きな問いが投げかけられ、宗教教団、殊に既成の仏教教団の存在が厳しく問われています。我が宗門においてもこれらの出来事をとおして、いよいよ宗門本来の使命の遂行に懸命の努力をなさねばならぬと深く決意をいたす次第であります。それと同時にオウム真理教を離れて社会復帰をしようとする人々に対して、宗門としてもどういうご協力ができるのか、支援する方途とともに、鋭意調査、検討してまいりたいと存じます。

宗務執行の基本理念

次に、新年度の宗務執行の方針を述べるに先立ちまして、いささか基本的理念について申し述べたいと存じます。

さてご承知のように、本年は戦後五〇周年に相当する大きな節目の年でありますが、われわれは戦後の歩みはもとより戦後の社会をもたらした戦中、戦前の歴史を捉えかえす中で、改めて宗門の戦争責任に深く思いをいたし、心あらたに非戦平和の決意を宗門内外に強く訴えるべきでなければならぬと思うことであります。

そのような意味合いにおきまして、去る三月四日から六日まで沖縄開教本部を中心に特に「きずこう非戦・平和の礎を」をテーマに、沖縄戦五〇周年追弔法会を沖縄平和祈念堂でお勤めしたことでありま す。この後七月には長崎教区で、八月には山陽教区で非核・非戦の集いが開かれるのでありますが、宗門といたしましても今後、非戦・平和の願いをどのように深めていけるのか、具体的にどう表明していけるのかを考えてまいりたいと存じます。

なお、先の全戦没者追弔法会に際し触れさせていただきましたが、一九一一年(明治四四年)の大逆事件に連座させられ、無実の罪で獄中に逝かれた真宗大谷派住職・高木顕明《けんみょう》氏のことであります。宗門は、同氏が死刑を宣告されるや直ちに僧籍を剝奪し、しかも無実が明らかになってからもなお、この処分を放置し続けるという、まことに慚愧にたえぬ過ちを犯したのであります。この事実も忘れてはならないことの一つであります。宗門各位からのご意見をいただきながら、しかるべき措置を講じてまいりたいと思うものであります。

次に、我が宗門の戦後五〇年の歩みについて申し述べたいと思います。いうまでもなく宗門がその生命とするところは、一にかかって真宗同朋会運動の推進に帰着するものでありますが、まず、戦後から一九六二年(昭和三七年)まで、すなわち同朋生活運動に象徴せられる一七年間は同朋会運動の前史の時期であり、次の一九六二年から一九六九年(昭和四四年)までの特別伝道・本廟奉仕団・推進員教習を中核とした運動は、いうまでもなく第一期の同朋会運動というべきであります。さらに次の管長職譲渡の開申に始まる一九六九年から一九八七年(昭和六二年)の宗派と本願寺の合併、すなわち宗本一体まで、いわゆる宗門正常化・新宗憲制定のための時期は、第二期の同朋会運動というふうに位置づけてみますと、一九八七年以降、蓮如上人五百回御遠忌を迎えんとする今は、まさに第三期の同朋会運動のただ中にあるというべきであります。それだけに今は、戦後の宗門の歩みを充分に点検総括し、第三期の同朋会運動のより充実した方策の構築を急がねばならぬときであると強く認識しているのであります。そのような意味において、いま改めて三〇余年に及ぶ運動の歴史に思いをいたすとき、特に重視すべき事があります。その一つは一九七六年（昭和五一年）四月一五日に開催された「宗門危機突破　全国代表者決起集会」であり、殊にその集会に寄せられた、野間宏[*1]氏のメッセージを忘れることができないのであります。同氏は、その中で次のように述べられております。

「実に大きな問題を孕んでいる本願寺の危機は、決して本願寺だけの危機ではなく、日本文化そのものの危機である。この危機を矮小化して捉えるとすれば、それはすでに開祖親鸞の教えるところから遠く離れることとなる」と、厳しい指摘をしておられるのであります。

ときに、われわれは危機ということを、折りにふれ口にいたしております。宗門の危機という場合でも、分かったつもりでおりますが、その危機の内容が、われわれ一人ひとりのところで果たして明確にされていたであろうかと、そのことを深くあらためて思わずにはおれません。

五濁《ごじょく》の世と申しますが、時代が濁り、いのちが濁り、それぞれが自身の思いにとらわれ、互いに依りどころとするものに迷っていく、そういう時代であればこそ、仏法が求められているのであります。しかし、われわれは本当にそういう「時」として時代社会を受けとめ、そのような「機」として人間を受けとめてきたのであろうか。この時と機を見失っていることこそ、宗祖聖人から教えられる危機ではなかろうかと思うのであります。

第二に挙げるべきことは、その翌年、すなわち一九七七年（昭和五二年）四月一五日、御影堂において開催された「真宗同朋会運動　一五周年全国大会」であります。殊にこの大会において確認された三項目の実践課題であります。

一　古い宗門体質の克服
二　現代社会との接点をもつ
三　真宗門徒としての自覚と実践

であります。この三項目の事柄が、その後どのように具現されてきたか、またどのようにすれば、その実現を期すことができるのか。そのことを常に念頭において宗務の執行に臨むつもりであります。

（略）

帰敬式実践運動

次に、蓮如上人五百回御遠忌のお待ち受けとしての具体的な歩みとして、全宗門人が一様に取り組むべき実践課題を模索していたのでありますが、今回、帰敬式実践運動として、全宗門挙げて展開すべく条例案をご提案いたすことといたしました。

帰敬式は、宗憲の定めるとおり、「本派に帰依の誠を表す儀式」でありますが、それはいうまでもなく本派に帰依することをとおして三宝に帰依し、われわれが生きる確かな依りどころを明らかにすることにほかならないのでありまして、「真宗門徒としての自覚と実践」にかかわる、共に仏道を歩まんとする決意に立つ極めて重要な事柄であります。

かつて同朋会運動発足当初、「家の宗教から個の自覚へ」というスローガンによって同朋の会の結成、聞法活動の促進が図られ、推進員教習の受講から帰敬式の受式へと展開されたことはご承知のとおりであります。このことは、いうまでもなく聞法をとおして真宗門徒の自覚と実践を目的とするのでありますが、帰敬式実践運動はまず三宝帰依の儀式、すなわち帰敬式を受式することをとおして真宗門徒の自覚に立ち、そこから聞法の実践へと進んでいただこうというものであります。

さらに又、宗憲第八二条（門徒の任務）の第二項についての条文は、「すべて門徒は、帰敬式を受け、宗門及び寺院、教会の護持興隆につとめなければならない」と、規定しているのであります。

しかしながら、これほど重要な帰敬式が、通常は真宗本廟において行われ、その他は鍵役が地方に出向されたおりに随時行われているにすぎません。したがいまして宗憲第八二条第二項の実を挙げるため、このたび宗憲第一二条第四項ただし書の規定に基づき、住職、教会主管者によって帰敬式の執行が行い得るよう必要な条例及び諸規定を定めてまいりたいと思うのであります。

ただこのことは、住職における帰敬式のみを重視しようというものではありません。要は帰敬式の内容を充実させんがための施策でありますから、例えば真宗本廟における「帰敬式奉仕団」の推進など可能な形態を各寺院、組《そ》及び教区において選択し、そこから最も実情に即した計画を立てて実施し、それをもって宗憲第八二条第二項の規定の実を挙げ、来るべき蓮如上人五百回御遠忌法要には、全門徒が帰敬式を受式して御遠忌御法要に臨んでいただきたいと念願するものであります。（以下略）

（『真宗』、一九九五年七月号）

〔編者注〕

＊1　野間宏（一九一五〜一九九一）…作家。兵庫県生まれ。戦後派文学の中心的担い手であり、社会問題にも広く発言。著作に『暗い絵』『真空地帯』『わが塔はそこに立つ』『青年の環』『歎異抄』など。

第30回宗議会・第28回参議会
宗務総長演説要旨（一九九六年）

二十一世紀を切り拓く宗門をめざして
――人材の養成と諸制度の改革

（略）

御遠忌テーマ――現代社会へのメッセージ
人類の生きる方向を示す共有の課題

続いて宗務執行の基本的な考えでありますが、すでにご承知のように、さる四月一五日の立教開宗記念日に、蓮如上人五百回御遠忌を迎えるに当たりましてのテーマを「バラバラでいっしょ――差異《ちがい》をみとめる世界の発見――」ということに決定させていただきました。さらに「とも同行」をコンセプトとし、スローガンを「帰ろう　もとのいのちへ」と同時に決定いたしたことであります。このテーマは現代社会に何が問題なのかを訴える端的なメッセージとして、現代に生きるあらゆる人びとと共有し得る課題と、生きる方向性を明示するものと確信いたしております。

申すまでもなく蓮如上人がその生涯をかけて担われた課題は、「真宗再興」の一事に尽きるわけですが、その真宗再興が念仏者の一人ひとりの上に見いだされた世界が「とも同行」であると思います。それは「一人なりとも、人の、信を取るが、一宗の繁昌に候う」といわれる、その一人の誕生の根拠になる信心によって開かれる世界であります。この信心によって、いのちの尊さに目覚め、かけがえのない自己に出遇うのであります。役に立つとか立たないとかという価値判断で人間を計るのではなく、どのような価値基準による比較も必要としない、一人ひとりの尊厳性に真に出遇うのであります。自らがこのような地平に立つときはじめて、いかなる先入観にも執われることのない、他者の発見、それこそ「とも同行」としての出遇いが成り立つのでありましょう。この他者の発見が同時に自己の発見となる、このような信心に貫かれた出遇いこそ、実はいのちそのものからの促しであったことに気づかされ、「帰ろう　もとのいのちへ」をスローガンとさせていただきました。

ここにおいて、私たちは「バラバラでいっしょ――差異《ちがい》をみとめる世界の発見――」を、蓮如上人五百回御遠忌を迎えるテーマとして、選び取ったのであります。このテーマが志向するものは、真に未来への展望をもち、世界に開かれた宗門の確立であります。「すべて宗門に属する者は、常に自信教人信の誠を尽くし、同朋社会の顕現に努める」と、真宗大谷派宗憲の前文に謳われておりますが、真宗同朋会運動の推進は、宗門存立の本義を現代社会に証しする実践に他なりません。かつて清沢満之先生が、大谷派なる宗門とは何ぞやと自らに問い、「余輩の拠って以て自己の安心を求め、拠って以て同胞の安心を求め、拠って以て世界人類の安心を求めんと期する所の源泉である」と、明示してくださっております。それは一宗派の存立のための運動ではなく、どこまでも自己の安心を求め、同朋の安心を求め、世界人類の安心を求めるという、全人類の根源の叫びが大谷派なる宗門の名告りにおいて表現され、あらゆる人びとに開かれた運動でなければなりません。ここにこそ、宗門存立の所以があると存ずるのであります。このことをこのたびのテーマのもとに受け止め、宗務執行の基本の理念としてうち据え、全宗門を挙げての運動となるよう尽力をいたす所存であります。

宗門諸制度の刷新改革は　宗門近代史の検証と激動する時代社会を捉えた将来展望から

続いて重要な宗務の課題について申し上げたいと存じます。

まず、その第一点としては、宗門近代史の検証であります。ご承知のとおり昨年わが宗門の宗議会及び参議会において、それぞれ不戦決議を全会一致で決議されたことは、記憶に新しいところであります。その不戦決議を如何に実践していくかということになると、まず過去の過ちを二度と繰り返さないためにも、徹底した歴史の検証が必要であります。宗門の戦争責任ということも、そのことにおいて明確になるのであります。

さらにまた宗門の将来を誤りなく展望するためにも、宗門近代史の検証及びその検証によって見い出される課題は、極めて重要な課題であると存じます。今後それらの作業に充分なる取り組みをいたしてまいりたいと思います。なお、先般の高木顕明師の擯斥《ひんせき》に対する名誉回復、並びにハンセン病に関連する宗門の謝罪表明と政府に対する要望書の提出は、いうまでもなくこれら宗門近代史の検証の中から見い出されてくる課題の実践であると認識するものであります。

次に指摘いたしたいことは、変動する時代をどう捉えるかであります。いうまでもなく現下の社会状況は、歴史上まれに見る激動の時代であります。思想や価値観はもちろんのこと、政治、経済、教育等あらゆる分野で、変革の嵐が吹き荒れています。とりわけ情報化、国際化、高齢化及び少子化への急激な変化は、社会構造や価値観に極めて重要な影響を与えようとしています。

このような状況下にあって、宗門においても激動の意味するところを根底から捉え、将来への展望を視野に入れ、宗門諸制度についても、あらゆる面において厳密な自己点検をいたし、時代の課題を担い得る刷新改革を進めていくことが、目下の宗務の重要課題と思料するものであります。

そのような観点から、「寺院教会条例の一部を改正する条例案」「儀式指導研究所条例案」、その他の条例案を提案いたしたことであります。

緊急を要する財政改革

続いてまた、緊急を要する重要課題として挙げねばならないことは、まず財政面の改革を急がねばならないということであります。現下の宗門財政は、必要とされる資金量に対して、その財源は非常に逼迫した状況下にあることは、いまや多言を要しないと存じます。その意味で、今こそ叡智を結集して、財政の改革にあたらねばならぬときであると存じます。その中でも長年の懸案事項とされてきました、いわゆる公平かつ合理的な「あるべき割当基準《かっとう》」の確立を急ぐとともに募財制度の徹底した見直しを図り、宗派、教区、組《そ》及び寺院教会が有機的に連携し機能していくような財政システムを急ぎ確立しなければならないと存じます。そのために、新年度より財政改革プロジェクトを設置し、その対応に全力を挙げてまいりたく、必要な予算措置も講じたことであります。

さらにまた、両堂御修復事業についてでありますが、一昨年来より「両堂等修復検討委員会」が組織され、真宗本廟造営物保存管理専門委員会の専門家とともに御修復に関するあらゆる問題点を検討していただいてまいりましたが、二年の任期を目前に控えられた今日、両堂御修復についての調査及び検討の結果がほぼまとめられました。当局としましては、それら検討委員会のご報告があり次第、その方針に沿って宗門全体にご理解いただくべく趣旨の徹底に努力してまいりたいと存じます。

いよいよ新年度早々から参拝接待所着工へ

新しい参拝接待所は、すでにご承知のように、真宗本廟の総合案内的機能を有し、また時代社会の要請に応えるべく、マルチメディアを駆使するなど、幅広い教化伝道の機能を有し、さらには、ご門徒はもちろんのこと、一般の方々をはじめ海外の方々にも、少しでも真宗の教えに接していただける施設として発揮できる基本構想のもとに、先の臨時会においては大幅な計画変更をご承認いただいたことでございます。その新しい参拝接待所建築に向けての現況をご報告申し上げます。

現在は当初の建築予定に基づき、一九九七（平成九）年末の竣工を目指し着々と準備を進めておるところでございます。埋蔵文化財の調査につきましては、若干遅れておりますが、全体の建築工程に影響を及ぼすものではございません。同調査も七月初旬には終え、これと並行して実施設計を六月末には完了し、埋蔵文化財調査終了後には直ちに着工をいたす予定でございます。

教学振興事業推進資金の具体的な事業計画の策定に向けて
事業の完全な遂行には　さらなる財源確保が必要

次に、御遠忌記念事業のひとつである教学振興事業推進資金について申し上げます。

教学振興事業推進資金に関連しましては、昨年の常会において、その事業内容を次の四項目に絞り込んでまいりたい旨、申し述べました。

即ち、

一　真宗大谷学園並びに関係学校の整備並びに拡充強化

二　首都圏開教の充実、促進

三　青少幼年教化の拡充推進

四　映像媒体による教化の新分野の開拓

の四項目であります。爾来これらの事業計画の具体化、明確化を急いでまいりましたが、近時、御遠忌懇志のご納金の高まりとともに、漸く教学振興事業の構想がまとまりつつあります。そこで、それぞれの事業内容と必要経費を予備的に明確に定めて、事業の推進に資するために「教学振興事業推進資金に関する特別措置条例」の一部を改正し、その改正に基づいて本常会に「財務案件」として、教学振興事業の事業内容と資金計画をご審議賜りたく、提案いたす次第であります。

ただ特に本件について申し上げたいことは、宗門が二一世紀に向けて力強い興隆発展を期そうとするとき、五〇億円という教学振興事業推進資金の額は決して充分な金額とは申せません。むしろ多額な資金を必要とする学事施設の拡充事業については、この教学振興事業推進資金の他に別途な財源による資金を確保しなければ、とても事業の完全なる遂行を期すことは、不可能であるという状況が明確になってまいりました。

（略）

住職（普通寺院）就任の女性教師に対する制限措置撤廃
女性の宗門活動推進のため「女性室」を設置

次に、女性の宗門活動の推進について申し上げます。宗門における性差別の克服は、近年特に重要な課題として認識されてきたことは、ご承知のとおりであります。

この課題に対応するため、一昨年秋より女性の宗門活動に関する宗務審議会を設置して、女性を中心とした委員各位に鋭意ご尽力をいただき、本年一月二五日にその答申をいただいたことであります。答申の内容については宗門の将来を左右する非常に重要な内容が多く指摘されておりますので、これらについては広く住職並びに坊守各位にご認識いただくべく、『真宗』誌五月号に掲載をいたしたことであります。

当局といたしましては、答申の内容を充分に検討いたした結果、個々の内容としては直ちに実現することが困難な点もありますが、全体の流れとしては答申の趣旨を充分に尊重し、まず改正し得るところから着手し、なお、当面実現し難い問題については、さらに今後の検討課題として真摯に取り組んでまいりたいと思うことであります。

まずその意味において、「寺院教会条例の一部を改正する条例案」を提案し、普通寺院の住職については全面的に男女の格差なく就任し得ることといたしました。ただ同住職の継承については、宗門の現状に即して考えた場合、卑属系統を原則とすることを廃止するのは、未だ時期尚早と受け止めざるを得ないので、現行のままといたしました。今後宗門内の論議と世論の帰趨を見定めたいと存じます。

候補衆徒制度については、住職継承資格を有する者の中から当該寺院の総意をもって選定すると同時に、候補者本人の主体的な意思・判断を充分尊重すべき事柄でありますので、候補衆徒となり得る年齢を一八歳以上の者と改めることといたしました。

なおまた、坊守については、「住職又は教会主管者の配偶者を坊守と称する」という従属的な表現を改め、普通寺院に不可欠の重要な職分であるとの旧来の伝統を保持しつつ、住職とは異なる独自の就任手続きをとることといたしました。

これらの他に女性の宗門活動を促進する課題は非常に多岐に及ぶものであります。したがって、今後それらの課題に取り組み、女性の宗門活動を推進していくための機関として、宗務所に「女性室」を設けることといたし、その予算化も図った次第であります。

帰敬式実践運動のさらなる推進に向けて

次にさる四月一日から施行しました帰敬式に関する条例により発足した帰敬式実践運動について申し上げます。

この運動については、準備期間も入れて未だ日時の経過も浅いことでありますが、その間、各教区においては、伝達講習の開催をとおし、同実践運動の趣旨も徐々にその徹底がはかられていることであります。

真宗本廟本山における帰敬式についても、受式者一同による勤行、受式者の誓いの辞《ことば》の表明、講師による法話を聴聞していただくなど、帰依三宝の誠を表す儀式にふさわしいものと改められ、受式者にとっても、深い感銘を受けて真宗門徒の自覚を新たにされていることと存じます。

この運動をさらに推進せしめるため、目下、一つは執行者のための手引用のもの、いま一つは受式者のための啓発用のビデオも制作中であり、まもなく完成の予定であります。これらも充分ご活用いただき帰敬式実践運動の実を挙げられますよう期待いたすところであります。（以下略）

（『真宗』、一九九六年七月号）

第32回宗議会・第30回参議会
宗務総長演説要旨（一九九七年）

真宗同朋会運動の推進を　いのちとしている宗門

（略）

近代がもたらした科学的合理主義を問い
真宗同朋会運動の理念と願いの実現へ

ご承知のように、蓮如上人五百回御遠忌法要をお迎えする平成九年度は、真宗同朋会運動発足三五周年という節目の年にあたり、歴史的な意義を感ずるのであります。

さて、「開申」事件に始まった宗政の混乱は、宗門を憂える人をして「真宗大谷派教団はいずこに向かおうとしているのか」と嘆かせしめたり、また最近に至ってもなお、「大谷派なる宗門が見えてこない」という批判を耳にすることがありますが、私は「真宗大谷派なる宗門とは、どのような宗門か」と問われれば、「真宗大谷派なる宗門は、真宗同朋会運動を進めることを、いのちとしている宗門である」と答えたいと思うのであります。しかしながら、発足以来三五年の歳月を経過して、根本理念がややともすれば風化しつつある恐れがないわけではありません。すなわち、同朋会運動がともすれば、かつての特別伝道、推進員教習に象徴されたように、今日では推進員養成講座や真宗本廟奉仕団を行うことだけが同朋会運動であり、あたかも同朋会運動が教化の一方法論であるかのように、矮小化して受け止められていはしないかということであります。

さらにまた、これまでの同朋会運動の中から蓮如上人のことが抜け落ちていたとか、御遠忌が終われば蓮如上人のことも言われなくなるのではないか、という声を耳にするのでありますが、いかがなものでありましょうか。

少なくとも蓮如上人の真宗再興といい、明治期の清沢満之《きよざわまんし》先生の仏教復興運動といい、さらにはこの真宗同朋会運動にしても、そこに流れているのは、まさに「先師の口伝の真信に異なることを歎く」という歎異の精神によって貫かれている歴史的事実であることを今改めて思い知るのであります。

その意味においても真宗同朋会運動は、まさに宗門のいのちともいうべき課題でありますから、あらゆる宗門の営為はいうまでもなく、そのすべてが真宗同朋会運動の推進にほかならないということを、今一度宗門に属するすべての人々が認識を新たにすることが極めて重要なことであろうと存じます。

顧みますと、真宗同朋会運動が発足しましたのは、宗祖七百回の御遠忌を契機としてであります。御遠忌が盛大裡に完遂された翌一九六二（昭和三七）年、宮谷法含宗務総長の後を受けた訓覇信雄宗務総長は、第七〇回定期宗議会において同朋会発足の「歴史的必然性並びに思想的根拠」について、次の三点、すなわち、

一　同朋会の生まれなければならない必然性

二　教法社会の確立

三　教団内部構造からの必然性

を挙げ、同朋教団形成の方向を表明されました。その要点は、
第一に、真宗同朋会運動の生まれなければならない必然性について問い、「近代ヨーロッパが果たし得なかった真の人間の自覚を明らかにし、現代の人類の課題にこたえるべき使命を荷負うておる仏教の、その使命を果たすべき〈場〉が仏教の教団であります」。それは「個人の自覚に立つ民主主義の確立とはいいながら、その個人の自覚は、遂に自我意識のエゴイズム」を超えることができない私どもに、「人間を最も純粋に、かつ根源的に解放する道が仏法であります」と、歴史の展開する中で、なおかつ解決し得ぬ人類の深い要請に依るものであることを述べております。

第二に、人類に真の共同体を成り立たせる原形こそ信仰共同体、すなわち教法社会の確立であり、現実社会の原理であると述べて、真宗同朋会の発足は、かかる時代の要請に応え得る教団を確立するための第一歩にほかならないと示しています。

第三に、教団の内部構造からの必然性について、「われわれの教団は従来、ご承知のように農村を基盤とした、いわゆる〈家の宗教〉の形をとってきたのでありますが、近代工業化の急速なる進展」、さらには〈家〉制度の法律的廃止から、その〈家〉の崩壊の危機に直面し、それまで〈家〉を基盤とした寺との結びつきが見直され、後にスローガンとなった「家の宗教から個の自覚へ」ということが内容として語られ、すべての宗門人が共に本来の姿にかえるときがきたと述べられています。

つまり、真宗大谷派なる宗門が推進する真宗同朋会運動は、どこまでも宗門のおかれた現実に立ちながら、時代社会の深い要請に応えんとする純粋な信仰運動を推進するものであり、もって「人類に捧げる教団」たらんとの趣旨を表明し、このような基本的な方向を目指して歩み始めたのであります。

しかし、一九六九（昭和四四）年、難波別院輪番差別事件を契機として部落差別問題が、また、靖国神社国家護持法案の国会提出を契機として靖国問題が、それぞれ宗門として取り組むべき課題として明らかにされようとした矢先、管長職譲渡の「開申」事件に端を発する教団問題が惹起するより、いよいよ教団の現実の姿が露呈し、厳しく教団そのものの存在意義が問われたのであります。そして、文字通り「宗門の危機」といわれる中で、一人ひとりの生き方が容赦なく問われたのであります。

その後、実に苦渋に満ちた教団問題をとおして、その中から、全国の真宗門徒の至純なる願いにより新宗憲の制定を見ることができ、宗憲の精神に則って、同朋教団への歩みが進められてまいりました。昨年はまた新宗憲のもと、第二五代門首を迎えることができ、新しい宗門の歴史の始まりを思い、そこに大いなる念仏の僧伽の歴史に召されたいという願いを表明させていただいたのであります。

ひるがえって現代は、生態系破壊の問題、食糧問題、人口問題、民族問題や核の問題など、人類が破滅していくのではないかということを、それこそ日常の中で感じざるを得ないという、そういう危機の時代であります。文明の進歩という名のもとに、科学的合理主義は生活の利便性と物質的繁栄をもたらしましたが、同時に言語に絶する閉塞状況をも、もたらしました。そのことは、今世紀の人類の歩みが何よりも如実に示しております。そして今、人間の科学的合理主義がもたらした閉塞状況を、またぞろ科学的合理主義で克服しようとし、それが実現できると考えているとするならば、人知の闇はいよいよ深いといわなければなりません。

その現代の状況を直視するとき、「近代ヨーロッパが果たし得なかった真の人間の自覚を明らかにし云々」と指摘された真宗同朋会運動の理念と願いが、いよいよ誤りなきものとして実証されつつあると感ずるのであります。

憶うに、蓮如上人が「人の信なきことを思し召せば、身をきりさくようにかなしきよ」と、時代の人間苦の直中から吐露され、その本質を「信がなくはいたずらごとよ」と明示されたお言葉こそ、この現実生活の足下に本願真実の法に遇い、「とも同行」としての新しい自己自身を見い出し、一人ひとりのいのちの尊厳に目覚めさせていただくという方向を指し示しているものであります。

この一人ひとりを支え、生かしめしている限りない　いのちのはたらきとの出遇いこそ、このたびの御遠忌テーマ「バラバラでいっしょ——差異《ちがい》をみとめる世界の発見——」なのであります。

このような基本理念に基づいて宗務を執行してまいりたいと思うのであります。（以下略）

（『真宗』、一九九七年七月号）

第34回宗議会・第32回参議会
宗務総長演説要旨（一九九八年）

慚愧《ざんき》の念を胸に宗門の歩むべき道へ
――同朋会運動を担う次世代の育成

本日ここに第三四回宗議会（第三二回参議会）の常会が招集せられましたところ、議員各位にはご繁忙の中にもかかわらず揃ってご参集くださいましたこと、誠にご苦労さまでございます。

このたび、私ども宗門人が久しく待ち望んでおりました蓮如上人五百回御遠忌法要が、ご門首の始中終のご出仕のもと、全国各地や世界の各開教区からご参詣の御同朋《おんどうぼう》をお迎えし、さる四月二五日、滞りなく御満座に至ったことは誠にご同慶に堪えないところであります。全宗門の御同朋各位と心から喜びを共にいたしたく存じます。

（略）

現下の宗務執行の基本課題について申し上げます。

先ず第一に、

Ⅰ　御遠忌厳修によって何が課題として明らかになってきたか

次に、

Ⅱ　そのような課題に立脚して、どのような手続きで施策を策定し具体化するか

そして、

Ⅲ　来る一九九八（平成一〇）年度を宗務の上でどのような年度として位置づけるか

第一項の課題については、このたびの御遠忌をどのように点検し総括するかは、今後の緊急の課題であり、宗門の各界各層の方々によって、十分な取り組みをお願いしたいと存じますが、取り敢えず宗務の執行に関わるところを若干申し上げたいと存じます。

御遠忌をとおして明らかになったこと

1　真宗本廟中心の宗門と宗門存立の本義

先ず第一に申したいことは、我が宗門は、宗祖聖人の今現在説法《こんげんざいせっぽう》したもう御真影《ごしんねい》のましまます真宗本廟中心の宗門である、ということであります。

次に、宗門存立の本義は、どこまでも同朋《どうぼう》社会の顕現にある、ということであります。

このたびの蓮如上人五百回御遠忌は、真宗同朋会運動発足以来初めての御遠忌であり、さらにはまた、新宗憲制定以来初めて迎えた御遠忌であります。その意味におきまして、これらは、すでに宗憲で明らかにされている自明のことではありますが、戦後五〇余年目にお迎えした御遠忌をとおして、改めて実践的に再認識せしめられたことであります。非常に意義深い御遠忌であったということができると思います。戦後の宗門の歴史において、一つの大きなエポックを画した出来事であったと存じます。

2　真宗本廟奉仕

顧みれば、前の蓮如上人四百五十回忌は戦後の厳しい社会情勢の中で厳修されましたが、その結果、約三、〇〇〇万円の赤字を出して、宗門の現状は再起不能かという危機感が深まりました。しかし、その混迷の中から、まるで湧きいずる地下水のように宗門再生の動きが起こってまいりました。それはいうまでもなく、全国各地から米・味噌を担いで本廟に馳せ参じた至純な御同朋の願いによって、極めて自然に湧き起こった運動であります。

それらの御同朋は、昼はもっぱら真宗本廟の清掃に汗を流し、夜は宗祖聖人のお膝元で熱心に聞法《もんぽう》座談に励んだのであります。

今日、蓮如上人五百回御遠忌後の宗門がどのような方向に進むべきか、何を実践すべきか、いろいろ論議されておることですが、進むべき道はすでに明らかになっております。それは、諸先達すなわち無数の念仏者が歩まれた真宗本廟奉仕の道、このことをおいて他に、私ども宗門人の進むべき道はないと存じます。したがって今一度、先達の心に立ち返って宗門人一人ひとりがそのことに目覚め、真宗本廟奉仕の実践活動を高めてまいることであると思います。

真宗本廟奉仕は、まさに施策を超えた施策として、真宗同朋会運動の根幹ともいうべき活動であります。したがって、その他の教化の施策は、この真宗本廟奉仕を中心として、今日の多様化した時代に即した方法を考えて対応していかなければならないと思うのであります。

3 慚愧の御遠忌

さらに思われることでありますが、一体、御遠忌の円成《えんじょう》はいずれに立って言えるのか、ということであります。

現下の宗門の状況を見ますとき、別院を中心とする御遠忌、または教区主催の御遠忌等、それぞれの現場においては新しい目標に向かって、さらなる取り組みがなされておりますが、ややもすると本山の蓮如上人五百回御遠忌法要がまずまず盛儀のうちに円成し、これで終わったという、ほっとした安堵感が流れておることも否めません。

しかし、御遠忌の円成ということは、法要を無事に勤めることができたというだけの意味にとどまるものでないことは申すまでもありません。蓮如上人のお心を憶うとき、この伝統の流れを受けている私ども一人一人にとって、人生の最大事件である信心獲得《ぎゃくとく》こそが問題であります。したがって、御遠忌円成というのはどこまでも一人一人についていえる言葉であろうと思います。

その意味で、見落とすことのできない重要な視座があります。それは、故・平野修師の講義録である『慚愧の御遠忌』の中で述べられている言葉です。この中で師は、

「蓮如上人については讃嘆の御遠忌ではありません。逆です。むしろ親鸞聖人のお心というものを最も深く了解され、それをさりげなく表現していかれたということについて、こちら側はずうっと見過ごしてきた。いろんな事情があったにしろ、〈親鸞聖人と比べて蓮如は、〉ということで、言ってみれば劣ったものとして、ずうっと受けとめてきた。(中略)蓮如が親鸞から受け継いだもの、それを我々の方が受

け取らずに、またいろんな事情から受け取れなかったために、真宗は蓮如以降、衰退した、と言えようかと思います。
その意味では、蓮如上人に対して我々は慚愧すべきである。（中略）蓮如のところで大きく広がったものを衰退させた。人はそれを、一向一揆で敗れたせいだとし、あるいは江戸時代の檀家制によって縮められたのだ、と言って責任を外にもっていこうとします。しかし、どうもそうとは思えません。我々の方が、蓮如が親鸞から受け継いだものを確かに受けとめることが出来なかった。その点を抜きにしては蓮如の五百回忌というものはないであろうと思います」
と述べられています。この、「我々の方が、蓮如が親鸞から受け継いだものを確かに受けとめることが出来なかった」「その意味では、蓮如上人に対して我々は慚愧すべきである」との言葉が強く響いてまいります。

　このことは、私どもが今後、真宗同朋会運動を進める上で、最も大切な視座であろうと思います。

　さらに、このような慚愧の視座は、明治の仏教復興運動に尽くされた清沢満之先生に対しても共通していえることではなかろうかと思います。その辺の事情は、いわゆる一九五六（昭和三一）年四月に宮谷法含宗務総長の出された宗門白書、「宗門各位に告ぐ」において明らかにされていることであります。白書には、

「明治のわが宗門に、清沢満之先生がおられたことは、何ものにもかえがたい幸せであった。先生の日本思想史上における偉大な業績もさることながら、大谷派が徳川封建教学の桎梏《しっこく》から脱皮し、真宗の教学を、世界的視野に於て展開し得たことは、ひとえに、先生捨身の熱意によるものであった。（中略）

真宗の教学を、世界人類の教法として宣布することは刻下の急務である。その為には煩瑣な観念的学問となって閉息〈塞〉している真宗教学を、純粋に宗祖の御心に還し、簡明にして生命に満ちた、本願念仏の教法を再現しなければならない。このとき如来と人間の分限を明らかにすることによって、絶対他力の大道が衆生畢竟《ひっきょう》の道であることを、現代に明白にされた清沢先生の教学こそ、重大な意義をもつものであることを知るのである」

と述べられています。この白書の指摘を、その後、私どもはどのように受けとめてきたのであろうか。私どもは、いま改めて我が宗門に清沢満之先生が出現されたことの教学的意義を問い直さねばならぬ時であり、まさに真宗同朋会運動の源泉として問わねばならぬ時ではなかろうかと思うのであります。したがって、御遠忌厳修《ごんしゅう》後の私どもの第一歩は、宗祖聖人、蓮如上人の心に背いた深い慚愧の念より始まらなければならないと存じます。

4　現代社会との関わりと真の共同体

次に指摘いたしたいことは、私どもの時代社会との関わりであり、また真の人間共同体の問題であります。

二一世紀を目前にして、現代社会はいよいよ出口のない混迷の度を深めています。先日の、インド、パキスタンの核実験がそのことを実証していると思います。まさに悲痛極まりない現状であります。

そのような時代状況の中で、宗門は、蓮如上人五百回御遠忌法要を厳修し、その御遠忌のテーマを「バラバラでいっしょ――差異《ちがい》をみとめる世界の発見――」と定めて、広く宗門内外へ発信いたしました。

思えば、この御遠忌厳修の願いとエネルギーは、三五年にわたる真宗同朋会運動の推進から生み出されたものであると存じます。この御遠忌によりまして、真宗同朋会運動の願いと方向がいよいよ誤りなきものとして実証され、このことにおいて宗門存立の意義が同朋社会の顕現にあることがいよいよ明らかになったことであります。

そのことがまた、「バラバラでいっしょ——差異《ちがい》をみとめる世界の発見——」という御遠忌テーマとして展開し、宗門内はもとより宗門外へのアピールともなり、さまざまな分野の方々とのつながりを生み出すご縁をいただいたことは、今後の宗門活動にとって大きな励ましとなり得たことと確信するものであります。

翻って、今日の人類共通の課題である環境問題、食糧問題、資源の問題、南北問題、自由と民主主義の問題、及び自由と平等の人権問題など、現代はまさに未来に対する希望と虚無の間で揺れ動いています。このような時代にあって、しかも蓮如上人五百回御遠忌法要をとおし、私どもが真の人間の共同体、すなわち「バラバラでいっしょ——差異《ちがい》をみとめる世界の発見——」という御遠忌テーマが如何に重い課題を孕むものかということを痛感いたしました。

ややもすると、既成の仏教は個人の救済にのみ、とどまっているかのように大きな誤解を受けてまいったことでありますが、御遠忌テーマをさらに深めて展開することにより、願生浄土《がんしょうじょうど》の道は普く一切衆生と共に歩む道である、ということを明らかにしなければならぬと思うことであります。

したがって、部落差別問題、靖国問題はもとより、脳死と臓器移植の生命倫理の問題等々、人間のいのちの尊厳に関わる問題、すなわち私どもが「現代社会との接点をもつ」ということが一体どのような内容をもつものであるのかということを問い続け、明らかにしてまいりたいと存じます。

5 人材育成

いうまでもなく、宗門の将来に向けて最も重要な課題は、人材の育成であります。宗門が本来の使命を全うするために、絶対になくては叶わぬのが、自信教人信の誠を尽くす人材でありますが、その上さらにより多方面にわたる専門的分野に通暁する人材をも必要としているところであります。今や人材育成のために宗門は財を惜しんではならぬときであると確信いたします。

願わくは、宗門に新風がおこり、次代の宗門を担う若き人材の澎湃《ほうはい》として輩出されんことを念じてやまぬ次第であります。

6 財務の課題

さて、御遠忌厳修《ごんしゅう》後の課題について、最後に申したいことは、財務の課題についてであります。このたびの蓮如上人五百回御遠忌において、宗門各位の格別のご懇念によりまして完納超過となりましたことは誠に有り難いことでありますが、各教区間においてのご納金状況において見過ごすことのできないようなアンバランスが生じました。このことは、宗門運営上の重要な財政課題として急ぎ検討しなければならないと認識するものであります。(以下略)

(『真宗』、一九九八年七月号)

Ⅲ 時の言葉

いつも使用していた筆

宗務総長として

年頭の辞〔一九九五年〕

御遠忌《ごえんき》を勝縁《しょうえん》として　今こそ、本来化の歩みを

宗門の皆さま方に謹んで年頭のご挨拶を申し上げます。

旧冬、真宗本廟における御正忌報恩講《ごしょうきほうおんこう》には全国各地よりご参詣いただき、御同朋《おんどうぼう》の皆さま方とともに厳粛に、また賑々しくお勤めさせていただきましたことは、誠にありがたく心より厚くお礼申し上げます。

殊に昨年は、蓮如上人五百回御遠忌法要を一九九八（平成十）年にお迎えするに当たり、そのお待ち受け事業をいよいよ具体的に歩み出すことができ、洵《まこと》に意義深い年でありました。申すまでもなく、内局巡回において皆さま方から承りましたご意見を充分に体しつつ、また、今後とも幅広くご意見を伺いつつ、御遠忌円成《えんじょう》に向けて取り組んでまいりたいと存じます。

さらに昨年は、枳殻邸《きこくてい》に関わる手形訴訟の和解、そして聖護院別邸に関わる貸金等請求事件の和解が成立し、これによって、「即決和解」における大谷家の債務処理問題のすべてが終了したことであり、いわゆる「教団問題」の大きな節目ともなる年でありました。この「教団問題」における数々の苦汁に満ち

た事件は、私どもに宗門存立の本義を根底から問い直させるものでありました。しかし、そのことはかえって、宗門人の一人ひとりがこの宗門をいかに背負うて立つか、そして今こそ宗門がその総力を挙げて、本来的使命を果たすべきときであるかを明らかにするご縁であったことと、改めて確認することであります。

一方、私どもが生きる現代は、身近なところにおいても家族の崩壊や老人の孤独、さらには生命科学・生命倫理の問題、そして地球規模にわたる環境破壊やポスト冷戦後の民族間紛争など、まさしく末《まっ》法《ぽう》・五濁《ごじょく》の世《よ》というべき様相を呈しております。それは、いつに人間そのものが問われていることなのでありましょう。時代は生きることの意味を切実に求めているのであります。すなわち人間の究極的依り処、真に確かなものをこそ求められているのであります。

この人類の根源的課題に応えられている教えこそ、宗祖親鸞聖人が顕らかにしてくださった本願念仏の教えであります。その教えを、今、私どもは現代人に伝わる、現代に生きてはたらく言葉として表現することが求められているのであります。

憶《おも》えば蓮如上人は、その親鸞聖人の教えを受けとり直し、当時の民衆の声を聞きとりつづけ、民衆に生きてはたらく言葉でもって、生きる依り処を表現されました。それによって「浄土」を民衆の「ふる里」として、民衆の生活に深くしみ透らせられたのであります。この蓮如上人のご教化がなかったならば、はたして私どものところにまで念仏の教えが至り届くことができたでありましょうか。そのことを思うとき、蓮如上人のご恩徳を思わずにはおれないのであります。

今こそ私どもは、親鸞聖人、蓮如上人によって示された本願念仏の教えに立ち帰り、蓮如上人の御遠忌があまねく世界の人々に「たまわったいのちに目覚め、共に生きよう」と訴える、大いなる勝縁となりますことを念願してやまぬものであります。

どうか宗門の皆さま方には、このような宗門の大きな使命に深く思いをいたされ、蓮如上人の御遠忌が立派に円成しますよう、心からなるご懇念をお運びくださいますようお願い申し上げる次第であります。

（『真宗』、一九九五年一月号）

沖縄戦五十周年追弔《ついちょう》法要「表白《ひょうびゃく》」

本日ここに、阿弥陀仏の尊前において、沖縄戦五十周年追弔法要を勤めさせていただくにあたり、私どもの想いを申し上げさせていただきます。

まず、なによりも、この沖縄の地を戦場と化し、戦死という悲惨な死を、数えきれない多くの方々にもたらしてしまいましたことはもとより、私どもが今日まで、そのことの意味について、本当に心を尽くしてきた歩みであったのかを自問いたしますとき、沖縄の皆様にはお詫びしなければなりません。いまなお癒されることのない傷跡を負って生きておられる方々のおことばをお聞きいたしますにつけ、その思いを深くするばかりでございます。

かつて、私どもの国が大日本帝国と名のって、以来、国の強大化をはかって、いくたびも戦争を繰り返してきました。そうしたはてに沖縄の島々での戦禍があったといって過言ではありません。

この沖縄戦において、亡くなられた方々は二十五万人余、そのうち沖縄県民の十五万人余の方々が犠牲となって、そのかけがえのないいのちが失われました。これら多くの人びとは砲弾で、また自国の軍隊によって強要された集団自決や、虐殺によるという悲惨なものでありました。

また、朝鮮半島より強制連行されてきた人びとの犠牲も、その足跡は明らかにされていないままであります。

こうした、繰り返されてきた戦争というものの実態と、軍隊のおそろしさがあらわになったのが沖縄戦でありました。にもかかわらず、その後、それらの事実の深淵に思いをいたすことなく、それこそ、ひたすらにこの世の繁栄を求めていくなかで忘れ去っていたのであります。

そのことこそが戦後、現在にいたるまでも、沖縄の方々に戦争の暗い影が重くのしかかっていくことになり、さらには、長い間、私どもの国が侵してきたアジアの国々の人びと、わけても植民地とした国の人びとの痛みと悲しみに満ちた犠牲に、心をよせることをも見失わせてきたのであります。

かえりみれば、戦時中に私どもの宗門は、繰り返されてきた戦争を「聖戦」と呼び、国の繁栄と発展のための正しい戦争であるとして、多くの同朋を戦場に送り出すという罪業を重ねてまいりました。

まことに申し訳のないことでございます。

もとより、宗祖親鸞聖人が見いだされた阿弥陀仏の誓願は、どこまでも罪悪深重《ざいあくじんじゅう》煩悩熾盛《ぼんのうしじょう》の衆生《しゅじょう》として、この世にあって罪悪をまぬがれず、とどまることのない欲求にとらわれている、そういう衆生のひとりとしての私自身を照らし出してくる教えであります。その衆生のひとりに立ち帰ってこそ、お互いが生きあえる世界が開かれてくるのであります。

いったい、私どもの願う平和とはどういう平和なのか。

戦争だけがいのちを犠牲にするのではなく、今日言われますところの平和もまた、多くのいのちをそこなっていくという、そうした私どもの在り方が問われなければなりません。

いま、この時にあたり、真宗大谷派、全宗門の名において非戦の誓いを新たにいたすとともに、二度とふたたび、このような戦争による犠牲者を出して欲しくないという、戦没者はもとより、あとに残された方々が祈ってこられた、その祈りをこそ生きる者として、平和の礎を明らかにしていくことを、この沖縄の地で誓うものであります。

平成七年三月五日

（『真宗』、一九九五年四月号）

蓮如上人五百回御遠忌お待ち受け大会　閉会挨拶要旨

御遠忌テーマを憶う

――御遠忌テーマは、一人ひとりの憶念から

私ども内局は、昨年〔一九九四年〕一月に宗務執行の大任を仰せつかり、以来、蓮如上人五百回御遠

忌お待ち受けの事業の促進に全力を尽くしてまいりました。その中で一つ思いますことは、この蓮如上人の五百回御遠忌法要は、決して私たち一内局の主導によって厳修《ごんしゅう》されることであってはならないということです。宗門は長い紛糾混乱をとおして、今ようやく異常事態の収束をみるにいたって、この蓮如上人五百回御遠忌法要が眼前にあったわけでございます。そのようなことを思えば思うほど蓮如上人の五百回御遠忌法要は、宗門人全員が、それこそ全員総参加の御遠忌であっていただきたい、こういう思いを深くいたすことでございます。そして、私たちは宗門存立の本義を基に、御遠忌お待ち受け事業をとおして、宗門のさらなる活性化を図ってまいりたいと、ひたすら念願するわけでございます。

そういう意味におきまして、一言ご報告申し上げておきたいことがございます。それは、蓮如上人の五百回御遠忌ご法要を勤める意義はいったい何であるのかと。そのことを宗門内外に明らかにしていくために、御遠忌に関するテーマ・スローガンがぜひとも必要ではないかということでございます。

経緯

御遠忌テーマについて、宗門内の幅広い意見を求めるために「御遠忌テーマに関する協議会」を二回にわたって開催しました。そのご意見を踏まえて御遠忌教化推進本部と教学研究所とで「テーマ検討チーム」を設け、テーマ素案の作成作業を進めてまいりました。そこでまとめたテーマ素案と標語のいくつかを全国教区教化委員長会において提示いたしまして、教区においても論議いただき、幅広くご意見やご感想を提出していただく機会を持ちました。

いただいたご意見ご感想は、多岐多様にわたるもので、今日の多様化した社会と宗門との接点、そして蓮如上人との接点を一言で表現することの困難さがそこにあり、逆にその一言こそが切実に求められていることが分かるものでございました。

広く教区のご意見ご感想をお聞きする機会をもちましたものの、それは未だ十分とは申せません。しかしながら、今後教団が取り組む目標・課題について、その基本的考え方もそのなかから同時に浮かび上がってまいりました。これを今、明確に提示すること、それが御遠忌テーマが生み出されてくる根底であると思われます。以下、その基本的な考え方について提示させていただきます。

現代の課題から

その一つは、現代という時代をどう捉え、何がその根本課題であるかを明確にすることであります。近代合理主義のもとに科学と理性の時代として幕を開けた二十世紀でありますが、『夜と霧』の作者であるオーストリアのフランクル教授が二十世紀を評して、このように申されております。――「人間の能力がどのようなものであるか、そしてまたどのような誤りの虜になるかということを実証した時代が二十世紀である」と。たしかに、人間の能力をひたすら信じ、豊かな生活を追い求めていく一方で、損なわれていくいのちがあり、その現実をかえりみることのない生活を受け入れてしまう、そうした誤りの虜になっていく私たちの営み全体が、闇の中に流されていくという思いがしてならないのでございます。

しかし一方、何かいのちの実感といったものをつかみたいという思いが、ふと脳裏をよぎることもまた事実であります。このふとよぎる思いをたしかなものとして求め得ない苦悩、そのなかから起こる、いのちの叫びともいうべき祈り、これはやはり私たちを超えた願いによらなければおこり得ないことであろうと存じます。既にこの願いはかけられていた、しかし、この願いに背く自分であったとうなずかれる、それ以外に確かないのちの実感、そして我らとして共に生きる、ということはありえないのでありましょう。

蓮如上人が、その生涯をとおして心をつくしていかれた道、それは申すまでもなく、真宗再興ということでございます。

蓮如上人は、「雑行《ぞうぎょう》をすてて、後生《ごしょう》たすけたまえと、一心に弥陀をたのめ」と申されております。私たちはこれを「たまわったいのちにめざめ、そのいのちに背く自己、その自己が生み出す社会に眼を注ぎ、すべての有情《うじょう》と共に生き、ともに歩め」との願いと受け止めるとき、蓮如上人の課題を現代の私たちの課題とすることができるのではないでしょうか。

すなわち、私たちの根本課題は、親鸞聖人によって、明らかにされた本願念仏の教え、そしてそここそ私たちの依り処があると指摘された蓮如上人に学ぶことをとおして、現代社会の様々な問題に関わり続け、いのちに背くあり方に眼を注ぎ、共に生ききる、ということであろうと思います。

同朋会運動をとおした課題

二つ目は、同朋会運動をとおしての課題を明確にすることであります。

「同朋会運動は純粋なる信仰運動である」この受け止めが大事であると思います。したがって、運動の標語であった「家の宗教から個の自覚へ」――このことが持つ重大さを私たちはあらためて尋ねあてる必要があるのではないでしょうか。今は、私たちにとって特に重要な意味を二点だけ確かめさせていただきたいと思います。

その一点は、社会的状況の中で教団の現状確認をしたこと。

それは教団存立の根本が問われていることを自覚したということであります。一人ひとりが深いうながしにうなずき、それに応えるものがあるのかどうか。深いうながし、それは「無量寿に目覚めよ」、つまり「たまわったいのちに目覚めよ」という願いに応えているのかどうか。現にある教団、そして門徒としてある自分、それがこのままでよいのかという歎異《たんに》の心でございます。

第二点目は、運動として常に信心を問いかえす歩みを生み出すものであったか、ということであります。

これは、問われていることに気づくという展開を運動自体が生み出し、社会に表現していく、つまり信仰運動を信仰運動たらしめるものでなくてはならない、ということであります。

以上、現代の課題、そして同朋会運動の展開、これら二つの課題についての基本的考え方を述べさせていただいたわけですが、この基本的な考え方から、御遠忌テーマが生み出されてくるものと思うものでございます。宗門全体のお待ち受け推進の中から幅広くご意見やご感想、ご提言をお聞きし、それらを集約しながら今しばらく時間をかけてテーマを検討してまいりたいと思うことであります。

本日ご参集くださいました皆さんお一人おひとりが、蓮如上人五百回御遠忌法要をご縁といたしまして、どのような御遠忌のテーマ・御遠忌のスローガンを明確になさっていくことができるのであろうか。どうか、お一人おひとりによる手作りの御遠忌テーマ・スローガンを見い出してくださり、そしてこのことを憶念しながら、平成十年の蓮如上人五百回御遠忌ご法要に向けまして、お待ち受け大会の歩みを共にしてまいりたいと念願いたします。

（四月六日、於御影堂《ごえいどう》）

（『真宗』、一九九五年七月号）

戦後五〇年にあたって

〝戦後五〇年の光と闇〟によせて

本年（一九九五年）は、特に戦後五十年という歴史の節目の年ということで、わが国にかぎらず国際的にもさまざまなかたちで問い直しがなされています。

ふりかえってみますと、終戦ののちに、つねに「戦後何十年」という言い方でもって、私どもが生きてきた時代が考えられました。そのことは、今日もなお「終戦」という課題が残されているといいますか、むしろ私どもに担わされている課題の深さを思わないわけにはまいりません。

かえりみれば、戦時中に私どもの宗門は、明治以来繰り返されてきた戦争を「聖戦」と称し、アジアの国々への侵略と植民地化を、国の繁栄と発展のための正しい政策であるとして、積極的に日本の帝国主義の一翼を担い、多くの同行《どうぎょう》に他国への侵略と、その地を戦場とした殺戮を、信心の名のもとにすすめるという、人間の尊厳そのものを冒瀆する行為を重ねてまいりました。

そして、そうした反省に立ってようやく、戦後四十二年たった一九八七(昭和六二)年に、宗門としてはじめて戦争責任を表明いたしました。そのときのことばが、あらためて思い起こされます。「今日、私たちに直接かかわる、事件としての戦争は終わっているかのようにみえます。しかし、戦争を生み出した、政治・経済の仕組み、人々の価値観・人間の考え方は、基本的には今に至るまで変わっていないように思われます」と述べられています。まことに心すべき表明でありました。

宗門におきましては、本年三月に沖縄の地で、沖縄戦五十周年追弔法会をつとめ、そして、四月の全戦没者追弔法会におきましても戦後五十年、何を求め何を見失ったのかを確かめ、非戦の誓いを新たにいたしました。

ひきつづいて、長崎、広島の地において、被爆五十周年の非核非戦法要がつとまります。私どもの国が繰り返してきた戦争のはてに、長崎、広島での原爆投下という、かつて人類が経験したことのない戦禍を引き起こすことになりましたが、私たち人類がこの原爆を生み出したことの意味を問い、原爆の非人道性をしっかりと心に刻みつけておきたいと思います。そして今日なお被爆による苦しみとともに、もっとも国の援護を必要とした被爆された方々に心が寄せられなかったばかりか、被爆者ということで、さまざまな差別を被ってこられたということを忘れてはなりません。

さらには、当時、朝鮮半島より連行され、労働を強いられていた人びとをはじめ、在外被爆者が、私たちの社会のなかで今なお置き去りにされているという、そのことであります。戦争責任を表明するとは、こうした戦中、戦前の歴史をそこに生きた人々の事実としてとらえかえし、戦後という時代の意味を明らかにすることに他ならないはずです。

また、この戦争で犠牲となられた人びと、殺された人びとのいのちの行方が、私たちの今日のいのちの在り方と、どう関わり続けているのかということを問い続けることもまた、私たち宗門の責任といえるでしょう。

こうした、いのちの行方ということを考えますとき、特に戦争で犠牲になっていかれた方々の、おひとりおひとりが抱いておられた苦しみや、悲しみを、「英霊」という戦争の神にまつることによってしずめていこうとすることは、そのことによって戦争の罪悪性を見えなくしていくことのみならず、再び国のために、いのちを捧げる人びとを育ててしまうのだと思わざるを得ないのです。そして、このことこそが、国籍とか、民族をこえて、私たちの国がかかわってきた、すべての国の戦争犠牲者を差別なく思い起こしていくことを、長い間、私たちに見失わせてきたのであります。

宗祖親鸞聖人は、宗教といわれるものが、強いものにへつらい、弱いものをあざむいていく、いわば人を人でなくしていく、そういう宗教のありかたについて厳しく問うておられます。

現在も世界の中で、民族の独立と平和の名のもとに戦争がつづけられています。しかし、戦争や犠牲を必要とする平和は、本当の平和とは呼べないはずです。戦争に平和の名を冠することこそ、宗祖が厳しく問われた宗教に他ならないものでありましょう。

この宗祖の教えに背き、戦争を賛美した宗教となっていたことこそ、私たちの教団の歴史であり、このことを検証することが私たちにとっての戦争責任といえるのではないでしょうか。

宗祖は「愚禿悲歎述懐《ぐとくひたん》」の御和讃のなかで、

五濁増《ごじょくぞう》のしるしには
　この世の道俗ことごとく
　外儀《げぎ》は仏教のすがたにて
　内心外道《げどう》を帰敬《ききょう》せり

とお示しくださっておられます。ここに人間が自分の都合や思想、価値観を主張し合い、限りなく五濁悪世を現出していく、その根源を明確に指摘しておられます。

この宗祖親鸞聖人の教えに導かれてみれば、限りなく罪悪深重《ざいあくじんじゅう》・煩悩熾盛《ぼんのうしじょう》の凡夫《ぼんぶ》としての私が見い出されてくるのであります。それは、私たちお互いが生き合っていくなかで、背きあったり、いがみあっていかざるをえない、そういう私たちのありのままの姿を照らし出してくるお言葉であります。そうであればこそ、この世にあって自分ひとりだけさとりすまして救われるということはない、まわりの人びとと共にしか救われることがないということであります。

そういう衆生としてのひとりに立ち帰って、念仏者としての日々を実践していく、その生活がそのまま限りない平和運動として全世界に広まっていくことを、心から念願いたすものであります。

（『真宗』、一九九五年八月号）

［資料］

さる六月一三日宗議会の本会議で、真宗大谷派宗議会「不戦決議」が全会一致で可決された。以下に全内容を掲載する。また、同一五日、参議会においても同一文書の「不戦決議」が可決された。

真宗大谷派宗議会「不戦決議」

私たちは過去において、大日本帝国の名の下に、世界の人々、とりわけアジア諸国の人たちに、言語に絶する惨禍をもたらし、佛法の名を借りて、将来ある青年たちを死地に赴かしめ、言いしれぬ苦難を強いたことを、深く懺悔するものであります。

この懺悔の思念を旨として、私たちは、人間のいのちを軽んじ、他を抹殺して愧じることのない、すべての戦闘行為を否定し、さらに賜った信心の智慧をもって、宗門が犯した罪責を検証し、これらの惨事を未然に防止する努力を惜しまないことを決意して、ここに「不戦の誓い」を表明するものであります。

さらに私たちは、かつて安穏なる世を願い、四海同朋への慈しみを説いたために、非国民とされ、宗門からさえ見捨てられた人々に対し、心からなる許しを乞うとともに、今日世界各地において不戦平和への願いに促されて、その実現に身を捧げておられるあらゆる心ある人々に、深甚の敬意を表するものであります。

私たちは、民族・言語・文化・宗教の相違を越えて、戦争を許さない、豊かで平和な国際社会の建設にむけて、すべての人々と歩みをともにすることを誓うものであります。

右、決意いたします。

一九九五年六月一三日

真宗大谷派　宗議会議員一同

お待ち受けする新しい年を迎えて

年頭の辞〔一九九六年〕

新年を迎え、宗門の皆様方に謹んで年頭のご挨拶を申し上げます。

旧冬の真宗本廟における御正忌報恩講を、全国各地よりご参詣くださいました御同朋の皆様方とともに、例年に増して賑々しく厳修させていただきましたことは、誠に有り難く心より厚くお礼申し上げます。

殊に昨年は、阪神・淡路大震災に始まって、オウム真理教事件など、身を震撼させる出来事が続きました。これらの事件によって多くの尊い人命が奪われたその傷痕は深く、心痛むものを覚えます。日本を取り巻く内外の状況は、混沌として揺れ動き、まさに末法濁世《まっぽうじょくせ》と言うほかありませんが、このような時代であればこそ、私どもの一人ひとりが真実の言葉を聞く聞法者として立ち上がることが待たれていると痛感されるのであります。

蓮如上人の五百回御遠忌法要が間近に迫った今、すべての宗門人がともに取り組むべき課題として、「帰敬式実践運動」を進めていくことが昨年六月の宗会において全会一致で可決され、いよいよ本年一月から実施の運びとなりました。帰敬式《ききょうしき》*1は、言うまでもなく仏法僧に帰依して生きる仏弟子誕生の儀式として古くから伝承されてきたものであります。このたび帰敬式が従来に加えて、住職や教会主管者も執行できるようになりましたのは、一人でも多くの方々に受式していただく機会を開くためであります。

真宗門徒の自覚に立って聞法の生活[2]を確立し、人間に生まれた意義と生きる喜びを確かめ合っていくことこそが、寺院と門徒の本来的なつながりの回復であり、同朋社会の実現に踏み出す歩みにほかならないからであります。

この三宝帰依の生活について、仏陀釈尊が在家の女性の信者に告げられた、「自ら仏に帰命《きみょう》し、法に帰命し、比丘僧《びくそう》に帰命せよ。余道に事《つか》うることを得ざれ、天を拝することを得ざれ、鬼神《きじん》を祠《まつ》ることを得ざれ」（『般舟三昧経《はんじゅさんまいきょう》』）との教言を、宗祖が主著である『教行信証』（「化身土《けしんど》巻・末」）に記されていることとは、そのまま、末法濁世に生きる私どもへの「おおせ」として頂かれるのであります。真に依るべきものと依るべからざるものを明確に記されたこのお言葉は、現代の無明《むみょう》の闇の根源を言い当てられた「教誡《おしえ》」として響いてきます。

憶えば、宗祖の晩年、関東における念仏教団の混乱の中から、身命をかけてはるばる宗祖のもとに、何が本当の教えなのかと問い尋ねて来られた御同朋に、「親鸞におきては、ただ念仏して、弥陀にたすけられまいらすべしと、よきひとのおおせをかぶりて、信ずるほかに別の子細なきなり」と応えられた表白《ひょうびゃく》こそ、宗祖の三宝帰依の生き方が御同朋の前に如実に披瀝されたことにほかなりません。

誠に、宗祖のみ教えを通して本願念仏の法に遇うとき、現実生活そのものが聞法の道場に転ぜしめられ、第二の誕生とも言うべき確かな人生が始まります。法名を頂き仏弟子として生きるところに、使命と責任が感じられ、よく自信教人信[3]の誠を尽くせるのであります。

この「帰敬式実践運動」の趣旨をご了解くださり、一人から一人への呼びかけを通して、苦悩を共有しつつ往生浄土の人生を生きる御同朋の交わりが世界の隅々にまで広がっていくことを心から念ずるものであります。

このことが、宗祖親鸞聖人、蓮如上人のご恩徳にお応えする道であり、末法濁世の今の現実においてほかに宗門存立の意義を証《あかし》する場はないと憶われることです。

どうか宗門の皆様方には、宗門が果たすべき大きな使命と責任に思いをいたされて、蓮如上人の御遠忌法要が立派に円成しますよう、一層のご協力をお願い申し上げ、年頭のご挨拶といたします。

（『真宗』、一九九六年一月号）

〔編者注〕

＊1　**帰敬式**…「おかみそり」ともいう。在家の男女が真宗に帰依したことを証するために行われる剃髪の儀式。本山の親鸞聖人の御真影《ごしんねい》前にて、剃髪のしるしを行い、法名をいただく。帰敬式実践運動により各寺院でも行うようになった。

＊2　**聞法の生活**…聞法とは「法に聞く」の意。仏の法（教え）に私の姿を聞き、知ること。

＊3　**自信教人信**…中国唐代の僧・善導大師（六一三〜六八一）の『往生礼讃』にある言葉。「自信教人信　難中轉更難　大悲傳普化　眞成報佛恩」の一句。「自ら信じ、人をして信ぜしむ」の意で、仏弟子の基本姿勢をいう言葉。

前《さき》を訪《とぶら》う

――宗門近代史の検証と高木顕明《けんみょう》師の顕彰

二〇世紀も余すところ数年となり、社会はまさしく末法の世を感ぜしめる様相を呈しております。その渦中にあって、蓮如上人五百回御遠忌を目前にし、あらためて現代社会における宗門存立の意義を問い、真に人類に捧げる僧伽《サンガ》を回復するという使命に立たねばならぬものと存ずるものであります。しかるに、真に宗門の命を回復せんとする時、私たちに先ず求められることは、今日までの自らの歩みを振り返り、過去の事実を覆することは出来ずともそれを見直していくことであります。

ことに近代の宗門の歴史を顧みれば、宗祖親鸞聖人が「愚禿釋親鸞《ぐとくしゃくしんらん》」と名告《なの》られた心を忘却し、宗門内部においても差別を温存し、国家に追従して幾度かの戦争に協力を惜しまなかったことのみならず、幾多の過ちを繰り返してまいりましたが、今こそそれらの過誤の歴史を直視していく決意が要請されております。昨年六月、宗議会並びに参議会においてなされた「不戦決議」はその決意の一つの表現であろうと思うことであります。

このようにあるべき宗門を暁望しつつ過去を振り返る時、まず私たちの思い起こすべき先輩として、一九一一（明治四四）年、いわゆる「大逆事件」に無実の罪で連座し、国家より逆徒の名を冠せられた高木顕明師のことが思われるのであります。そして当時の宗門は、師が拘束されるや住職の座を差免し、さらに死刑判決と同時に国家の軌に準じて「擯斥《ひんせき》」に処したのでありました。

顕明師は、一八六四（元治元）年、愛知県西春日井郡の大谷派のご門徒の家に生まれ、縁を得て得度され、尾張小教校に学び、またその頃より養源寺空観師に師事して聴聞を重ね、その後一八九九（明治三二）年、和歌山県新宮の大谷派浄泉寺の住職となられたのであります。

師は、被差別部落のご門徒の痛苦に同苦せんとし、生活をなげうって人々と共に生きんとされた、宗門の「同和」運動の先達でありました。それればかりか、日露戦争の開戦論の渦巻く中で、敢然として、浄土真宗の教えを聞く者の使命として、非戦論を唱えられたのであります。しかしながら、開戦の立場に立ち戦争協力に邁進する大谷派の宗門において、師の心を理解する者なく、孤立無援の闘いの持続の中で、わずかな理解者、協力者として新宮教会のクリスチャンや社会主義を奉じる人々との距離を近くしていかれたのであります。

そのため、社会主義を「危険思想」とする国家の計った一大冤罪《えんざい》事件とも言うべき「大逆事件」に連座することとなったのであります。

この「大逆事件」は、「天皇暗殺」を企てたとして二六名が逮捕され、二四名に死刑の判決が下されるという、当時の国内外の耳目を驚かせた事件でありました。そのうち十二名は翌日「天皇の恩命」により無期懲役に減刑され、顕明師はその一人でありましたが、一九一四（大正三）年六月二四日、獄中に自ら命を断たれたのであります。

敗戦を迎えるまでこの事件の克明は知らされぬままにありましたが、戦後次々に事件の真相が明らかにされ、事件のほとんどの部分が国家によって捏造《ねつぞう》されたものであることが明らかになって来ました。高木顕明師もまた、全く無実であったことが明らかにされております。

師のごとき、教えに生きんとした真摯な僧侶を「擯斥」し、死に至らしめ、そのご家族にさえ浄泉寺を去って身を隠さねばならぬという苦しみを与え、しかも無実が明らかになっても今日まで放置してきたことを思いますと、まことに慚愧《ざんき》の念、切なるものがあります。ここに心からなる謝罪を申し上げます。

顕明師の死より爾来八〇余年、まことに遅きに失したことでありますが、この慚愧の思いより、師の名誉を回復せねばならぬものと考えております。それと同時に、師のひたすらに教法に生きんとされた足跡をふりかえり、師の敢然とした念仏者としての歩みを顕彰していかねばならぬと期しております。

そのための一歩として、四月二日の全戦没者追弔法会を、戦没者を追弔することだけに止まらず、我が宗門において非戦を貫いた念仏者として高木顕明師を思い起こし、そのご事績を顕彰する機縁にしたく考えております。

しかしながらこれは、高木顕明師の名誉を復し顕彰することの第一歩であると共に、宗門が、自らの過誤の歩みを検証し、あるべき宗門を生み出していく一歩であります。このことをお伝えし、宗門のすべての方々に、歩みを共にしていただくことを願うものであります。

（『真宗』、一九九六年三月号）

ハンセン病に関わる真宗大谷派の謝罪声明

「らい（ハンセン病）」が「らい菌」という極めて弱い病原菌による伝染病であることが判明して一世紀。それに関連して、感染力は極めて弱く、潜伏期間は極めて長いことが判明してから七十〜八十年。確実な治療法が発見されてから既に五十年の時を経ています。

我が国における「らい予防法」は、一九〇七年にその原型である「法律第十一号　らい予防に関する法律」が成立しました。その後、一九三一年には患者の「強制隔離」の条項を盛り込んだ大幅な改正が行われ、隔離の必要性が科学的に否定された後、一九五三年に若干の「改正」を経るも、「隔離」の条項はそのまま引き継がれ、現在に至っていましたが、「全国ハンセン病患者協議会」を中心とした各層の永年の運動によって、さる三月二十七日ようやく廃止されました。

そもそもこの法律は、「らい」感染者の医療のためではなく、非感染者の「安全」のために、感染者の“隔離”を目的として作られたものであったのです。病そのものではなく、病気になった“人”を社会から抹殺するような「らい撲滅」のスローガンに象徴されるように、そこには不都合なものを排除することで、排除した側だけの「安全な社会」ができるとする社会体質が背景として存在していました。[*1]

この法律は、病としては一つの感染症に過ぎない「らい」について、「法」を後ろ盾にしながら、強制隔離を必要とするような「恐ろしい病気」であるという誤った認識を社会に植え付け、国の隔離政策を正当化するものとして機能してきました。

一九三一年、真宗大谷派は「らい予防法」の成立にあわせ、教団を挙げて「大谷派光明会」を発足させました。当時から隔離の必要がないことを主張した小笠原登博士のような医学者の存在を見ず、声を聞くこともないままに、隔離を主張する当時の「権威」であった光田健輔博士らの意見のみを根拠に、無批判に国家政策に追従し、〝隔離〟という政策徹底に大きな役目を担っていきました。

私たち真宗大谷派教団は、その時代社会の中にあって、その法律のもつ意味を正しく認識することができず、国家による甚だしい人権侵害を見抜くことができなかったといわなければなりません。国家は法によって「患者」の「療養所」への強制収容を進めました。それと相俟って、教団は「教え」と権威によって、隔離政策を支える社会意識を助長していきました。確かに、一部の善意のひとたちによって、いわゆる「慰問布教」はなされてきましたが、それらの人たちの善意にもかかわらず、結果として、これらの布教のなかには、隔離を運命とあきらめさせ、園の内と外を目覚めさせないあやまりを犯したものがあったことも認めざるをえません。このような国家と教団の連動した関わりが、偏見に基づく排除の論理によって「病そのものとは別の、もう一つの苦しみ」をもたらしたのです。私たち真宗大谷派教団と国家に大きな責任があることは明白な歴史の事実なのです。

今、「療養所」の内から発せられた糾弾の声に向き合うとき、私たちの教団は、四海同朋という教えにそむいていたことを懺悔せざるをえません。

本当に申し訳のないことです。真宗大谷派は、これらの歴史的事実（教団の行為と在り方）を深く心に刻み、隔離されてきたすべての「患者」と、そのことで苦しみを抱え続けてこられた家族・親族に対して、ここに謝罪いたします。また同時に、隔離政策を支える社会を生み出す大きな要素となる「教化」

を行ってきたことについて、すべての人々に謝罪いたします。

そして、この謝罪があまりにも遅かったことについてもお詫びしなければなりません。それは、謝罪を出発点として、過去から現在までの差別と偏見から「療養所」の内と外が共に解放されていく歩みが始まらなければならないと考えるからです。

真宗大谷派はその歩みの具体的な一歩として、このことを社会全体に対して声明し、私たちと同じく責任を抱える国に対して、「謝罪と補償」を強く要請し、そして、二度と同じ過ちを繰り返さないために、国民的課題として「学習」及び啓蒙活動を速やかに展開することを併せて要請します。

同時に、私たち自身が継続的な「学習」を続けていくこと、そして「教え＝ことば」が常に人間回復・解放の力と成り得るような、生きた教えの構築と教化を宗門の課題として取り組んでいくことをここに誓うものです。

以上

（『真宗』、一九九六年五月号）

〔編者注〕

＊1　「感染者」の隔離とありますが、正しくは発病者の隔離。声明発表時、故・島比呂志氏からご指摘いただきました。当時の真宗大谷派の取り組みを検証していく上で、ありのままに掲載させていただきました。

真宗大谷派第二五代門首継承式　挨拶要旨

門首継承式にあたって

本日、ここに、真宗大谷派第二五代門首《もんしゅ》に就かれました大谷暢顯ご門首が、門首継承式に臨まれ、宗祖親鸞聖人の御真影《ごしんねい》の尊前において、自ら宗憲に則り、本廟崇敬の務めを尽くし、いよいよ深く真宗の教法を聞信し、もって同朋各位の信託に応えられる旨、お誓い下さることであります。

この門首継承式が行われるに当たり、全国の御同朋の皆様とともに、心からお祝い申し上げることができますことは、洵《まこと》にご同慶に堪えない次第であります。

ご承知のように、私どもの宗門では、あの一九六九（昭和四四）年の「開申」以来、宗政が混乱に混乱を重ね、宗門各位に非常なご心労をおかけしたことであります。しかしながら、全国の御同朋各位の至純な願いは、この教団問題を通していよいよ宗門存立の本義を問い求め、一九八一（昭和五六）年、新宗憲の制定をみるに至りました。この新宗憲の制定によって、名実共に御同朋の教団を目指し、宗門の諸制度は大きく改革されたことであります。

このような、宗門の改革ということを思いますとき、まず思いだされますのは、あの明治期の、宗門多端の中から、真に教団のいのちを回復せんという志願に立たれた清沢満之先生が、宗門の改革について、「抑々《そもそも》余輩の所謂《いわゆる》根本的革新なるものは、豈《あ》に唯《た》だ制度組織の改良をのみこれ云わんや。否、制度組織の改良は寧《むし》ろその枝末のみ。其の称して根本的革新というものは、実に精神的革新に在り。即ち一派従来の非教学的精神を転じて、教学的精神と為し、云々」（「革新の要領」）と述べられています。

さらに又「どのような宗門の改革を行っても、此の一派　天下七千の末寺の者が、以前の通りであったら、折角の改革も何の役にも立たぬ」と申され、信念の確立、即ち信心獲得《ぎゃくとく》の人の誕生こそが宗門のいのちであることを、明らかに示されているのであります。

このことは、真宗再興を果たされた蓮如上人が、「一宗の繁昌と申すは、人の多くあつまり、威の大なる事にてはなく候う。一人なりとも、人の、信をとるが、一宗の繁昌に候う」（『御一代記聞書』）という、蓮如上人のご精神をそのまま受け継がれたものであることはいうまでもないことであります。

このような清沢先生の志願は、亡くなられた後も宗門中に脈々として受け継がれ、やがて戦後まもない一九六一（昭和三六）年、宗祖親鸞聖人の七百回御遠忌を勝縁として、「家の宗教から個の自覚へ」というスローガンのもとに、真宗同朋会運動が宗門あげて展開されて参りました。

この同朋会運動も、〝宗祖親鸞聖人の門徒一人もあらじ〟という、まさに歎異《たんに》のこころから発された運動でありました。

憶えば、宗門の歴史は、宗祖親鸞聖人のご精神に背き、宗門の本義を見失うような歩みと、そこからまた、本来の念仏のサンガ（僧伽）、すなわち、御同朋の教団の顕現を目指さんとする歩みの繰り返しであったともいえます。

今日、ご門首自ら、親鸞聖人の門徒として、御同朋と共々に真宗の教法を聞信して参りたいと願われる、そのようなご門首を戴くことができるということは、まさに一時代を画する、新しい宗門の歴史の始まりであろうと思います。

願わくば、この門首継承式をご縁とし、更には明後年にお迎えする蓮如上人五百回御遠忌を勝縁と致しまして、新ご門首を先頭に全宗門の皆様と共々に、いよいよ聞法に精進し、大いなる念仏のサンガ（僧伽）の歴史の中に召されて参りたいとひたすら願うものであります。

門首継承式に当たり、一言所感を述べてご挨拶に代える次第であります。

本日はご繁忙の中をご参集くださりまして、誠に有り難うございました。

（『真宗』、一九九六年十二月号）

女性室の開設にあたって
――宗務総長あいさつ

はじめに

一九九四（平成六）年九月二日、宗務審議会「女性の宗門活動に関する委員会」が設置され、女性の皆さんが中心となって、宗門でどのように活動していけるのかという観点から、具体的には女性が男性同様、機会均等に住職になれる道、多くの研修会や教化活動が宗門においてなされますが、そこに積極的に参加いただくことを、どのように考えていくか。さらには、女性の教化組織をどう考えていくかなど、いろいろな面から本当に大変なご苦労をおかけし、ご審議いただきました。

そして答申をいただき、一九九六（平成八）年六月の宗会（常会）において女性室設置の予算も整い、新年度からの女性室設置の準備が整ったことであります。今日、こうして女性室が誕生したことは、志を高く掲げて、今日までご尽力くださった、特に女性の皆さんのお力の賜ものであろうと思います。

人間性の喪失

真宗同朋会運動が発足した頃、日本は高度経済成長の道を歩み、それこそ経済至上主義といいますか、そういうなかで「人間性の喪失」とか「人間性の回復」こういうことがしきりに言われました。その人間性の喪失ということが、まさに今日の時代社会の中でいろいろな形で現れています。そういうことを心から心配せずにはおられません。「家庭の崩壊」というようなことをはじめ、「いじめ問題」、「教育現場の荒廃」などを思いますと、まことに心痛むものがあります。

宗門に女性室ができたということは、宗門において女性の皆さんが、本来の使命を果たすために、より積極的に活動していただく、そのことは非常に大事なことだと思います。そのような女性の皆さんの熱い思いを感じとっております。その意味から、本当にこれからのご活躍を期待しております。

女性室への期待

女性室は単に真宗大谷派宗門内の枠の中にとどまるのではなく、さまざまなところで時代の苦悩を背負って生きておられる皆さんと、どう手を携え、心を合わせて、人間性喪失の危機を克服していくことができるのかを思いますとき、その使命は誠に重大であります。この女性室はささやかかも知れません。

しかし、今はささやかであっても必ず将来に向けて、これが大きな広がりとなっていくことを深く確信しています。

また、私ども内局としましては、女性が宗門の運営や宗門の活動に充分参画《さんかく》いただく場所を、まず教区の次の段階、すなわち組《そ》に関する制度や運営方法について、徹底的に一度見直してみたいと思っています。そしてそのことから宗務執行の新たな施策が展開されることを願っています。

そういう私どもの思いとは別に、女性室では宗務行政機構という枠を越えて、もっと幅広いご活躍をお願いしたいと思います。

（女性室発行パンフレット、一九九六年一二月一二日）

年頭の辞〔一九九七年〕
新しい宗門のはじまりに憶う

新春を迎え、宗門の皆様方に謹んで年頭のご挨拶を申し上げます。

旧冬、真宗本廟において執り行われました真宗大谷派代二五代・大谷暢顯ご門首の継承式、並びに御正忌報恩講には、全国各地より多数ご参詣くださり、御同朋の皆様方とともに、賑々しく且つ厳粛に厳修させていただきましたことは、洵《まこと》に感銘深く衷心より厚く御礼申し上げる次第です。

殊に門首継承式は、一九八一（昭和五六）年に新宗憲が制定されて以来、一五年を経て初めて行われたものであります。新門首は、ご継承に当たって、「昔は家の宗教によって自分の宗教が決まるという形だったのを、個々、一人ひとりの自覚に立って、親鸞聖人のご門徒として生きる、そのことをいよいよ推し進めていくことだと思います。そのためには、まず門首である私自身が、そのことに身を挺していかなくてはならないと、心にかけております」と、決意を述べておられ、継承式には、宗祖親鸞聖人の御真影の尊前において、自ら宗憲に則り、本廟崇敬の務めを尽くし、いよいよ深く真宗の教法を聞信し、もって同朋各位の信託に応えられる旨、お誓いくださったことであります。

あの一九六九（昭和四四）年の開申事件以来、宗政が混乱に混乱を重ねて、宗門各位に非常なご心労をおかけいたし、長く厳しい教団問題の試練の時を経てきましただけに、一入《ひとしお》感銘深く、新しい宗門の歴史が始まったと思われることです。

その新しい歴史の始まりは、いうまでもなく、宗門に身を置く私ども一人ひとりが宗祖のご精神に直参し、真宗の教法に生きるところから開かれてくることであります。

憶えば、宗祖御自身、はるばる身命をかえりみずに尋ねてこられた御同行の問いに、「親鸞におきては、ただ念仏して、弥陀にたすけられまいらすべしと、よきひとのおおせをかぶりて、信ずるほかに別の子細なきなり」と、その全存在を挙げて御自身に頂かれた信心を表白され、信心同一に立ってこそ御同朋の交わりが開かれることを明らかにされたのであります。その根底に貫かれているものは、徹頭徹尾、「如来よりたまわりたる信心」に生きる者であり、「愚禿釋親鸞」という、仏弟子としての名告《なの》りであります。

私どもが、御真影を拝し、宗祖聖人に遇うということは、まさにこのような世界に眼を開かれ、このような生き方を自らの使命として自覚するということでありましょう。

「われら一人一人が教団を引き受けている。われらは全教団をもって自体とする。自己の安危は、全教団の安危が自己の安危である。そういうところに教団が成立する。仏教社会を教団と言うてよい」と述べられた曽我量深《そがりょうじん》師の言葉が、今、殊に響いてくるのを覚えます。

まことに、「よき人」との出遇いをとおして開かれる僧伽《サンガ》の世界（教団）は、我らの外側に客観的・実体的な批判対象として在るものではなく、自らの在り方そのものが厳しく問われる懺悔《さんげ》において、無限の広がりと深さをもって開かれていることを教えられるのであります。単なる一片の正義感に立つのではなく、本願真実に照らされて、自ら異なることを歎く、懺悔の心にこそ、真宗大谷派なる宗門に身を置く我々自身が、この一人の存在の上に真宗再興の精神を感得することができるのでありましょう。

蓮如上人五百回御遠忌を目前にした今、私ども一人ひとりにかけられた如来悲願の深重さが憶われ、宗門の果たすべき使命と責任が痛感されるのであります。何卒、蓮如上人の御遠忌法要が立派に円成しますよう、心からなるご懇念をお運びくださいますようお願いを申し上げ、年頭のご挨拶といたします。

（『真宗』、一九九七年一月号）

愛媛玉串料違憲訴訟

「玉串料等の支出は憲法違反」（最高裁判決）

——国家と宗教の関係性を明確に

愛媛県が靖国神社等へ玉串料などを公費から支出したことは、日本国憲法の政教分離の原則に違反するとして住民が訴えた「愛媛玉串料違憲訴訟」が最高裁判所大法廷で審理され、さる四月二日、原告全面勝訴の判決が出された。真宗大谷派においては、本件裁判が、憲法の政教分離の原則と信教の自由という基本的人権の問題に深く関わるものであり、提訴された当初から原告を支援し、その推移を見守ってきた。昨年（一九九六年）は、宗議会議員一同による要望書が提出されたのをはじめ、当派が加盟する真宗教団連合や全日本仏教会でもそれぞれ最高裁へ要望書が提出され、これと並行して署名運動も展開されていた。

判決当日は、「春の法要」の「全戦没者追弔法会」が御影堂において厳修されていたが、閉会にあたり宗務総長の声明が朗読され、今回の最高裁判決を機に、一昨年の宗会両会の不戦決議のとおり「民族・言語・文化・宗教の相違を越えて、戦争を許さない、豊かで平和な国際社会の建設に向けて、すべての人々と歩みをともにすることを誓う」と述べた精神を、いま新たに確認するとの表明があった。

この判決は、国家と宗教の関係性を明らかにし、日本が真に国際化した時代を拓くにあたって画期的な意味をもつものであるが、今後さらに靖国問題も視座に入れた宗門の近代史の検証を進め、あらためて宗教とは何かを問う機縁としなければならない。

なお、提訴以来一五年にわたるこの訴訟の原告団長は、四国教区松山組《そ》専念寺住職の安西賢誠氏であり、ここに関係各位の長年のご苦労に敬意を表するものである。

愛媛玉串料違憲訴訟・最高裁判決に対する声明

最高裁大法廷は、本日、愛媛玉串料違憲訴訟について、靖国神社等への公費による玉串料等の支出は憲法違反であるとの判決を出しました。「信教の自由・政教分離・国の宗教活動の禁止」を定めた日本国憲法第二十条および「宗教団体に対する公金支出の禁止」を定めた同第八十九条にそった今回の判決は、当然のこととはいえ、私たちは深い共感を覚えることであります。

私たちの国は明治から先の敗戦まで、神権天皇制国家としての国家体制が保たれ、そのような背景の中から設けられたのが靖国神社であり、戦死を最高の美徳とたたえ、植民地支配や侵略戦争という軍国主義の精神的支柱の役割をはたしてまいりました。そしてそのことによって、世界の人々、特にアジア諸国の人々に多大な惨禍を与えたことは、決して忘れてはならない事実であります。

そのこととの反省の上に、私たちの国は日本国憲法において、宗教と国家の分離、政教分離の原則をうたいました。

しかし戦後も、明治以降慣れ親しんだ靖国神社というものと国家との関わりを明確に分離することができず、再三にわたって世界各国、特にアジア諸国からの抗議、告発の声があがっていることは周知の事実であります。またそのことのみならず、日本という国における国家と宗教の混乱は様々な問題を生み出しつづけています。

それらのことを考えた時、今回の政教分離の原則を明確にした判決は、新しい時代を拓く画期的な意味を持つものといえるでしょう。

政教分離の原則とは、宗教と政治が人々にとって同じ重みを持つということであり、そのことによってはじめて、国家の誤りをも人々が指摘することが出来るといっていいでしょう。つまり、そのことによって全ての人々の幸せと平和を願って止まない、政治理念が確立されるということであります。

更にまた、今回の判決は、日本という国が真に国際化する上で克服すべき課題を確保した判決ともいえるでしょう。それと同時に、わかっていると思っていたはずの宗教が、改めて宗教とは何かと問われる得がたい機縁でもあります。

振り返ってみれば、私たちは一九六九年三月、東西本願寺の総長名で「靖国神社法案」廃案の要請を行い、一九七一年二月には真宗十派の総長名で法案の撤回と修正を申し入れました。それ以来、再三にわたって「靖国神社公式参拝並びに国家護持」等に関しての反対要請を行ってまいりました。それらのことは言うまでもなく、私たち自身の教団がかつて「聖人の仰せになきことを仰せとして語ってきた」ことによって犯した数々の過ちに対する懺悔に立ってのことであります。

私たちは、戦争の犠牲となられた方々への追悼を決して否定するものではありません。むしろ、本当に追悼することがどういうことなのかを考えていきたいのであります。

私たちは、今回の最高裁判決を機として、一九九五年六月に真宗大谷派宗議会・参議会の両議会で決議した「不戦決議」のとおり、「民族・言語・文化・宗教の相違を越えて、戦争を許さない、豊かで平和な国際社会の建設にむけて、すべての人々と歩みをともにすることを誓う」と述べた精神を、今新たに確認することをもって声明といたします。

一九九七年四月二日

全戦没者追弔法会 挨拶要旨

全戦没者追弔法会《ついちょうほうえ》にあたって

本年（一九九七年）も全戦没者追弔法会を、皆さんと共に、勤めさせていただく御縁をいただいたことであります。

この法会が始まりました一九八七（昭和六二）年は、ちょうど、日中戦争が始まって五〇年の年でありました。そして、その年はまた、「同朋社会の顕現」という一句をもって宗門存立の意義を明示した新宗憲を制定して、五年の歳月を経た時でもありました。

それまでも、「戦没者追弔会《ついちょうえ》」として、毎年、今日のこの日に法要が勤められていたのでありますが、この年、かつての宗門の戦争への加担は親鸞聖人の教えに反していましたと、深く懺悔し、戦争責任を宗門内外に表明し、「全戦没者追弔法会」と、名も改めて厳修されました。それ以来毎年、今日の法要を勤めてまいっていることであります。

さて、昨年（一九九六年）の四月には、宗門近代史の検証にとって重要な意義をもつ高木顕明師の名誉回復と顕彰がおこなわれました。高木顕明師は当時、和歌山県新宮町の大谷派浄泉寺住職でありましたが、いわゆる「大逆事件」（一九一〇・明治四三年）に連座して死刑の判決をうけました。死刑判決と同時に宗門から「住職差免及び擯斥」に処せられました。「大逆事件」は「明治天皇暗殺計画があった」と言われるものですが、これは事実無根の全くのでっちあげの事件であったことが歴史学的にも明らかにされております。当時の宗門が高木顕明師を住職差免及び擯斥処分にしたことは、まことに遺憾でありましたが、昨年四月一日をもって処分の取り消しをし、師の名誉を回復いたしました。また、今年の『真宗』誌三月号にもご報告いたしましたように、最近、高木顕明師の「復命書」が発見され、宗門の中にも確かな真実信心の眼をもった方がおられたことを知り、宗門のいのちが枯れてはいなかったとよろこぶとともに、深く感動していることであります。

さらには、このような近代史の検証に関連して思いますことは、本日、靖国神社等への公費による玉串料等の支出が憲法違反であるかどうかの愛媛玉串料違憲訴訟の判決が、最高裁において出されることになっております。日本国憲法における「政教分離の原則」にもとづいて、宗教と政治の分離が明確に表現された判決が出されることを念ずることであります。

ところで、眼を政治社会の場に転じて見ますと、いわゆる「従軍慰安婦」問題等を巡って、偏狭な内向きのナショナリズムとでも申すべき論調が台頭してきております。日本経済の先行き不透明感も手伝い、排外主義的要素も加えつつ、影響を広げつつあるようであります。

振り返ってみますと、先の戦争も結局は「経済」を巡っての侵略でありました。近代社会は人間を解放し、自由と平等を実現しましたが、私ども真宗から見ますとき、それは人間の欲望の解放でもありました。近代社会は、その「欲望」の本質を直視することなく、かえって解放された欲望の充足を目標にして経済価値中心の社会を作り上げてきました。そして、その経済価値を獲得すべく外には武力侵略を敢行し、内には差別の構造をつくって人間性を圧殺してきたのであります。しかし、その近代社会の方向が現在行き詰まっていることは誰の眼にも明らかであります。

こうした状況のなか、来春、宗門は蓮如上人の五百回御遠忌法要をお勤めいたすことでありますが、この法要に向けて「バラバラでいっしょ――差異《ちがい》をみとめる世界の発見――」というテーマを出させていただきましたのも、この行き詰まりを打開していく方途が南無阿弥陀仏の世界、すなわち願生浄土《がんしょうじょうど》の道として示されているからであります。このことを、身を捨てて真宗再興に尽くしてくださった蓮如上人は、「弥陀をたのめば南無阿弥陀仏の主になるなり」と示してくださっております。そして、その南無阿弥陀仏の世界で、「とも同行」の世界がひらかれることを明らかにしてくださっております。

わが宗門は、一九六二（昭和三七）年以来、宗門のいのちを回復する信仰運動として、真宗同朋会運動を進めてまいりました。この運動を進めるなかで、教団問題、差別問題、靖国問題に直面し、親鸞聖人があきらかにしてくださった本願他力真宗を自明のこととしていた宗門体質を深く教えられました。私どもの宗門もまた近代の闇としての「欲望」と同質のものを内に深く持っていたのでありました。これこそが外に戦争を、内に差別をつくり出していく元凶でありました。

私は今ここに立って、われもひとも共に、自己の闇を〈教え〉に照らされ、それを実践的に超えていく道を〈教え〉に学んでいきたいと念じています。そこにこそ、本当に宗門が戦争犠牲者にお応えする道があると確信するからであります。

最後に、全国からご参詣くださいました御同朋の皆様に敬意を表し、こころからお礼を申しあげまして、私のご挨拶とさせていただきます。

（『真宗』、一九九七年五月号）

いのちの歴史にうながされて

年頭の辞〔一九九八年〕

新年を迎え、宗門の皆様方に謹んで年頭のご挨拶を申し上げます。

旧冬の真宗本廟における御正忌報恩講を、全国各地よりご参詣くださいました御同朋の皆様方と共に賑々しく厳修させていただきましたことは、洵に有り難く心より厚く御礼申し上げます。

殊に、昨年の報恩講には、一一月二四日の日中法要に浄土真宗本願寺派ご門主・大谷光真様がご参拝くださいましたことは、感激に堪えないところであります。そして、今年一月の本派本願寺の御正忌報恩講には、私どもの大谷暢顯門首が参拝させていただくことでありますが、このような相互にご参拝されることは、これまでの歴史を顧みて画期的なことであり、両派が相携えて、教法宣布の新しい歩みを始める一歩として一入《ひとしお》感銘を覚えることであります。

本年四月にはいよいよ、蓮如上人五百回御遠忌法要をお迎えすることですが、今や二一世紀を目前にして、宇宙時代の到来を思わせます。昨年秋には、スペースシャトル・コロンビアが日本人宇宙飛行士・土井隆雄さんを乗せ宇宙に飛び立ちました。国際宇宙ステーションの建設を目指して、未来に洋々たるものを感じさせますが、一方では、昨年一二月、「地球温暖化防止京都会議」が開かれ、CO_2削減について各国代表が一堂に集っての真剣な討議も、最後まで各国の思惑が対立し難航の末に、京都会議議定書を採択して終わりました。更にまた、特に目立つ報道ではありませんでしたが、クリーンエネルギーの確保の手段として、原発の増設・推進が浮上してきつつあります。チェルノブイリで悲惨な事故を体験したばかりであるにも拘らず、果たしてこれでよいのかと懸念されます。各国の事情に依るとは言いながら、エゴむき出しの感を拭《ぬぐ》い切れず、更にまた科学技術万能主義の現代の闇の深さを知らされます。もちろん、科学そのものは無記であり善でも悪でもありませんが、その科学技術を駆使する人間そのものが今日ほど問われている時代はないでありましょう。

宗祖は、「当今、末法にしてこれ五濁悪世なり」との教言を深くいただかれ、時代と人間に対する如来の悲哀を痛感されつつ、「今の時の道俗、己《おのれ》が分を思量せよ」と呼びかけておられますが、現代の私どもの心奥にひびくのを覚えます。まことに、人知絶対主義の坎穽《おとしあな》に落ちてあることに気づく時は、「今」をおいてほかにあるでしょうか。

宗祖が大信心をいただかれる中で頷かれた「如来誓願の薬は、よく智愚の毒を滅するなり」とのお言葉は、現代の人知絶対主義の無明《むみょう》の闇の底にまでひびき徹《とお》る言葉であります。

そして、「信不信、ともに、ただ、物をいえ」と勧められて、「物を申せば、心底もきこえ、また、人にもなおさるるなり。ただ、物を申せ」と、さとされた蓮如上人のお言葉は、私ども人間存在にある「智愚の毒」に気づいていく道を、実に具体的に示されていると思います。

真宗同朋会運動の実践は、まさに、如来の誓願に、現代の人知絶対主義の我執の闇が照らされて、生きとし生けるものと、いのちが深くひびき合う、御同朋御同行の世界を一人ひとりの生活に見い出していくことにあります。今こそ私どもは、蓮如上人五百回御遠忌法要を勝縁として、宗祖親鸞聖人、蓮如上人が身をもってお示しくださった本願念仏の教えに立ち帰り、御同朋の交わりがあまねく世界に開かれていくことを念願し、「バラバラでいっしょ——差異《ちがい》をみとめる世界の発見——」という御遠忌テーマに深く思いをいたすことであります。

どうか宗門の皆様方には、蓮如上人の御遠忌法要が立派に円成しますよう、心からなるご懇念をお運びくださいますようお願い申し上げ、年頭のご挨拶といたします。


（『真宗』、一九九八年一月号）

結願日中《けちがんにっちゅう》挨拶（要旨）

本日は、真宗本廟において、満堂の御同朋の皆様と共に、蓮如上人五百回御遠忌法要の、結願日中をお迎えできましたことは、洵《まこと》に慶びに堪えないところです。

さる四月一五日から、十昼夜にわたって厳修させて頂いていることですが、三月二二日からの五百回忌御正当法要、そして、四月一日からの御遠忌讃仰《さんごう》期間を数えますと、法要は一カ月近くに及び、その間、日本全国から、そして、世界の各開教区から、数え知れぬほど多くの御同朋の方々がご懇念をお運びくださいました。衷心より感謝申し上げる次第です。

また、本日はテレビで、蓮如上人五百回御遠忌の特別番組が組まれ、このご満座の法要も衛星中継で全国に同時放送されております。

幸い真宗本廟まで足をお運びくださった方々も、また、参りたいと思いつつお参りできなかった方々も、「いっしょ」に、全国のいたる所で、同朋唱和《どうぼうしょうわ》によるお勤めが声高らかに大唱和できるのであります。蓮如上人が、戦国乱世にあって、正信偈《しょうしんげ》・念仏・和讃の、だれでも勤められるお勤めを始めてくださったご恩を憶うにつけ、感銘も一入《ひとしお》であります。

このお勤めの、大唱和の輪が、世界の隅々にまで伝わっていくことを念ぜずにはおれません。憶うに、上人のご苦労は、宗祖親鸞聖人が開顕された浄土真宗のお法《みのり》を、戦国乱世にあって、時代社会から見捨てられた人びとに伝え、どの人も平等に、いのちの尊さに目覚め力強く生きる道を「信心ひとつ」に証《あかし》された、真宗再興の一事に尽きると思います。

翻って、今日の時代を見つめますとき、蓮如上人の時代に勝るとも劣らないような、まことに大きな時代の転換期にあります。人間の知恵から見出した既成の思想や価値観が崩壊現象をたどるかと思えば、科学技術の進歩は、遂に、人間が人間のいのちを操作する生命科学の時代へと達しました。まもなく訪れようとしている二一世紀が、どのような人間社会を現出するのでしょうか。今日こそ、不安と孤独の時代であり、正に末法五濁《まっぽうごじょく》の世といわねばならぬ時であります。ほんとうの依り処を見失っている今の時代こそ、「十方衆生」と呼び掛け、「摂取不捨」と誓われる本願念仏の教えが、人びとに切実に求められている時機相応の教えであります。

私どもが、御遠忌テーマ、「バラバラでいっしょ——差異《ちがい》をみとめる世界の発見——」とともに、そのスローガンとして、「帰ろう　もとのいのちへ」を掲げましたのも、どこまでも人びとと課題を共有しつつ、生活の真の依り処を見出し、人が皆、共に生きていくことのできる道を明らかにすることこそが、今日の、全人類共通の根本課題であるからであります。

この御遠忌に遇い得たことを勝縁に、私どもは、真宗大谷派なる宗門がいのちとして推進している真宗同朋会運動が、今日ただ今を新たな出発点とし、ひいては、平成二三（西暦二〇一一）年にお迎えする宗祖親鸞聖人の七百五十回御遠忌法要を目指して、一人ひとりの生活に、最も身近な「寄り合い、談合」の場としてかぎりなく展開していくことを念願し、相共に聞法精進することを誓うものであります。

最後に、本日ご参詣くださいました皆様をはじめ、全国の、そして世界の御同朋の皆様に、また、この蓮如上人五百回御遠忌法要の円成のためにご尽力くださいました関係各位に、衷心より謝意を表し、私の挨拶といたします。

（『真宗』、一九九八年五月号）

勝光寺前住職として

九条の会設立の意味

――「真宗大谷派九条の会・小松」設立準備会での講演

1.

皆さん、大変ご苦労様でございます。

先ほど、当寺のご住職、大谷派小松教区の組長《そちょう》さん（当時）であられます佐々木五六さんからご挨拶がありましたが、私、すぐ隣の勝光寺の住職をしておりました能邨でございます。どうぞ、よろしくお願いいいたします。

失礼しまして座らせていただきます。

今日は、ご案内のように、この小松地区で、小松にとどまらず加南一体（加賀地方の南）を含めて、この地域におきましても九条の会を設立していこうという準備の会合でございます。皆さま方には、いろいろ御用もございましたでしょうに、こうしてたくさんお集まりいただきまして、誠にありがたく、深く敬意を表わさせていただきたいと思うことでございます。

大げさなことを言うようでありますが、今日の会合は文字通り、人類の未来の命運を決すると申しますか、そういう内容をはらんだ会合であろうと思うわけでございます。しかしながら、先ほどご挨拶にありましたように、私どもはたまたま大谷派に属しておりまして、先般二月九日に京都で持たれた「真宗大谷派九条の会」設立の会に参加してまいりました。そういうご縁をいただきまして、正直申しまして、九条の会というものを、それぞれの地域、自分の生活の場において、どういうふうに実践していけばいいのか。ただ掛け声だけで「九条の会、九条の会」と言うておりましても、何にもならんわけでありまして、そういうことを心にかけながら、京都から帰ってまいったわけであります。

ところが、それから日を経ずして、今日のご縁をいただいた。本当に心から感激しておることでございます。今日、沖縄の方から、ひめゆり平和記念資料館で証言をなさっております宮城喜久子先生をお迎えすることができて、また佐々木組長《そちょう》さんのお骨折りをいただきまして、こんなに早く、私どもの身近なところで九条の会が動き出した。本当に心から感動しておる者でございます。

じつは今日の会合を開くにあたりまして、「お前はたまたま長い間、ご宗門の仕事にかかわってきて、そして宗務総長まで務めた者であるから、その立場から真宗大谷派の『不戦決議』をめぐって、そして宗門と戦争とのかかわり、そうした事柄を皆さまにご説明するように」と、こういうご要請をいただきまして、この場に臨んだわけでございます。

そこで、漠然とした話をしておりましても、なかなか話がまとまらないと思いまして、たいへん急なやっつけ仕事で申し訳ないのですが、このパンフレットをお開きくださいますと、ずっと略年表が記載されております。「近代大谷派年表」第二版から抜粋しまして、その年表によりまして、宗門と戦争にかかわる条項を抜き書きしたものでございます（一九〇～一九一頁参照）。

皆さんはどういうふうにお考えでありましょうか。私が若い時分にいろいろお育ていただきました蓬《ほう》茨祖《しそう》運《うん》先生（大谷派教学者。一九〇八～八八）から、浄土真宗が歴史の中で、本当に光彩を放ったといいますか、ひかり輝いた時が三度あるとお聞きしました。一度は、言うまでもなく宗祖親鸞聖人の時代である。もう一つは、真宗再興の上人といわれた蓮如上人の時代である。そしてもう一つは、明治に入ってから「精神主義」を唱えられた清沢満之《きよざわまんし》先生の時代である。――こういうことを教えられたことがございます。ですから、その先生のことを思って年表を見てみますと、やはり宗門の歴史におきまして、真宗の教えがひかり輝いておる時代と、その輝きが失われた時代というふうに、そういうものがずっと一貫して流れてきておると思うわけでございます。これは確か、曽我量深《そがりょうじん》先生がおっしゃられたことでありますが、「信順と疑謗と常恒不断の戦い」という言葉であったかと思いますが、宗門の歴史というものも、本願の教えに信順すると申しますか本願の教えが非常にひかり輝く時代と、そしてまた本願の教えをややもすれば限りなく疑うていって真宗の本来の教えから逸れていくという、そういうものが流れてきているように思うわけでございます。

そういうことを前提に置きまして、年表をながめてみますと、いちばん初めに、宗門がどういう形で戦争に加担・協力したのかということであります。一八九四（明治二七）年八月十日、現如上人の時代ですが、ここに「日清戦争勃発に伴い、本宗は王法為本《いほん》の宗義なれば、この教旨を体し、一身を国家に投げうち忠勤をつくさねばならんと直命《じきめい》する」とあります。直命というのは、天皇が言えば勅命でしょうが、宗門の法主が言われたときに、こういう言葉を使うたんだろうと思います。後で触れたいと思うのですが、宗門が「戦没者追弔会《ついちょうえ》」を、一九八七年に「全戦没者追弔法会《ほうえ》」というふうに名称を変更しました。これは古賀総長の時代でありましたが、初めて宗門が、宗門の犯した戦争責任というものに心から懺悔《さんげ》、表白《ひょうびゃく》をしたということがございます。それとは逆に一八九四年、「本宗は王法為本の宗義なれば……」という戦争責任を懺悔しましたときに、こういう言葉が使われております。親鸞聖人がおおせなきことを、おおせと言うてというような状態でありました。

現如上人（第二二代。一八五二〜一九二三）の時代、宗祖親鸞聖人が全くおっしゃっておられないことを、あたかもおっしゃられたふうに言うて、若い人々を戦場に駆り出させたということだったわけであります。やはり王法為本ということは、これは民族自体の問題とかいろいろありますけれども、この元となりますものとしては、例えば達如上人（第二〇代。一七八〇〜一八六五）の「世々の先徳」という、有名な御消息《ごしょうそく》がありますけど、それにはこうあります。

ことに外には王法ありて、一流の法義しばらくの滞《とどこお》りなく、弘通《ぐづう》せしむることはまったくもっていにしえより、稀《まれ》なる昇平《しょうへい》の時にあい、多年《たねん》の治世《ちせい》によるがゆえと、国恩《こくおん》のかたじけなきことをいよいよ仰《あお》ぐべきことなり。これによりて、まず王法をもって本とし、仁義《じんぎ》を先《さき》とし、国にあらば守護方《しゅごほう》、所《ところ》にあらば地頭方《じとうほう》にむきて、かぎりある年貢諸当《しょとう》をつぶさに沙汰《さた》をいたし、いよいよ公《く》事《じ》をもっぱらにして疎略《そりゃく》の義ゆめゆめあるべからず。

この御消息をお聞きになられた方も、おられると思います。徳川幕藩体制といいますのは、まれにみる平和な時代を築いたというふうに言われますけれども、宗門の歴史においてはどうかといいますと、やはりがんじがらめの「宗門改め」という宗教政策によりまして、まったく宗門の教えが換骨奪胎にされてしまったということが端的に現れておるんでなかろうかと思います。

しかし、大谷派が戦争に加担・協力ばっかりしておったかといいますと、その次に一九一〇年（明治四三）年六月、「大谷派僧侶高木顕明《けんみょう》、大逆事件に連座して起訴される」とあります。高木さんというのは、そのころは和歌山県の新宮におられまして、そしてそこの被差別部落の方たちに骨身おしみなく、差別克服のために尽力なさっていた方でありますが、明快に戦争反対、戦争の罪悪性を唱えておられたわけであります。幸徳秋水さんとの交わりがあったらしいのです。その大逆事件に連座して起訴された。そして年表の次に書かれていますように、一九一一年一月一八日には「高木顕明死刑の判決を受ける。同日付で擯斥《ひんせき》に処される」。擯斥というのは、宗門の処分でございます。死刑は国家の処分でありますが、擯斥というのは、問答無用で僧侶の籍を奪われる。

そういう両極端な出来事がありました。

一九四〇（昭和一五）年には、「国民精神総動員大谷派講習会」というものが開かれたりして、宗門挙げて、戦争に流れ込んでいくわけでございます。

その次に、戦争も当然の帰結として敗戦を迎えるわけでございます。

ここに書いておきましたが、大谷派の「新宗憲」発布——一九四六（昭和二一）年一〇月に、戦後宗憲というものを発布しております。そのときに、国の場合—憲法の場合は、戦争に対する厳しいものがありまして、もちろん占領軍の指導もあったわけですが、現在の憲法—「戦争放棄の憲法」が制定されます。しかし宗門の場合は、ほとんど戦争責任というものを反省しておりません。

このときの「宗憲」は、管長、法主、本願寺住職という三つの位を一人で兼ねたもので、三位一体と言っておりました。管長というのは組織の、いわゆる世俗の面の権限、組織をどう運営するかということの最高の権限を有する地位としてあるのですが、管長を決めるときにだけは、僧侶の代表による宗議会、ご門徒代表の門徒評議委員会、これが政体を執る。そういう形でようやく宗門も民主主義の宗門となったんだと——そういうことを新宗憲であらわしておるんです。管長というのは独断専行するのではなく象徴的な存在であって、管長の行う宗務というのは、いわゆる天皇と同じで、内局の助言と承認によって行われるように、民主的な宗門に生まれ変わったんです。——しかし、それはまったくその責任というものが自覚されておりませんでしたから、後年一九六九（昭和四四）年、開申《かいしん》事件というものが勃発して、宗門が揺れ動いてくるわけです。一九六九年というのは宗門にとって非常に大事な年で、真宗同朋会運動が発足しまして七年経ち、あらゆる問題がそこに噴き出してくるわけでございます。

一つは、靖国神社国家護持法案が、政治日程に上ってまいりました。あらゆる宗教教団というものが、憲法に定める「政教分離の原則」「宗教の自由」という問題を、どのように受け止めるかという立場から、宗教とその教団が根底から問われたという「靖国法案」問題が出てまいります。

もう一つは、大阪の難波別院、そこの輪番が別院の職員に対して、卑劣な差別発言を行った、いわゆる「難波別院輪番差別事件」というものが起きてまいります。

そして、もう一つが宗門内部から、真宗再興を目指した同朋会運動、そして宗門の近代化を目指した同朋会運動に対する、アンチ同朋会運動と申しますか、いわゆる「開申《かいしん》問題」が、この年に一気に噴き出してくるということがございました。

そこで、やはり思い出されますのが、先ほど申しました明治の清沢先生の「精神主義」です。清沢先生は大きなお仕事をされたのでありますが、しかし宗門の主流になったかというとそうではなく、地下に埋もれて、そして流れてきた。曽我量深先生とか、金子大榮先生、安田理深先生、そういう方々によって、宗門の表面というよりも地下に潜るような形で流れていた。そういう流れから、戦後の宗門のありかたを模索するなかで、ようやく一九四八（昭和二三）年、真人社運動というものが起きてくる。

次いで、親鸞聖人七〇〇回御遠忌を目指しまして一九五六（昭和三一）年に「宗門白書」というものが出されるわけです。そのときに始めて、いかに宗門が今まで、長年の慣習の上にあぐらをかいて、本来の使命を見失ってきたか。ことに教学においては、学問のための学問のようなことで、生きた人たちの救いになるような教学ではなく今日まできたのではないか。だから、これから宗門の教学は、清沢先生の「精神主義」を根幹にすえて歩んでいく。そういうことを明言したのが、一九五六（昭和三一）年の「宗門白書」でございます。

そういうものを通しまして、宗祖御遠忌の翌年一九六二（昭和三七）年に真宗同朋会運動が発足し、そして一九六九（昭和四四）年に、いろんな問題が噴き出してくる。靖国法案につきましても一九七一（昭和四六）年二月一八日、真宗教団連合で、靖国法案に対する要請書を全自民党国会議員、各党党首に送付しております。

その前の一九六九（昭和四四）年八月、日本遺族会が東本願寺などに、靖国法案反対の撤回を要望。先ほど佐々木組長さんのお話しにございましたように、なかなか遺族感情と申しますか、国民感情と申しますか、靖国神社問題につきましては非常に複雑な問題がございます。ですから、宗門の中央でいろんな反対表明や署名運動をやりましても、なかなか末端まで届かない。靖国神社問題が、我われ真宗門徒にどういう問題を問いかけておるのか、的確に理解することが困難でした。そういうことで不戦決議までのあいだ、随分と日にちがかかったわけであります。

真宗大谷派「不戦決議」は一九九五（平成七）年ですが、それまでずっと行つ戻りつやっておるわけです。そういう中で大谷派大聖寺教区の和田稠《しげし》先生（一九一六～二〇〇六）が、一九七五年に『信の回復』（東本願寺出版部刊）という本を出されました。この本で和田先生は、靖国問題が我われにとって信心の問題を問いかけておる、そういう課題をはらむものであるということを的確にお示し下さった。真宗門徒にとって、大きな意味のある提起でありました。しかし、そういう中でも宗門は、先の大戦についての戦争責任ということについて、まだ本当に触れることがなかったわけでございます。

そのようなことで行きつ戻りつしながら宗門は歩んでまいるのですが、ようやく一九八七（昭和六二）年四月二日、それまでの本山の春の法要「戦没者追弔会」としていたのを「全戦没者追弔法会」と改め、初めて宗門の戦争責任を表明いたしました。このことが、ある意味で画期的なことであったわけです。これは古賀制二内局のときで、私も参務として内局におりましたが、しかし中央の内局主導でこういう動きになっていったのではないんですね。靖国神社国家護持法案というものが一つの機縁になりまして、地方で「靖国」問題がいろいろと取り組まれておりました。そうすると嫌でも大谷派宗門の戦争責任ということが問われることが出てまいりますから、そういう地方の有志の方の強い要請によって初めて、ここに戦後四二年経って、戦没者追弔会が「全戦没者追弔法会」となったわけでございます。

それまでの「戦没者追弔会」は、大戦で戦死された日本の兵隊の方々などを対象とした追弔法要を勤めるという意味合いであったわけですが、しかし戦争というのはそんな話ではないのではないか。多くの戦没者の方々の中には、たくさんのアジアの人々、またアメリカ人たちもおります。そういう人々を含めて、戦争で命を失われた方々の死を心から悼んでいこうという、全戦没者という「全」という字を入れたわけであります。これを機に、宗門の戦争責任というものが、初めて宗門として表明されたわけです。内容としては先ほど触れました、親鸞聖人がおおせでなきことを、おおせというて、多くの若者たちを戦場に送り出したのではないか。そういうことに対する深い懺悔の表白であります。

それから、もう一つ注意しておかねばならんのは、一九九二（平成四）年七月三〇日に、大阪靖国訴訟控訴審で「首相公式参拝に違憲の疑いとの判決」が確定しておるということがございます。松山市の大谷派専念寺住職の安西賢誠さんが原告団長になりまして、愛媛玉串料違憲訴訟がなされ、これも最高裁において最終的に、県知事が公費で玉串を奉納するのは違憲であるという判決も出ております。

このような事柄がかさなりまして、一九九五（平成七）年六月一三日、いよいよ「宗議会、『不戦決議』を全会一致で可決」となったわけです。さらに六月一五日、ご門徒の代表である参議会でも全会一致で可決ということになります。

その「不戦決議」を、読み上げます（**一四七頁参照**）。

しかし、この不戦決議を、私たちの身近なところで、どのように実践していけばいいのかが、なかなか厚い壁になっておったわけです。しかしながら、不戦決議から十年余り経って、ようやく先だって二月九日「真宗大谷派九条の会」設立という運びとなったわけでございます。

2.

九条の会というものが、これからどういう課題をはらんでおるのか。

先ほど佐々木組長《そちょう》さんからも、真宗大谷派九条の会の設立準備会に行かれて、鶴見俊輔さん（哲学者）の話をお聞きになられた感想も述べておられましたけれども、私は全体を聞いておりまして、やはり鶴見さんは、正直に言いまして、大谷派の九条の会というものは信用しないという感じがしました。だから、まず始めに「私の葬式にはお坊さんも牧師も来ていらないんだ」と言われる。「いったい、この真宗教団が本当にルネッサンスを持つのか」という旨の言葉を使われましたが、我われの言葉でいうと真宗再興ですね。先ほどから申しますように、清沢先生のご苦労で、真宗がまた光を放った、光彩を放った、それを宗門の教学の根幹として、同朋会運動として展開されてきて、その同朋会運動というのは、単に一宗一派の運動ではないんだ、そんな小さな話ではないんだ、まさに人類に捧げようとする運動だと言われてきたわけです。

ですから、やはり私は、この九条の会というのものは、本当に人類の命運を左右する、そういう会合、集まりであると思います。

そういうことを思いますのは、そもそも仏教というものが人類に何をもたらしたのか。私は確かに安田理深先生からお聞きした覚えがあるのですが、仏教というのは「人類に内観の道というものをもたらしたんだ」と言われたことが、忘れられません。

しかし、その内観の道というと、皆さまはどんな風に思われるでしょうか。私は内観というのは「二種深信、機の深信」ということなのかなと、漠然と思っていたことがあります。これは廣瀬杲先生が高倉会館（京都市下京区）で『歎異抄《たんにしょう》』について法話された中の第一冊目に出てきますが、「『内観』ということ」の中で、次のようにおっしゃっています。

仏教には、内観という言葉があります。仏教では、内観ということが一番大事なことでしょう。「観」、みるという言葉がついております。仏教の見方は、仏教以外の見方と選んで内観と言います。内観とは、主観を払って見るということなのでしょう。曽我先生のご本には『内観の法蔵』とか、内観という言葉が多うございます。ですから、皆がまた内観という言葉を使って話をいたします。ところがある時先生が、

「この頃の人は盛んに、内観内観と言うておるが、ほんとうに分かっているのでしょうか」こう言われました。そして、

「内観と、この頃の人の言うのは、自分の眼で、自分の心を覗きこむつもりでおるのでないでしょうか。そんなものは内観ではございません。自分の心を外から見ておるだけです。それは、外観というのです」。

「内観とはどういただいたらよいのでしょうか」とうかがいますと、先生は、

「内観とは、外のことが、あることがあるがままに見えるということを内観と言うのです。自分の

心を覗きこむことではありません」こうはっきりおっしゃいました。あるがままの世界が、あるがままに見えるということが、内観の事実なんだ。

（高倉会館法話集『歎異抄講話1』廣瀬杲述、法蔵館）

『歎異抄講話』の中で、曽我先生のご教授を引用されて、廣瀬先生が、こうおっしゃっていました。私はこれは大事なことではないかと思います。自分の心をのぞきこんでいる顔をして、自信ありげに「罪悪深重の凡夫」とやっても、そんなものは内観ではない。内観とは、あるがままに外の世界が見えてくる、そういうことです。

話は少しそれますが、近頃どんどん、どんどん、戦争へ戦争へと近付いてまいりますし、憲法改正の問題が、国民投票法などで政治日程にあがってまいりますが、そのときにいつもテロの問題が出てまいります。テロの問題――二〇〇一年九月一一日の、ニューヨークでのあのテロの問題を、アメリカ大統領は、どのように受け止めるのかなと、その頃のニュースを私は注意しておりました。そうすると、ブッシュ大統領がこういうことを言いました。「あの同時多発テロは、野蛮が文明国にしかけた戦争である」と。そういうことから今、みんなテロが悪い、テロが悪いとなって、日本がインド洋でおこなうアメリカ軍に対する給油問題にまでなっています。しかし、野蛮と文明というものを、一体どういう風にアメリカの人は見ておるのか、そういうことを、私はずっと気にかかっておりました。

そうしましたら、一つの手がかりとなる本に出会ったんです。ピーター・パーレーの『万国史《ばんこくし》』という一九世紀の本です。世界史といわないで万国史と。この本が、アメリカで使われた中学二年生程度の世界史なんです。人類の歴史が語られているのですが、ちょうどまた近くＮＨＫで『坂の上の雲』（司馬遼太郎作）が取り上げられるそうですが、それに登場する人物たちは、ほとんどがこの『万国史』を読んでいたと言われます。

どういう本か、肝心なことだけを申しますと、今の地球上には色んな種族や民族が生存しておりますが、だいたい四つのグレード（階級）に分かれると言うのです。一つは野蛮人。これは、泥と木の家に住まいして、狩猟を生業にして生存している者。具体的にいうとアメリカ先住民とか、アフリカとかオセアニアの大部分。次のランクには未開人というのがいる。これは、一部は石と泥を使った家に住んで、書物は持たず、教会も集会所もなく、偶像崇拝をしている。アメリカの黒人、アジアの多くの種族がこれである。いわゆるバーバリアンというのでしょう。そしてその次が、半文明人です。それはまぁまぁの家に住んで、金持ちは宮殿みたいなところに住んでいる。そして精巧な技術を持っている。その一部の者だけが読み書きを習得している。具体的には、中国人とか、インド人、トルコ人、その他いくらかのアジアの国々である。そしていちばん最高の文明人というのは、よい家、よい家具、多くの書物を持って、よい学校、そして教会、集会所、蒸気船、鉄道、電信を持つ。具体的には、ヨーロッパ諸国とアメリカである。――このような歴史観、世界観です。

この本に触れまして私は、９・11事件の時にブッシュ大統領が「あの同時多発テロは、野蛮が文明国にしかけた戦争である」と言った意味が、やっと分かった。ですから、そういうアメリカとか欧州優先の歴史観、世界観によってランク付けされているわけです。今は、半文明国とかは失礼だから言わないで「発展途上国」などと、体裁のいいことを言っておりますが、宗教までも自分らの宗教を押しつけていこうとしているようです。ですから、そんなことを思いますとき、いったい今日の環境問題ということを考えても、先進国とか文明国とか言いますけれども、環境問題の面からみますと、どっちが野蛮で、どっちが文明国か分からんのではないでしょうか。

曽我先生が言われた内観――ありのままの世界が知られてくるということからしますと、今日の欧米の、いわゆる近代ヒューマニズムは、もう行き詰まったと言われて久しいですが、どこがどう行き詰まったかを、よくよく問い直していかなければならないと思います。どこまでも進歩史観といいますか、無限に人類は進歩して行くんだ、と。環境問題も科学の叡智でコントロールしていけるんだ、と。しかし科学の叡智といいますが、本当にそこには「罪悪深重《ざいあくじんじゅう》　煩悩熾盛《ぼんのうしじょう》の衆生」というような、人間の存在というものが見落とされていないかということが、思われてならんのです。

そういう意味合いからしましても、真宗大谷派の九条の会というのは、大谷派の中で進歩的な考え方、世間の出来事に敏感な、いわば革新的とも申しましょうか、そんな人たちが言っている話だと思われがちですが、そんなことではないと思うんです。かつて、難波別院差別事件が起きたときに、宗務総長が「教団の中にたまたま差別者がおったというのではない、教団そのものが差別教団になっていたんだ」ということを言われた。私たちは、たまたま大谷派の者が九条の会に取り組むというのではなしに、九条の会というものを宗門から取り除いたら、真宗教団が真宗にならんのだ、そういう意味合いがあるのではないかと思うのです。

私事になって申しわけありませんが、一九五六(昭和三一)年に宗務所にご縁をいただいて、ちょうど宮谷内局による宗門白書が出た年でありますが、その後のいわゆる東本願寺の混迷のときに、野間宏さん（作家）が「本願寺の危機は、決して本願寺だけではなく、日本文化そのものの危機である」とおっしゃったんです。またその前、親鸞聖人七〇〇回御遠忌のときに、「近頃、親鸞聖人の御遠忌が近付いてきたら、あっちでも、こっちでも、親鸞に帰れ、親鸞の精神に帰れって言うけれども、親鸞の精神に帰ったら、真宗の寺なんて成り立たんのではないか」と言われたことがあって、我われ若い頃でしたが、ショックでした。

ですから単に戦争の話だけでなく、親鸞聖人のご精神から離れたところで、我われは仏法を聞いており、また人にも仏法を語っているということがありゃせんのか。わが身をどこに据えて、これから親鸞聖人七五〇回御遠忌にむけて、宗祖聖人に相まみえていくのか。私は九条の会というご縁をいただいて、私もこの後どれだけ命をいただくのか分かりませんけれども、本当に我が身の大きな課題というものを、お与えいただいたことを感謝しておるわけです。そして、ご縁がある皆さん方とこの問題に、十分なことはできんのかも分かりませんけれども、どれだけささやかであっても、絶対休むことのない運動を続けていきたいと、自分に言い聞かせているところでございます。

私のいただいた時間が超過してしまいましたが、これから、沖縄で大変なご経験をなさり、そのあとずっと平和の問題に取り組んでおられます宮城先生から、じかにお話をいただくことでありますので、私の分はこれで終わりたいと思います。

ご静聴、ありがとうございます。

（二〇〇八年三月二七日、石川県小松市　称名寺にて）

［資料］

不戦決議・九条の会設立までの歩みをめぐって

「近代大谷派年表」（教学研究所編）より抜粋と追記。

一八九四（明治二七）年	八月一〇日	現如、日清戦争勃発に伴い、本宗は王法為本の宗義なればこの教旨を体し、一身を国家に投げうち忠勤を尽くさねばならぬと直命する。
一九一〇（明治四三）年	六月	大谷派僧侶高木顕明、大逆事件に連座して起訴される。
一九一一（明治四四）年	一月一八日	高木顕明、死刑判決を受ける。同日付で擯斥に処せられる。
一九四〇（昭和一五）年	二月二一日	国民精神総動員大谷派講習会（～二三日）
一九四五（昭和二〇）年	八月一五日	終戦
一九四六（昭和二一）年一〇月	一日	新宗憲発布報告法要。（この年、戦災復興事務局をつくる）
一九四八（昭和二三）年	一月二五日	真人社結成される（主任訓覇信雄）。雑誌『真人』創刊（～昭和三七年五月一日）
一九五二（昭和二七）年	三月	勧山弘に沖縄戦没者慰霊と宗教事情調査を委嘱。
一九五三（昭和二八）年	一月二〇日	東西本願寺合同で、戦争受刑者釈放嘆願署名運動を始める。
一九五六（昭和三一）年	四月 三日	宗門白書発表。
一九六一（昭和三六）年	四月一四日～二八日	宗祖七〇〇回御遠忌法要。参拝者一〇〇万人を超す。
一九六二（昭和三七）年	六月 八日	第七〇回宗議会（～二二日）。同朋会運動促進のため、第一次五ヵ年計画を発表。昭和三七年度予算　四億三二〇〇万円。
一九六九（昭和四四）年	四月二四日	開申事件起こる。法主大谷光暢、宗憲を無視し、法嗣を管長に推戴するよう開申をもって訓覇総長に指示。
	八月	日本遺族会、東本願寺などに靖国法案反対撤回を要望。
	八月二五日	部落解放同盟代表上山し、難波別院差別事件について当局を糾弾、自己批判要求。第一回回答書を出す。

一九七一（昭和四六）年	一月二二日	第六五国会に靖国神社法案上程されるが審議未了で廃案。
	二月一八日	真宗教団連合、靖国法案に対する要請書を全自民党国会議員、各党党首に送付。
一九七四（昭和四九）年		代表役員大谷光暢、変更申請書をあらためて京都府文教課に提出。
	四月一六日	嶺藤亮内局成立。
		嶺藤総長、府庁より変更申請書取り下げる。
		靖国神社法案強行裁決に対し、抗議電報を内閣総理大臣・衆議院議長におくる。
	四月二三日	靖国法案反対第二次署名運動（～二五日）
		この頃より教学研究所内に「靖国班」設置される。
一九八七（昭和六二）年	四月　二日	春の法要の「戦没者追弔会」を、「全戦没者追弔法会」に改め、厳修。初めて宗門の戦争責任を表明。
一九九二（平成　四）年	七月三〇日	大阪靖国訴訟控訴審で、首相公式参拝に違憲の疑いとの判決、確定。
一九九五（平成　七）年	六月一三日	宗議会、「不戦決議」を全会一致で可決。参議会も可決（一五日）
一九九六（平成　八）年	四月　一日	真宗大谷派、高木顕明の「住職差免並びに擯斥処分」を八五年ぶりに取り消す。同和推進本部、写真パネル展「高木顕明師の名誉回復に向けて」を開催（～六日）
一九九七（平成　九）年	四月	能邨総長、最高裁による愛媛玉串料違憲訴訟（安西賢誠・原告団長）の判決に支持を声明。
二〇〇七（平成一九）年	一〇月一九日	真宗大谷派大垣教区、竹中彰元師（岐阜県不破郡垂井町岩手明泉寺元住職）復権顕彰大会を開催。
二〇〇八（平成二〇）年	二月　九日	真宗大谷派九条の会設立。

和顔施《わげんせ》の菩薩

北陸という土地は、本願寺八代の蓮如上人のご教化によって、念仏の教えが非常に繁盛し、無数の念仏者によって今日までしっかりと伝承されています。

そのような多くの名も無き念仏者は、わが身の生活の事実を通して教えを聞き開き、いろいろな言葉でその味わいを表現して下さっています。

その一つに、

「この娑婆というとこは、遇《あ》うだけのことに遇わな、仕舞うていけんとこや」

という言葉があります。

実は、私は若い頃にこの言葉を聞くのが何とも嫌でなりませんでした。

というのは、この言葉から響いてくるのは、全くの受身で、しかもアキラメ主義の無気力なものが感じられ、これでは人生を生きる者の主体性がどこにも無いではないか——というのが私の反発の理由だったのですが、後にそのような私の考えが間違いであることを知らされました。

そのご縁を下さったのは、ご門徒の一人のDさんでありました。

Dさんは誰しもが認める熱心な求道者でありましたが、古希を迎えられた頃、不幸にも脳梗塞に倒れられ、重度の言語障害と半身不随の寝たきりの身となられました。

それからDさんの新しい生活が始まるのですが、まず朝六時になると、テープレコダーのタイムスイッチがオンになって恩徳讃《おんどくさん》の調べが流れ出すのです。Dさんの目覚めと一日の始まりは、恩徳讃から始まるといったぐあいです。

私が病に倒れられたDさんを見舞ったとき、私を迎えてくれたDさんは、人懐かしそうな笑みを満面に浮かべ、全身で喜びを表わしてくださいました。思わずその笑顔に引きこまれ、見舞いの言葉も忘れて、私はDさんの手を握りしめていました。

私は家に帰ってから、Dさんのことを改めて考えさせられました。それは「あの重度の言語障害と寝たきりという苛酷な現実のもとで、どうしてあのように明るく、平気で生きられるのか？」という問いでありました。

その時、はッと気が付いたことは、Dさんは「この娑婆というとこは、遇うだけのことに遇わな、仕舞うていけんとこや」という言葉に出遇うていたに違いないということでした。

Dさんは、おそらく

「この厳しい現実も自分が遇わねばならぬご縁なら、引き受けましょう。そして、お世話になるばかりで、何一つできない身であるが、そのような中からでも、自分の本当にしたいこと、自分ができることをやらせて頂きます。

私の人生は、もうそれで十分であります」

という深い諦念の思いに住し、南無阿弥陀仏と念仏申しておられたのに違いありません。

だからこそDさんは、釈尊が〝無財《むざい》の七施《しちせ》〟（八〇頁参照）の中で、いちばん大切にお説きになった

「和顔施《わげんせ》」――つまり、なごやかな顔、やさしい微笑《ほほえ》みを有縁の人々に施し続け、七十余年の素晴らしい生涯を全うされたのであります。

今はもう二十五年余りも昔の話であります。

（『菩提樹庵つうしん』紙　二〇〇八年四月・第三十二号）

（池野久子・画）

Ⅳ インタビューに応えて

――新聞記事からの切り抜き収載

愛用の鉄瓶と火鉢

人

真宗大谷派の新宗務総長になった 能邨《のむら》 英士《えいし》師

「いつも本山のことばかりを考えているので、女房は『宗門人間』とか『本山人間』と呼ぶんですよ」

門信徒約一千万人、末寺一万カ寺を数えるマンモス仏教教団、真宗大谷派（本山・東本願寺、京都市下京区）の新しいかじ取り役。

「真宗王国」の北陸・石川県の寺の二男。兄が病死し、跡を継いだ。宗派と大谷家が約二十年以上も争った「お東さん紛争」が激しかったころ、本山で企画室長、総務部長などを歴任、「やり手」の評判が高かった。

宗議会議員に転身すると、古賀制二・元宗務総長のもとで大臣にあたる参務を務めて力量を発揮。細川信元師の後任として、いよいよ「エース」の登板である。

大学生門首（大谷業成師）は誕生したものの、いぜん水面下では、大谷家と宗派側の確執が続いている。が、「危機感がなくなった時こそが危機」と冷静に分析。

「これまで、宗門のエネルギーは紛争の後始末や対応に費やされてきた。しかし、価値観が多様化した今日においては、過去にこだわらず、新しい宗門のあり方を築き上げていきたい」と熱っぽい。

当面の課題は、平成十年に迎える本願寺中興の祖・蓮如上人五百回忌に向けての態勢づくり。リーダーとしての手腕が試される。

「海外に一度も出掛けたことがないんですよ。インドの仏跡にお参りしたいが、なかなか日程が取れなくて」

インドへの旅は当分、おあずけになりそうだ。

（阪秀樹）

石川県出身。大谷大文学部卒業。昭和56年から宗議会議員連続4期。自坊は、石川県小松市東町の勝光寺。家族は、母、妻と娘3人。趣味は古美術品鑑賞。61歳。

産経新聞　1994年2月1日

この人

真宗大谷派の新宗務総長に就任した

能邨《のむら》 英士《えいし》さん

宗議会議員の改選を受けた十九日の臨時宗会で、末寺九千、門信徒七百万人といわれる巨大教団・真宗大谷派の新リーダーに選ばれた。

宗派と大谷家が対立した「お東紛争」が長引き、その後遺症が今も残るといわれる同派。新宗務総長は「長年、ややもすると宗門のエネルギーが紛争への対応や後始末に費やされてきた。しかし、これからは、いつまでも過去のことにこだわらず、新しい宗門のあり方を作りだしていく時期。そのための基礎づくりを」と意欲を見せる。

「真宗王国」とも呼ばれる北陸の石川県小松市出身。大谷大文学部を卒業後、昭和三十一年、宗務所職員に。組織部長などを経て、お東紛争が一番激しかった昭和四十九年から五十六年末まで総務部長を務め、新宗憲の制定などにもかかわった実務のベテラン。その後、宗議会議員に転じ、古賀内局時代に一年半余り参務（閣僚）を務めた。

周囲では以前から「いずれ総長を担う人物」「与党の切り札」などの声もあった。議員四期目の今回、ついにそのポストがまわってきた。

「私には重責だが、長年の間、歴代宗務総長が身を捨てて宗門に尽くす姿を職員として見ており、指名された以上は自分も全力を尽くす以外にない」と決意を語る。

同派では、昨年、早稲田大二年の大谷業成門首が就任、新時代への期待が高まっている。その一方、四年後に迫った蓮如上人五百回忌の準備や、近鉄百貨店の土地売却などを巡って対立する本願寺維持財団問題、大谷家との関係改善などの課題が山積している。

「まず第一には全国の末寺、門徒の理解を十分得て五百回忌事業を円滑に進めたい。個々の問題では、宗門内にさまざまな考えがあるだろうが、どの人も宗祖・親鸞聖人の教えに立つという点では違いはない。幅広く意見を聞きながら進めていきたい」

落ち着きのなかに、意志の強さを感じさせる人柄で宗門を引っ張る。六十一歳。

京都新聞 1994年1月29日

18日　火曜日

平和への決意を、と開かれた真宗大谷派の全戦没者追弔法会（4月2日、東本願寺）

の戦争責任は…

門信徒と平和誓う

戦争への協力はどう進められたか。大谷派の「教団の歩み」によると、国による宗教統制が強まるなか、同派は一九三七年（昭和一二年）に、門徒が守るべき「同朋箴規（どうぼうしんき）」の中で「報恩の至誠を以て国家に尽す」ことを強調。

その後は、法主の親教や、報恩講で「興亜の聖業」や「聖戦」という言葉が使われ、戦争中は「国難突破報国法要」や「必勝報国法要」を開催。さらに宗祖・親鸞の主著「教行信証」のなかの天皇崇拝と相いれない部分を伏字にするなど、真宗本来の立場をゆがめて戦争に協力して行った。

同派は今年の法要にあわせて門信徒向けの小冊子「非戦・平和を願って―戦後五〇年をむかえて」を発行した。座談会では「懺悔（ざんげ）だと思って戦争の事を機会あるごとに話すが、最近はみんな真剣に聞いてくれない」（七十代の門徒）「本山で戦争責任を問いかけても、地方で話すとお年寄りの反対にあう」（同）など、戦争への反省を現実に生かす難しさが語られている。編集者は「戦争体験者も、戦後生まれの者も、誰も望まない戦争がなぜ生まれるのか、それを自らに明らかにして行くことから始まると思う」と語るのだが…。

京都新聞　1995年4月18日

京都新聞（夕刊）　1995年（平成7年）4月

戦後50年　仏教

真宗大谷派にみる―

今年は終戦から五十年の節目の年。各仏教教団の多くが、平和への誓いを新たに、と戦没者の総追悼法要などを営む。日清、日露戦争から太平洋戦争まで、日本が軍国主義に進むなか、国家神道とともに積極的に戦争に協力した仏教各派は、戦争との関わりをどうとらえ、今後に生かそうとしているのか。門信徒一千万ともいわれる真宗大谷派（本山・東本願寺、京都市下京区）の例をみてみた。

聖戦の名で深い罪

こころ・宗教

四月二日、東本願寺の御影堂で、恒例の春の全戦没者追弔法会が営まれた。約三千人の門信徒を前に、能邨英士宗務総長は、宗門の戦争責任について「今世紀繰り返されてきた戦争を聖戦と称し、多くの御同行、御同朋を戦場に送るという深い罪を重ねてきた」と反省。「人が国のために利用されたり、ましてや人の死が国の選別によって祀（まつ）られたり、意味付けされていくような国であってはならない」と平和への決意を述べた。

同法要は、戦争協力の反省に立って一九八七年に始まり、九〇年には伝統仏教教団で初めて、法要儀式の中で「先の大戦において無批判に戦争に荷担した」とその戦争責任を表明した。

能邨英士宗務総長に聞く

―戦後五十年を機に、教団として戦争協力の問題を、どうとらえているか。

能邨　法要でも申したように、繰り返された戦争を、国のための正しい戦いだとして、多くの門信徒を戦場に送るという罪を重ねた。本当に申し訳のないこと。いまも、世界各地で民族紛争や戦争が起きているが、日本とは無縁なのか。さらに戦争だけでなく、他を省みず繁栄を求めるようないまのあり方でいいのか。今こそ、あらゆる人々と「ともに生きる」ことや、戦後五十年、何を求め、何を見失ったのか一人ひとりが日々の営みの中で確かめることが求められていると思う。

政教分離の原則守らねば

―各仏教教団の対応について「戦争責任の表明が遅すぎる。内容も不十分」との批判があるが。

能邨　そういう意見も当然あると思う。親鸞聖人は、宗教が強いものにへつらい、弱いものを虐げていくことに厳しい眼を向けられた方。宗門はその教えにたって、今日的な課題にどう対応していくか、真剣に取り組まねばならない。

―地方では、戦争中に出されたご消息（法主の手紙）が、いまだに読まれている、というが。

能邨　住職の判断で読まずにおく所もあるが、今後は的確な新しいご消息に取り替えていくことも考えていきたい。

戦争責任は、うやむやにすませてはいけないと思うか。

能邨　これは、きちんと押さえておかないといけない。国家との関わりでは、宗祖の時代にも念仏停止という弾圧を受けた。どんな時代でも宗教教団が社会的な制約のなかにあるのは宿命だが、政教分離の原則は大切にすべきだ。

お東さん 臨時宗議会始まる

門首離脱を容認へ

内局側 後継は審議会で

真宗大谷派（本山・東本願寺、京都市下京区）の大谷業成門首(三三)の父、暢順師(六六)が門首らとともに宗派からの離脱を宣言した問題で一日、暢順師らと対立する内局が招集した宗派の臨時宗議会が始まった。能邨英士宗務総長は「内規にも門首、連枝を途中でリタイアできる規約がある。退くという意向を受け止めたい」と語り、業成門首、暢順師らの離脱を宗派として認める方針を明らかにした。後継の門首にだれを充てるかについては「門首継承審議会で決定する」とした。

「業成門首らの離脱は認める」などと語る能邨宗務総長＝午前９時10分、東本願寺

能邨宗務総長はこの日朝、宗議会の開会を前に、東本願寺内で取材に応じた。この中で、暢順師らの離脱宣言について「門首、連枝の責務をまっとうしていただきたいという宗門人の願いに反し、自分の思うようにならないことで離脱を決めたことは大変遺憾だ」と述べた。しかし、業成門首らの宗派からの離脱の意向については、容認する考えを示した。

今後は、暢順師側から正式に離脱の文書等を受け取り、内規に基づいて僧籍の措置などについて検討を進めるという。

臨時宗議会はこの日午前、東本願寺内で開会。宗務所には、全国から議員を務める末寺住職や門徒が集まった。

議員らは会派別に対策会議を開いたり、業成門首らの離脱宣言を伝える新聞記事のコピーを配るなど、戸惑いを隠し切れないようすだった。

福井県の西本文英議員(五)は「このようないさかいは宗教の恥だ。だが、門首が成人したにもかかわら

後継選び 3分

真宗大谷派の「内閣」にあたる内局のトップ、能邨英士宗務総長が大谷業成門

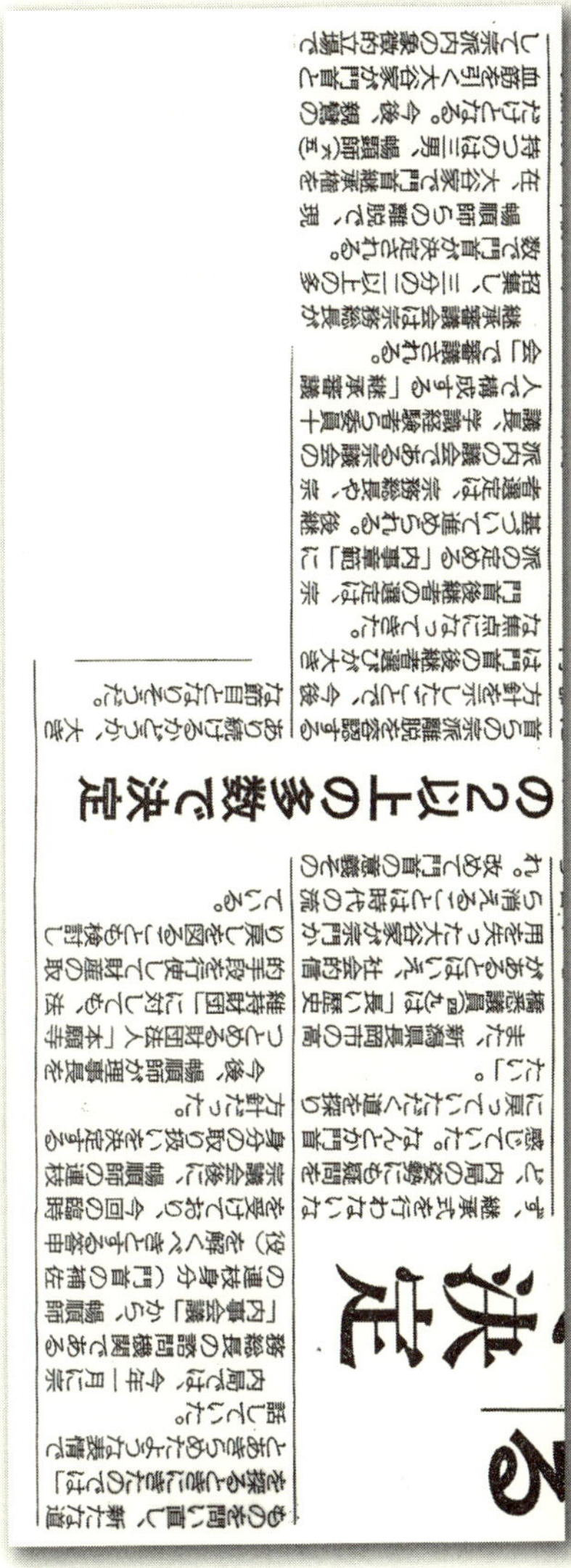

して宗派内の象徴的立場で
血筋を引く大谷家が門首と
だけとなる。今後、親鸞の
持つのは三男、暢顕師（六五）
在、大谷家で門首継承権を
暢順師らの離脱で、現
数で門首が決定される。
招集し、三分の二以上の多
継承審議会は宗務総長が
会」で審議される。
人で構成する「継承審議
議長、学識経験者ら委員十
派内の議会である宗議会の
者選定は、宗務総長や、宗
基づいて進められる。後継
派の定める「内事章範」に
門首後継者の選定は、宗
な焦点になってきた。
は門首の後継者選びが大き
方針を示したことで、今後
首らの宗派離脱を容認する
あり続けるかどうか、大き
な節目となりそうだ。

の2以上の多数で決定

れ。改めて門首の意義その
ら消えることは時代の流
用を失った大谷家が宗門か
があるとはいえ、社会的信
権総議員（四七）は「長い歴史
また、新潟県長岡市の高
たい」。
に戻っていただく道を探り
感じていた。なんとか門首
ど、内局の姿勢にも疑問を
ず、継承式を行わないな
ている。
り戻しを図ることも検討し
的手段を行使して財産の取
維持財団」に対しても、法
つとめる財団法人「本願寺
今後、暢順師が理事長を
方針だった。
身分の取り扱いを決定する
宗議会後に、暢顕師の連枝
を受けており、今回の臨時
役）を解くべきとする答申
の連枝身分（門首の補佐
「内事会議」から、暢順師
務総長の諮問機関である
内局では、今年一月に宗
話していた。
とあきらめたような表情で
を探るときにきたのでは」
ものを問い直し、新たな道

決定

る

産経新聞　1996年2月1日

第3種郵便物認可　朝日新聞

暮らしの中の憲法体験

3日、日本国憲法は50歳を迎えた。暮らしの中で、憲法を意識するのはどんな時だろうか。どんな場面で何を――。さまざまな立場の人に聞いた。

「飽食」の一方で閉塞状況

東本願寺宗務総長の
能邨英士さん（六五）

レストランに行った時、料理を半分も食べずに席を立つ人たちを見るたびに、果たしてこれでいいのかと思う。コンビニエンスストアに並ぶ食べ物の一割余りは廃棄されるとも聞きます。

戦中派なので、大豆のしぼりかすまで食べ、食べきれないと思ったら手をつけるなと厳しく言われたものです。昭和二十年代後半には食糧事情も安定して素晴らしい世の中になったと感じました。

でも、疑問を持つようになったのは、石油ショックのころからでしょうか。

「グルメ」や「飽食」の一方で、日本の社会が閉塞（へいそく）状況だとも言われている。食っても食っても満足できない状態は、人間にとって最も深刻な悩みであり、苦しみですよ。対極には、途上国の食糧危機や人口爆発、環境破壊があるわけです。

先の戦争は、エネルギー資源の奪い合いで起こったが、今度は食糧の奪い合いが起こるかもしれない。途上国と先進国の南北問題など共生への取り組みは、平和憲法の初心に含まれていると思う。他者によって、自分の存在を知ることが大切です。

朝日新聞 1997年5月3日

ひと

真宗大谷派の宗務総長に再選された　能《の》邨《むら》英《えい》士《し》さん

「時代は変わっても、歎異抄の精神を生かし続けるのが我々の務め」。65歳。

「世の中、すべて縁。耐え難いこともあろうが、気力をふりしぼって頑張りたい」。おだやかな表情から、固い決意が伝わってきた。

僧がつくる宗議会、門徒がつくる参議会の選挙を経て、約六百万人の門徒を抱える宗派の総理大臣役も二期目。二十四歳で宗務役員になって以来、宗門の中枢の役職をのぼりつめてきた。宗祖・親鸞の血脈を受け継ぐ大谷家との「お東紛争」に、内局の立場からかかわってきた。

一連の紛争は、あらゆる人間は平等に救われると説いた親鸞の教えと、権威主義的な宗門の制度にずれがあったため、と振り返る。

「宗門の意味が見失われた時も、親鸞の思想に戻ろうとする動きは必ず現れた。教団自身の持つ生命力と思う」

自坊は石川県小松市。長女の夫が副住職を務める。少年のころは兵隊になるのが夢だったが、旧制中学一年で終戦。めまぐるしく変わる価値観に翻弄（ほんろう）された青春時代に信念が育った。

同じ宗教者として、亡くなったマザー・テレサの生涯に感銘を受けた。「マザーは差別や病苦、貧困にあえぐ人々こそ、神に救われると思っていたのでは」。暗い現実からの救いを求める人に宗門はいつも目を向けてきたか。自問を続けるが、自信はない。

昨年、らい予防法廃止後、「教えで、隔離政策を支える社会意識を助長した」という謝罪声明を出した。九月には全国のハンセン病療養所入所者と、僧の交流会を東本願寺で開いた。こうした積み重ねを大切にしたいという。

来年は浄土真宗の中興の祖・蓮如の五百回遠忌。「宗門内に閉じこもるのではなく、外の人間とメッセージをかわし、幅広い活動を展開したい」。蓮如を主人公にしたアニメなど、親しみやすい布教を試みる。

文　田中　京子
写真　菊池　康全

朝日新聞 1997年11月12日

（第3種郵便物認可）　毎日新聞　オピ

「人間の知恵」を超えて

争点論点

混迷の時

ささいな動機から直接行動に走る子供たち。大人の世界も、官界・企業の犯罪続きなど我執の姿をさらしている。戦後50年、日本人は大事な忘れ物をしてきているのではないか。東、西両本願寺は、京都国立博物館で「蓮如と本願寺―その歴史と美術―」（5月5日まで）を開催中だが、宗教からのメッセージはないのか。両本願寺の総長に登場願った。（聞き手・構成＝編集委員・横山 真佳）

東本願寺宗務総長　能邨 英士さん

撮影・芋阪 盛昭

のむら・えいし　1932年石川県小松市生まれ。大谷大学真宗学科卒。69年からの同本願寺の紛争の間、組織、総務部長などを歴任、宗門改革派を支えた。94年から宗務総長。97年から文部省宗教審議会委員。小松市の勝光寺住職。

悲しい日本

以前にテレビで見たのですが、アウシュビッツのユダヤ人虐殺を体験された「夜と霧」の著者・フランクル教授が、「20世紀がどういう世紀だったか」と尋ねられたのに対し、こういう答えをされた。20世紀という世紀は、「人間にどういう能力があるか。同時にまた、人間がどういう誤りのとりこになるか――を実証した時代であった」と。また大江健三郎さんは、「われわれはまぎれもなくアウシュビッツ・ヒロシマ・ナガサキ以後に生きているのだ」といったことを言われている。ともに20世紀を総括したような話ですが、事実、私たちはこういう時代に生きているのだと思います。

一方、日本の現状は、子供も、

代と宗教

人の現状

いのちの操作の時代になって、そうなると人間観の基礎も崩れてくるのではないか。フランクル教授が言う「人間にどんな能力があるか」の問題でして、しかしそこでの能力とは人間の理性にかかわる能力であるわけでしょう。ところがそういう理性的存在である人間が、原爆によるヒロシマ・ナガサキの惨劇のような、理性という範疇《はんちゅう》では考えられないことをやってしまう。その意味では、こうした人間の理性というものが、今日ほど問われている時代はないのではないかということになる。私どもの立場から言うと、人間の知恵と、仏教の般若の智慧《ちえ》・悟りの智慧ですね。そういうことになってくる。

どういう人間社会が望ましいのか。私ども、東本願寺の今回の蓮如上人500回法要のテーマは「バラバラでいっしょ――差異（ちがい）をみとめる世界の発見」で、スローガンは「帰ろうもとのいのちへ」です。

大人も迷いの中にあるといってよいかと思うのですが、私どもの宗祖・親鸞聖人の「和讃」の一つに、「釈迦如来かくれましまして二千余年になりたまふ。正像の二時はおわりにき、如来の遺弟悲泣せよ」とあります。悲しみ泣きなさい。悲しみ泣くほかないではないかと言われている。しかし私たちの現状はその感性さえ、もう枯れてしまっている。従って、悲しめないことを悲しまなければならない状況ということを思いますね。

私たちには、なにが欠けているか。蓮如上人の時代は、応仁の乱に代表される激動期で今日と比べて語る人がいますが、現在、どういう世の中を人間が作り出しているのか将来が見えない。不安であるし、人間が人間を信じられない時代というか、不安と不信ですね。生命科学の進展で遺伝子操作やクローン人間論議もされている。しかも生命科学は、もう後戻りはしそうにありません。

これは蓮如上人に、「とも同行《どうぎょう》」という言葉があって、その世界を今日的言葉で表現してみたのです。やはり私は「差異（ちがい）をみとめる」というのは、信心の智慧からのものだと思うのです。人間の理性は、対象化していく認識で、差異は差異でしょう。能力があるとか、役に立つとか。あるいは自分にとって都合が良い人か悪い人か、近づくべき人か避けるべき人か。人間の知恵ではバラバラがいっしょにならないが、しかし「自分のいのち」と言っていても、本当はあるとき生まれ、死んでいく。なるほど自分のいのちに違いないが、それぞれ自分の思いを超えた世界からたまわったいのちのはずなのです。

尊重し合わなければならない人間同士です。私たちの場合、阿弥陀如来がすべての人に「十方衆生」と呼びかけられるのですから。だから、たまたま私が日本人で、だれかがアメリカ人であるのはそれぞれの業縁《ごうえん》で、いのちを直観的にありのまま見れば、そういう国籍や皮膚が白い黒いとかを超えて、人間はもとより、さらに生けとし生けるものがみな平等のいのちなのです。だから絶対平等のいのちのもとへ帰ろう、そこへ目覚めていこうと呼びかけている。差別や、いじめもなくなります。

「仏心というは大慈悲これなり」という言葉がありますが、私たちはだれもが如来より願われている大切な存在なのです。中学生などの痛ましい事件が伝えられているが、所持品検査やカウンセリング相談などの対策だけでなくてですね。人間の知恵の不完全さ、つまり人間の愚かさへの目覚め、そういうことになれば大きな転換が開かれると思うのです。ひとりでもそういう人が出ると家庭でも社会でも穏やかに、大いに違ってくる。

◇東、西本願寺◇　JR京都駅北に甍（いらか）を並べる、日本を代表する巨大寺院。真宗大谷派の本山が東本願寺で、浄土真宗本願寺派の本山が西本願寺。両派の全国門信徒は2000万人を誇る。宗祖は共に親鸞聖人。今年が、両派が「中興の祖」と仰ぐ蓮如上人の500回忌に当たるため、おのおの大法要を営み、合同の記念特別展「蓮如と本願寺」（5月5日まで京都国立博物館）を開催中。

◇本願の教え◇　両本願寺の根本仏は阿弥陀如来。すべての人を救わずにはおかないという誓い「本願」を成就した仏とされ、両本願寺では、人々にこの阿弥陀仏の本願を信じ、「南無阿弥陀仏」との念仏をとなえることを勧め、そこに極楽往生と悟りの世界が開かれるとしている。

毎日新聞 1998年4月27日

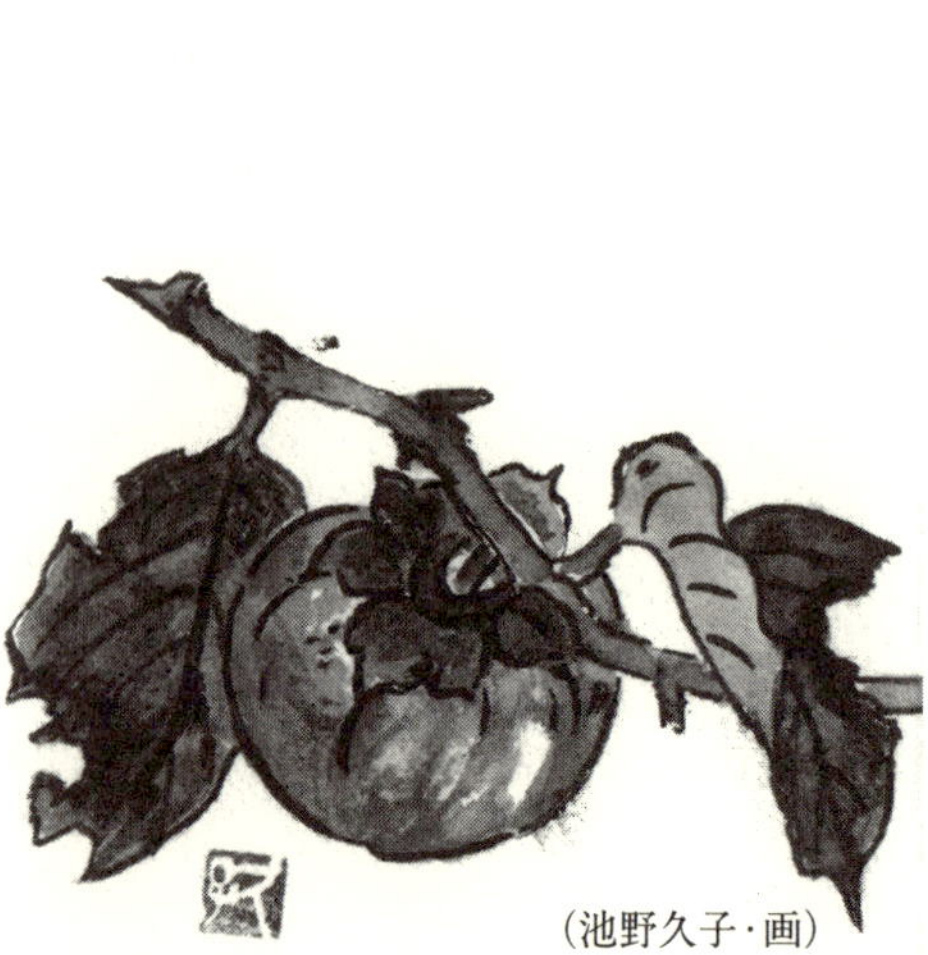

（池野久子・画）

V

親鸞聖人の教えの本《もと》へ

——真宗大谷派の再生にむけて

書斎。奥は親鸞聖人、手前は訓覇信雄師

教団問題の克服への歩み

＊本章収録の二稿は、『訓覇信雄論集』（同刊行会編、法蔵館、二〇〇一年）の解説として書かれたものです。

教団問題とは

近年「教団問題」が歳月の経過とともに忘れ去られようとしているなかで、教団問題を風化させてはならないということが、折にふれて聞かれるようになった。しかし、長い年月に亘る教団問題の数多くの事件の一部始終を誌すということは、とても容易なことではない。だが、この教団問題にわずかでも関わった者の責任として、自分なりに教団問題を総括しておきたいと思い、それがまた将来において、少しでも役立つことがあれば、望外の幸せである。したがって事件の詳細を記録することよりも、教団問題が起こるべくして起きた、その教団のありのままの姿にできるだけ視点を当てることとした。

さらにまた、この教団問題を総括しようとすることの趣旨は、教団紛争の責めを特定の者に負わすというのでなく、あまりにも封建的世俗に流された教団の体質を明らかにすることによって、教団人のすべてが教団の危機を自覚し、同朋社会の実現を目指し、教団の将来に誤りなからしめんという願いにほかならない。大方のご了承を切に願う次第である。

さて、かつて「教団問題が、なぜ起こったのか」ということが話題にされたとき、よく「それは同朋会運動が始まったから教団問題が起きたのだ。教団問題はアンチ同朋会運動なのだ」という見方がなされた。これも一面、当を得ているかのように見えるが、いまだ皮相的見方であって、正鵠《せいこく》を得ているとはいえない。

同朋会運動といえば、その出発当初「親鸞聖人の門徒一人もなし」という悲歎の言葉が叫ばれたが、まことに心うたれる言葉であり、同朋会運動の本質を的確に表現された言葉である。その言葉のもとには、およそ教団とは帰依僧宝を証しする所であるにもかかわらず、今現実の教団は帰すべき僧伽《サンガ》を失っているではないかという痛烈な悲歎の思いがこめられていた。

そのように見てくると、同朋会運動が展開されたから教団問題が惹起したのではなく、教団問題が起きるような封建的、閉鎖的に形骸化された宗門が現存していたればこそ、同朋会運動が展開されねばならぬ必然があったのである。

およそ蓮如上人以来、清沢満之先生にいたるまで、教団存立の本義を真剣に問うということがなかったのではないかと思われる。清沢先生が現れるまでは、教団は護持されるものではあっても、その存在意義を問われるものではなかったのであろう。法燈護持とはいいつつも、護持の内実は僧侶寺族の生活の場を守ることに重きをおいていたのではなかったろうか。教団問題のなかで「教団の私物化」ということが、他に対する批判だけでなしに、深い自戒の意味をこめて繰り返し叫ばれた所以であろう。蓮如上人以後、清沢先生に至って初めて教団が問われ、真の僧伽の現成が願われたのであり、その具体的実践が「白河党宗門改革運動」であったのである。

清沢先生の「革新の要領」（『清沢満之全集』第四巻、一九一頁、法藏館発行）には、抑々余輩の所謂根本的革新なるものは、豈に唯だ制度組織の改良をのみこれ云はんや。否、制度組織の改良は寧ろその枝末のみ。其の称して根本的革新というものは、実に精神的革新に在り。即ち一派従来の非教学的精神を転じて、教学的精神と為し、多年他の事業に専注したる精神をして、一に教学に専注せしむるにあり。夫れ教学は宗門命脈の繋る所、宗門の事業は教学を措いて他にこれあるを見ざるなり。

と述べられ、教団の革新を教学振興の一点に凝縮しておられる。

しかし、このような白河党宗門改革運動も、当時の宗門の専制君主的体制の厚い壁の前に、表面上は挫折の止むなきにいたる。だがその改革運動の精神は、浩々洞に暁烏敏、佐々木月樵、多田鼎らの若き求道者が集うて、新しい僧伽となって具現され、そこからまた、曽我、金子先生をはじめ、多くの仏者が生まれ、それらの諸師の流れを受け、限りないお育てをいただいていることの恩徳を謝せずにはおれない。さらにまた数々の教団問題の事件を通し、「真宗大谷派は一体何処へ行こうとしているのか」と厳しい批判と顰蹙《ひんしゅく》をかったが、それでもなお真宗大谷派教団に、たまたまご縁をいただいたことを喜ばずにおれない。

冒頭に述べた、教団問題を風化させてはならないということも、教団問題が、ただ単に歴史上の出来事として語り継がれておればよいというものではあるまい。常に教団存立の意義を問い、どこまでも同朋社会の顕現に生きるという一大事を見失ってはならないということであろう。

一九七四年（昭和四九年）二月八日、宗務総長に推挙されて以来、紛争の最も熾烈な時に、文字通り一身を投げ捨てて六年間の長きに亘って宗務総長を務められた、今は亡き嶺藤亮宗務総長は、

「娑婆の政治とは違うんですよ。なぜ宗門の願いということが大切かといいますと、信仰の問題だからです。思想、イデオロギーの問題ならば、孤立しても、わしの意志を通す。こりゃあ、あるです。そうでしょう。

しかし、浄土真宗は同朋の教団なんで、孤立することはあり得ない。ええ、個人の意思とは違うんだ。念仏のもとに、ともに願いを一つにしていこうではないか、という立場なんです」（「わが炎の信と行」嶺藤亮聞きがたり、一九八〇年八月一三日付「北国新聞」）

と語っている。

しかしながら、「教団問題」は、大谷家の専制君主的な封建教団に固執する立場と、どこまでも真宗の教法を世界人類に開いていこうとする教団革新の立場との対立紛争という図式だけでは語れない。

そこには膨大な本願寺財産の奪い合いが絡んでいるからである。つまり判りやすくいえば、娑婆の権力や利権に対して、信心の問題が伝統教団という土俵の上で真っ向から対決したのが、「教団問題」であったと思うのである。特に黒い利権屋の「枳殻邸」を手に入れようという執念は、実に凄まじいものであった。その背景には、世界的に名の通ったホテルや大企業の名前も噂された。

さて、このような複雑な二重構造をもつ教団問題を判りやすくするために、教団問題の中で起こった主な事件を、管長側と内局側とにわけて並記することにした。ご一覧いただけば、教団問題の全貌がおよそご了解いただけるはずである。

〈管長側の行った主な行為〉

一、管長職譲渡の開申（宗憲違反）

二、六条山浄苑建設について、白紙委任状を吹原弘宣に渡す（背任）
三、嶺藤亮宗務総長の任命拒否（宗憲違反）
四、宗議会招集・開会、宗務役員任命等の允裁《いんさい》拒否（宗憲違反）
五、嶺藤内局を解任し、曾我敏宗務総長事務取り扱いを任命（宗憲違反）
六、大谷の里について五億円の手形乱発（背任）
七、法主《ほっす》、得度授式者に交付の度牒《どちょう》に押印を拒否する（宗憲違反）
八、法主、本尊・名号・院号法名等の授与を中止（宗憲違反）
九、枳殻邸・修練舎等本願寺財産の不法処分及び手形乱発（背任横領）
一〇、嶺藤宗務総長の得度取り消し

（内局側の行った主な行為）
一、「宗務職制」他関連四条例の改正（管長の允裁拒否のため、人事権を管長から宗務総長へ移す措置）
二、嶺藤管長代務者の就任（管長の允裁拒否による対応措置）
三、大谷光暢管長を解任し、竹内良恵氏を管長に推戴（管長職放棄による最後の対応措置）
四、大谷光暢氏及び大谷暢道氏に対する背任・横領容疑の告訴

教団問題の概略を記せば、以上のようなことであるが、その他に東京別院の離脱、財団法人「真宗大谷派本廟維持財団」の私物化、さらにいまだ未解決の井波別院、神戸別院の問題等も忘れられぬ事件である。

往時を回顧するとき、この至難な数多くの事件をよく克服し、教団正常化の大きな課題を果たし得たと思うと、感慨無量の念一入《ひとしお》である。

想えば三〇年に余る教団問題の歳月の流れとともに、数多くの先達、朋友が、ひたすら教団本来の使命を担い、僧伽の現成を願いつつ浄土に還帰していかれた。今それらの方々を思うとき、「専修正行の繁昌はまた、遺弟の念力より成ず」ということを改めて思い知らされる。数知れぬ方々のご労苦に対し、改めて深甚の敬意を表し、心からなる謝念を捧げる次第である。

同朋会運動をめぐる対立

一九六二年（昭和三七年）、真宗大谷派教団は親鸞聖人の七百回御遠忌を契機として、深い歎異の精神に促されて真宗同朋会運動を展開した。それは「家の宗教から個の自覚へ」というスローガンに示されるように、代々東本願寺の門徒と称してきたものが、自覚的に親鸞聖人の精神に帰り、共にその教えに生きることによって、真の共同体を顕現していきたいという運動である。したがって、この運動は一宗一派のための運動ではなく、教団が「人類に捧げる教団」たらんとしての運動と位置づけされてきたのである。

ところが、その「純粋なる信仰運動」である「同朋会運動」の趣旨が、直ちに教団に徹底されたかというと決してそうではなく、ずいぶんと誤解や偏見、さらには反対意見があったのである。それらの主なものは、

一、同朋会運動は、宗憲上どこに根拠があるのか、さらにあまりにも突然に「真宗同朋会条例」が提

案されるでないか。

右の指摘は、このような重大なことを起こすには、法主の消息か管長の教書が発布されてしかるべきではないか。教団挙げての同朋会運動といいながら、そのような態勢になっていないのではないかという思いがこめられている。
二、「真宗同朋会」という会なら、会長がいてしかるべきである。当然、法主が会長につくべきである。さらに推進員制度は教師制度、すなわち僧俗の分限を混乱させはしないか。
右の主張は、どこまでも法主を頂点に置いた、ピラミッド型の僧侶中心的な閉鎖的な体制に固執する意見である。
三、相続講と同朋会はどのような関係になるのか、屋上屋を重ねる弊害とならぬか。また同朋の会は檀家制度を壊す惧れはないか。
右は、同朋会運動は純粋な信仰運動といいながら、それにこと寄せた宗門制度の伝統破壊的改革運動でないかという意見である。

概略このような意見が出された。これら同朋会運動に対する批判や反対意見は、大雑把に「宗門感情」とか「同朋会運動アレルギー」という言葉で表現されたりしたが、これらの反同朋会運動の根底にあったものは、やはり一つは、法主・管長をないがしろにした施策であるということを口実にし、住職自身が僧侶中心の閉鎖的な態勢の中に安眠を貪っていたかったのであろう。

そしてもう一つは、教学の問題が深く関わっているということを見逃すわけにはいかない。

一九五六年(昭和三一年)四月三日に発布された宮谷法含宗務総長の「宗門各位に告ぐ(宗門白書)」の

「教学について」のところは、「明治のわが宗門に、清沢満之先生がおられたことは、何ものにもかえがたい幸せであった」という言葉で始まり、「絶対他力の大道が衆生畢竟《ひっきょう》の道である事を、現代に明白にされた清沢先生の教学こそ、重大な意義をもつものであることを知るのである」として、宗門行政における教学的立場を明確に示したのである。そしてこの時の教学局長は、ほかならぬ訓覇先生であったのである。

これらの宗務当局の教学の方針は、かつて一九二九年（昭和四年）二月の金子大榮先生の僧籍削除や、その翌年の曾我量深先生の大谷大学の追放などを通し、爾来清沢先生の精神主義とその流れを異端視する宗門状況が続く中で、清沢先生の精神主義を宗門教学の根幹であるという「宗門白書」における位置づけは、教団全体から予想以上の反発が起き、宗門の中に新たに教学的セクトをつくるのかという反感を招いたのも事実であろう。

しかし、一方では一九五六年（昭和三一年）から発足した「伝道研修会」や「伝道講究所」は、全国から集まった気鋭の参加者で活気あふれる状況を呈した。さらにまた、全国から集うた「真宗本廟奉仕団」は、教団再生の動きを象徴するかのようであった。このように教団は、教団の古い閉鎖的な殻を破ろうとする動きと、古い殻のなかに閉じこもろうとする体制とが、二極分解するような方向へと速度を早めていったのである。

教団問題の予兆

一九六九年（昭和四四年）四月二四日、大谷光暢管長が「管長職譲渡の開申」を出す以前に、後の教団問題が予測されるような出来事があった。いわゆる「本山寺法一部改正」問題である。

一九六四年（昭和三九年）、当時部屋住みの身であった光紹新門に首都圏の教化の先頭に立ってもらおうということで、当時の訓覇内局は法主及び新門の内意をとりつけ、その法的根拠を確保するため、本山寺法の一部を次のように改正しようとした。

第十三条に「青年に達した法嗣は、管長の任命により、別院の住職になることができる」という一項を加えようとしたのである。このような法的措置を講ずることは、一般の者なら何の矛盾も感じないことであるのに、この改正案が大問題となるのであるから、よくよく根深い宗門体質があるといわねばならない。

同年二月の臨時宗議会に「本山寺法一部改正案」が提案された。当局はもちろん全会一致で可決されると思って提案したのであるが、与党「直道会」議員の十一人の者が野党と合流し、そのため「三分の二以上の出席した会議で、出席した議員の四分の三以上の多数で議決しなければならない」という規程を満たすことができず否決される。

このときの光紹新門の意向は、「法嗣という地位はおよそ法規によって拘束されるものではない。したがって法嗣が別院住職に就任するからといって何ら法的措置を講ずる必要がない」というものであり、このような「大谷家、殊に法主、新門などの地位は、宗門にあっても法規を超越した存在である」という考え方が後の教団問題の素因となるのである。

その後内局は、議会工作も行いながら、同年六月の定期宗議会に再度提案するが、再び否決され、新門の東京別院住職就任は宙に浮き、訓覇内局はその責任をとって総辞職することとなるのである。

さて、もう一つの問題は、かつて戦後最大の詐欺事件として世間を騒がせた吹原産業事件の吹原弘宣が、東京別院を通して教団に介入してきたことである。それも、こともあろうに内事（大谷家）に密着してきたのである。私がその紛れもない事実を知ったのは、一九六八年（昭和四三年）七月のことであった。その年の秋、法主大谷光暢夫妻が主宰される合唱団「大谷楽苑」が札幌で公演する経費の一切を吹原弘宣が負担するということを、その頃組織部長であった私が耳にしたのである。さらに吹原弘宣は、当時すでに東京別院の「別院振興審議会」の委員または顧問の地位にあったのである。その頃別院の住職は「大谷光紹新門」、輪番は後に本山本願寺の離脱を画した末広愛邦であった。末広と吹原の関係は、戦前に末広が台湾開教監督であった頃、吹原は開教員として従事していたといわれている。

私はただちに「大谷楽苑」札幌公演の件を訓覇宗務総長に報告したところ、訓覇総長は、たった一言「そこまでなっているか」と呟くようにいわれたきりであった。その表情には、もう手の打ちようがないという苦渋に満ちた様子が、ありありと窺われた。

以来このことは誰にも洩らさずにいたが、いずれ容易ならぬことが起こるであろうということは、予測もし、十分覚悟もしていた。

ついにその日がきた。一九六九年（昭和四四年）四月二四日、大谷光暢管長によって「管長職譲渡の開申」が訓覇内局に示されたのである。

それと同時に管長独自に異例の記者会見が行われ、その記事が翌日の朝刊に写真入りで大きく載ったのであるが、やはりかねて心配していたとおり、その記者会見の席に吹原弘宣が同席していたのである。吹原の目的は、いうまでもなく莫大な本願寺財産であって、それは翌年三月、吹原が八億円余を手にしたといわれる、いわゆる「六条山（現東山浄苑）事件」となって現出されてくるのである。

ここで、開申前夜の頃からすると三〇年余にもなろうとする教団問題の経過を年次別に区分して整理しておきたい。

まず第一は、開申前夜から一九七一年（昭和四六年）二月の六条山事件浮上の頃までは、光紹新門と吹原弘宣が中心で教団問題は動いた。その後、光紹新門は間もなく問題の中心からはずれ、法主管長と管長の秘書役を自認する大谷暢道氏及び吹原で六条山の東山浄苑建設が進められることになる。

なぜ光紹新門が浮き上がったかというと、光紹新門の管長就任が教団の予想外に強固な反対に出あい、早期管長就任の見通しが立たなくなったことが直接の原因と考えられる。吹原の思惑は当初、光紹新門を早く管長に就任させ、その新管長を傀儡にして宗門財産を恣《ほしいまま》にしようとしたのである。ところが意外なことに、現職管長が吹原の言いなりになり、東山浄苑建設についての白紙委任状を吹原に渡せば、吹原は既に初期の目的を達したことになり、光紹新門の管長就任は、もはや必要でなくなったのである。

その後、東山浄苑建設には、当初三森言融内局が反対したが、一九七二年（昭和四七年）六月二四日、星谷慶縁内局が成立し、本廟維持財団を事業主体にして、東山浄苑建設が完全に軌道に乗ると、光紹新門の存在価値はまったくなくなり、ついに一九七二年（昭和四七年）二月二八日、三年八か月に及んだ管長職譲渡の開申を大谷光暢管長自ら解消せられるのである。一時は親書を全宗門に配って「開申は親子の情愛によるものである」とまでいわれた管長が、いとも簡単に開申を解消されるということは、親書の内容が偽りであったことの証しであり、教団問題とは「宗門の伝統を護る」とは名ばかりであって、いたずらに法主・管長の座と利権争いばかりが渦巻く有様となっていたのである。

第二は、一九七〇年（昭和四五年）の初めに大谷暢道氏が伊藤忠商事を退職して本山に戻り、以来武内克麿とコンビで即決和解（一九八〇年《昭和五五年》一一月二二日）に至るまで教団問題の中心人物となる。その立場は、改革派との対決資金を調達し、改革派から本願寺を守るためと主張しているが、実際は個人的債務にはじまって、結局身動きがつかなくなったというのが実情であろう。自らの非を詫びて、嶺藤内局と何度も話し合う機会があったのにと思うと、今でも残念に思えてならない。

第三は、その即決和解の前年七月一三日、当時長浜・五村両別院の住職であって、その長浜・五村両別院を宗派から離脱するという声明を発し、それが長浜教区の猛反対にあって不成功に終わるや、次は財団法人「真宗大谷派本廟維持財団」を乗っ取り、長男業成門首と共に宗派を離れた大谷暢順氏である。たまたま教団問題という宗政の混乱があったことを奇貨として、真宗大谷派本廟維持財団の寄付行為を変更し、「財団法人本願寺維持財団」と称し、ひたすら私物化に明け暮れてきたのである。教団の数知れぬ多くのご門徒の懇念に支えられた仏法領のものであり公益法人の財産をどこまで私物化していけるのか、このような不当な行為が成功するはずがなかろう。

管長職譲渡の開申

ここで「管長職譲渡の開申事件」について少々ふれることにする。

ところで開申とは、旧来からの慣習によるもので、宗門法規には全くその根拠はない。法主管長が大谷家などの事柄について、内局に対し知らせる必要がある時、文書で以て意思表示する行為を「開申」と称してきたのである。その開申の内容は、「新しい時代を迎えるにあたり、この際管長職を新門光紹に譲るからその手続きをせよ」という内容であり、大谷光暢管長から時の訓覇信雄内局に示されたのである。これがなぜ問題なのかというと、当時の宗憲第四章「管長及び代務者」の第十六条には、

「管長は、宗議会及び門徒評議員会によって推戴する。

前項の宗議会及び門徒評議員会の招集は、宗務総長がこれを行ふ」

と規定せられているから、これは管長推戴権、すなわち管長に誰を選ぶかという権限を有する「宗議会及び門徒評議員会」の権限を侵す重大な宗憲違反であったのである。

このような事態にいたって、当時の訓覇内局は教団の将来に禍根を残さぬよう一九六九年（昭和四四年）七月一日、内局の諮問機関として「宗制特別審議会」を設置して、万全の対応策を講じた。同審議会は、同年九月四日に中間答申をまとめているが、このとき既に宗派の代表役員は宗務総長に移すとか、法主以外の者が管長になった場合は、任期を設けるなどの素案が作成されていた。内局は、この宗制特別審議会の答申を受けて、管長推戴条例、本山寺法等諸法規の改正案を管長に上申するが、同年一〇月三〇日、管長は宗憲違反の疑義ありとして允裁を拒否する。これが允裁拒否の始まりである。

開申後初の宗議会総選挙

開申以後初めての宗議会総選挙は、一九六九年（昭和四四年）一二月一二日施行された。この総選挙は、宗門史上まれにみる激しい選挙であった。光紹新門自ら陣頭指揮をとって運動に奔走した。その結果は、直道会三一人・大谷議員クラブ三一人・中立三人という伯仲の結果であったが、中立系議員の去就によって与野党が逆転し、訓覇内局は下野することになった。

この訓覇内局の下野によって、教団は改革派と守旧派（法主擁護派）とが鎬《しのぎ》を削る主導権争いを繰り広げることになるのである。

訓覇総長が野に下るとき、宗務所の主だった部長を集め、別れの宴を設けた。ここで訓覇総長は同席した部長に対し、

「事ここに至ったら、皆も辞任して野に下れ、そして一から同朋会運動を始めようではないか」

という話をずいぶん思い込めて語られた。しかしこの時は、宗政を見捨て辞任できるような状況ではなかった。一人でも多く宗務機構の中に留まって、第三者の教団介入を阻止しなければ取り返しがつかないことになるという認識が大方をしめた。しかし、どちらの道を選ぶのが正しいか、誰にも確信は持てなかったが、それでもいよいよ教団は重大な局面を迎えたという悲壮感は、全員の心のなかに漲った。

教団問題全国協議会の結成

訓覇内局の下野によって、教団の現状を憂える全国の同志の危機感は頂点に達し、確か一九七〇年（昭和四五年）二月頃と思うが、京都のある会館に全国の同志が糾合し、活動方針について協議した。意見は二つに別れた。一つは教団がこのような事態になることは、一に懸かって教団に信心が不透明になっているからで、この際我々は宗政から離れて、同朋会運動に命がけで取り組むべきだとする意見。

いま一つは、同朋会運動はいついかなるときでもやらねばならぬ運動である。しかし、今は教団運営のまさに異常な時期である。一刻も早く吹原弘宣や児玉誉士夫といった第三者を排除して、教団を正常な姿に戻さねばならぬ時だという意見で、結局は後者の方針が取り入れられ、やがてその集まりが、三

月一三日の「全国教団問題協議会」略して「教全協」として発足する。しかし、「教全協」発足にいたるまでの経緯は、手元に資料がないので不明であるが、毎日新聞の元論説委員をしておられた木場集三氏や京都教区延仁寺の中川春岳氏や大阪教区の織田昭爾氏らのご尽力によって結成されることになるのである。

したがって教全協の目標とするところは、前述の宗制特別審議会のなかでも論議されたように、法主・管長に独断専行を許さぬ法制の確立、さらに吹原弘宣及び児玉誉士夫などの第三者の徹底排除であったが、それらを実現させる当面の実践目標は、次期宗議会総選挙に圧倒的勝利をおさめることにあったのである。

かたや守旧派（愛宗同志会という組織もあった）は、もちろん管長職譲渡の開申の早期実現であり、いかに改革派を壊滅するかだったのである。

しかし、当時の直道会といい、教全協といい、将来に教団正常化の可能性に確信がもてたのかというと、本音のところは全く見通しはなかった。だからこの教団問題は、まさに百年戦争であろうと、語り合われたことである。それほど当時の法主管長・本願寺住職の地位は、罷免、解任の規定が定められておらず、法制上金城湯池の状態であったのである。

そのような、法主・管長を相手に、全く成算の立たない行動を起こすことは、容易な決意ではすまなかった。

ということは、もし法主管長、大谷暢道氏らに背任横領という刑事事件が起こらなかったら、おそらく改革派の教団改革運動は、力つきて雲散霧消していたであろうことは想像に難くない。教全協運動が万一挫折するや、その首謀者や主だった者は、おそらく僧籍剝奪か重懲戒を覚悟せねばならぬという当時の雰囲気であった。しかし、それでも全国の同志が立ち上がったのだから、同朋会運動で培われた教団荷負の使命感がいかに強かったかという証しであろう。

真宗大谷派職員組合の結成

真宗大谷派宗務所には、以前から「尚和会」という共済と親睦を兼ねた内局員はじめ全職員を対象にした組織があった。しかし、そのような宗務所にも開申が出るや、新しい動きが胎動した。それは宗務所に入所して四、五年という若手職員が、開申を契機として、教団のあるべき姿を学び、その学びを実践していこうという趣旨で、教団問題協議会（教問協）を結成し、開申撤回の運動を始めたのである。

そのような雰囲気のなかで、翌一九七〇年（昭和四五年）二月に名畑応順内局が成立すると、宗務所内は日増しに緊迫感が漲り、反管長、反内局の対立が厳しくなっていった。やがて一部有志の者の教問協が全職員的レベルにまでなり、一九七〇年（昭和四五年）七月二日に前述の尚和会を「真宗大谷派宗務所職員会」と改組し、管長・内局との闘争態勢を整えていくことになる。

一方、内局はこのような事態に対し、人事権を行使して職員会の幹部クラスを地方に飛ばすという戦術を当然のごとく行ってくることになり、事態はいよいよ緊迫し、ついに翌一九七一年（昭和四六年）九月二三日、「真宗大谷派宗務所職員会」を労働組合法による労働組合として結成されるのである。労働組合を結成するには、初代委員長の朽木明暁氏や幹部の人達は、教団において労働組合を結成することの是非について幾度となく議論し、我々も何度となく相談に応じたが、最後は単に職員の身を守るというよりも、教団を護るにはこの道以外になしと決断したのである。

しかし、この決断は誤りではなかった。後の嶺藤亮内局成立に実に大きな役割を果たすのである。

暗黒裁判と六条山問題表面化

一九七〇年(昭和四五年)二月四日に名畑内局が成立するが、それと同時に直道会議員一六人に対する審問院提訴、いわゆる法主の親書を誹謗した罪による重懲戒求刑による暗黒裁判などが起り、教全協や北陸門徒の人達による連日のような弾劾のために、わずか四か月余で退陣することになる。おそらくこのような厳しい弾劾があろうとは、守旧派の誰も予測していなかったことであろう。

親書の誹謗とは直道会が「全宗門に訴える」という議会報告書を出し、その中で、「親書はとうてい法主の文章とは思えぬ。裏で策謀をめぐらしているものがいるのでないか」という指摘をしたのが、俗にいう不敬罪だということになったのである。結局この審問院提訴は不問に終わる。

名畑内局の後をうけた三森言融内局は、一九七一年(昭和四六年)二月、前年末より水面下で進められてきた「六条山問題」がついに表面化してきたのに対して、反対の方針をかためる。この事件は、大谷光暢法主管長がいわゆる吹原弘宣に対して白紙委任状を渡したところから端を発したといわれる事件である。この法主管長が出したといわれる白紙委任状事件については、後に一九七四年(昭和四九年)七月二七日に難波別院の境内地をめぐる白紙委任状事件で、法主が訴えられるという事件が生じたこともある。

法主管長の白紙委任状を手に入れた吹原弘宣は、思うがままに計画を実行し、現在の「東山浄苑」を建設したのである。

この「六条山問題」が表面化すると、宗門挙げての反対運動が展開されるのであるが、結局はそれを押しとどめることができなかった。三森内局は、このような管長の独断専行をゆるした責任をとり、六月の第九一回宗議会で総辞職するが、その際宗門の正常化を目指して「宗憲調査会条例」を提案し成立させる。

「六条山問題」は、まさしく教団の歴史に一つの汚点を残した事件であったが、この事件によって教団問題の本質をあますところなく全宗門に周知徹底できたことは、むしろ幸いであったかもしれない。それは、次期宗議会総選挙で「直道会」が圧勝する一因となったからである。

これ以後、まことに悲しむべきことには、大谷光暢管長・本願寺住職は、四男大谷暢道氏の言うままに、教団の根本法規たる宗憲はじめ諸法規を歯牙にもかけずに無視して、独断専行の限りを尽くし、嶺藤宗務総長をして「管長は為すべきことは一つも為さず、為してならぬことばかりを為さる」といって嘆かしめたのである。

教団の歴史を顧みると、大正時代に惹起したいわゆる句仏事件は、最後には大谷光演法主・管長（句仏上人）が僧籍剥奪になるというところにまで及んだ。このようなことには、当時の教団の法制のもとでは絶対に不可能なことであって、その背景には教団外の大きな政治力が動いて始めて成し得たことであった。

いずれにしても、この句仏事件を契機として一九二九年（昭和四年）「宗憲」が制定されることになるが、その内容はいうまでもなく、戦前のわが国の憲法のごとく欽定憲法といわれる内容のものであるが、それでもなおかつ、この昭和四年宗憲の理念は、一九二五年（大正一四年）一〇月一〇日に発示された、いわゆる伝燈式の御直書を基としているものである。御直書は宗門存立の根幹を三項目に亘って示している。

「（前略）抑々、宗門は御同朋御同行の教団にして、一人の私擅を容れず、故に凡百の施設は、宜しく同朋の公議に基くべし、これ一なり。又、宗門の隆替は信念の厚薄に因ること勿論にして、制度の得失も亦これに関すること頗る大なれば、先づ祖宗伝承の宗義を益々闡明して、醇正なる信心の振興に務め、うちは立宗の本旨に則り、外は時代の進運に鑑みて、速やかに宗憲の補正を遂げ、一派の更新を期すべし、これ二なり。人文日に啓け、世相月に変ずるの時に当り、克く二諦の宗風を宣揚して、以て二世の福祉を図らんと欲せば、宜しくその人を得ざるべからず、故に益々興学の策を講じ、有用の材を養ひ、宗門の根基に培ひ、以て国家社会に貢献する所あるべし、是れ三なり（後略）」

このように「御同朋御同行の教団」と宣明した大谷光暢管長が、四〇余年を経て自らが教団の最高規範たる宗憲を蹂躙して独断専行を重ね、ついには背任横領の罪で告訴を受けるということは、まことに痛ましい限りといわねばならない。今、嶺藤総長の苦衷の決断を想い出しても胸が疼く。

かつて訓覇先生をして、「開申までの法主はまことに名君であった」といわしめた方が、なぜ晩節を汚されたのか。おそらく光紹新門、暢道氏や智子裏方などの無定見で身勝手な主張に抗し難く、いつの間にか管長自身の判断を誤っていかれたとしか思いようがない。特に暢道氏の御乱行には、およそのことは気づかれていたであろうが、溺愛のあまり最後まで暢道氏の言いなりになられた管長の心中を思うと、ともに凡夫の身を生きる者として、また長く宗務役員として仕えた者として、言葉に言い尽くせぬものを思う。

政権奪回の宗議会総選挙

一九七三年（昭和四八年）の宗議会総選挙は、三〇教区の内、一八教区の選挙区において、かつてない熾烈な選挙戦が戦われた。結果は与野党が逆転し、法主、管長の独断専行を許すなという「直道会」が勝利した。

選挙の争点は、いわゆる「管長職譲渡の開申事件」に始まる「教団の選び」であった。開申以来法主管長を頂点におく僧侶中心の閉鎖的な教団に安逸をむさぼるか、はたまた真宗同朋会運動の推進をいのちとする教団を選ぶのか、言葉を変えれば、教団を私物化する立場に身をおくのか、教団すなわち真実なる教法を全人類に広開していく立場につくのか、それともどちらにもつかず傍観するのか、いずれにしても教団に身を置くものが、まさに信行《しんぎょう》両座の選びともいえるような、厳しい選択を迫られたのである。

しかし、この教団問題も世間では「お東紛争」といわれ、守旧派と改革派の権力争いとか、財産争いとかの図式でしか見られなかった。極端な場合は、改革派のリーダーである訓覇の教団乗っとりの野望とまでいわれた。このような見方は、開申事件の当初は教団内外を問わず、教団問題に対する圧倒的多数の人達の見方であった。

それでも宗議会議員の有権者である住職・有教師は、さすがに六条山事件を通して教団問題の本質を理解し、賢明な投票がなされ、直道会が政権与党に復帰したのである。窮地に追い詰められた管長と末広愛邦内局は、宗門人・教団人として、とても考えられぬ未曾有の事を画策するのである。

本山本願寺の宗派離脱の企て

一九七四年(昭和四九年)二月四日、当時の末広内局は、宗務総長退任を目前にして、「宗教法人本願寺規則」の変更手続を行い、大谷光暢本願寺代表役員は、同月七日にその本願寺規則の変更の認証を京都府知事に対して申請した。

その変更の要点は、従来本願寺の責任役員は、真宗大谷派の内局員たる責任役員が、これを兼ねることになっていたのを、真宗大谷派の責任役員を排除して、法主本願寺住職がその責任役員を自由に選ぶことにしようというものであり、これは実際的には本願寺が宗派との関係を絶つということであって、宗派から離脱するという内容のものであり、教団組織の崩壊を意味するものである。

この「宗教法人本願寺規則」の変更認証申請は、同年二月七日に管長より京都府文教課に提出される。これに対して、所轄の京都府庁は事態を重視して窓口預かりという、まことに賢明な措置を講じてくれたのである。

ちなみに述べておくと、当時の宗門の不動産を中心とした宗門財産のほとんど全ては、本願寺財産として登記されており、真宗大谷派の基本財産は皆無であった。したがって、もしこれが逆に宗門財産の全てが宗派の名義で登記されていたら、このような本山本願寺の宗派離脱の計画は、おそらくされなかったであろう。

宗務総長推挙から嶺藤内局成立まで

同じく一九七四年（昭和四九年）二月八日、第九八回臨時宗議会で嶺藤亮宗議会議員が宗務総長に推挙せられるのであるが、懸念されていたように、管長の嶺藤総長任命拒否の異常事態が発生するのである。宗務総長に推挙されてから管長の任命を受けるまでの六〇日余りの間、改革派の同志は、初めて本格的な試練を受けることになった。

なぜ嶺藤総長の任命が拒否されることになったかというと、嶺藤総長が同朋教団確立同志会（一九七二年頃、直道会から名称変更）を名のった頃、その幹事長として活躍された時、教団正常化の政策目標として、三項目を掲げていた。

第一は「法主・本願寺住職の地位は、宗門統一の象徴として崇敬する」

第二は「管長制は廃止する」

第三は「宗派、本願寺の代表役員は宗務総長とする」

というものであった。管長はこの三項目を撤回する表明をしなければ任命しないというのであった。

この三項目は、後に、

一、象徴門首制（法主・管長制廃止）

二、門徒の宗政参加（僧俗二院制）

三、宗本一体（宗派と本願寺）

というような、より理想的な教団革新の構想に展開されてくる。

とにかく嶺藤総長任命拒否のやり方は、まず四月一〇日に嶺藤総長を任命するが、参務は全く任命されない。これでは総長は任命されたとはいっても、内局は成立せず、宗務の執行権は全く機能しない状態である。その辺の狡猾なやり方は、とても一派の法主・管長の思いつくこととは思えない。そのような状況のなかで、嶺藤総長は、

「内局というものは、総長と財務長がおれば成立するものであろう。せめて財務長も同時に任命してほしかった」

と述懐されたが、その総長の言葉の中に、わずか一週間たらずの間の攻防を嶺藤総長がどのような思いで過ごしたか、その心中の一端を窺い知ることができる。

いずれにしても当時、管長の名において為される行為は、大谷暢道氏と側近武内克麿によってそのほとんどが計画され、実行されていたのである。

さらに同月一六日内局成立に至るまでの、嶺藤総長はじめ教全協や宗務所職員組合の者たちの苦労は並大抵のものではなかった。嶺藤総長任命を要求して御影堂門での抗議の座り込みを決行したが、管長は一向に受け入れる様子もない。教全協を主体に全国に呼びかけて、座り込みのための同志の決起を呼びかけるが、そうそう長く続くものではない。当時、七条通り河原町西北の角に旅館「華山」があって、そこに嶺藤亮総長はじめ参務予定の方たちが待機し、同時に教全協の拠点でもあったが、日増しに焦燥感が募るなかで全員が本当に良く耐えたと思う。そのような状況のなかで、宗務所職員組合の同志が連日、内事部の奥（法主の居宅）にまで押しかけ、「即時嶺藤総長任命せよ」の貼り紙をするやら、内事の建物周辺で携帯メガホンで声張り上げて徹底的に要求し、抗議した。それには、さしもの管長も耐えら

れず、ついに総長を任命することになったのであるが、それでも前述のとおり、全内局員を任命しなかったということは、まさに常軌を逸した行動で、当時すでに暢道氏と側近の武内克麿が、処理不能な莫大な借財のため、いかに窮地に立たされていた状況にあったかを物語って余りあるものといえよう。

大谷暢道氏について、一言触れておく。一九六八年（昭和四三年）三月、大阪大学基礎工学部を卒業し、同年四月、伊藤忠商事株式会社電子機器課に入社し、翌年六月三〇日に同社を退職している。開申後二か月足らずのことである。このことについては、管長が秘書役として呼び寄せられたと称しているが、自らの野望をもって教団問題の渦中に入ったのか、確証はないが後者のほうではなかろうか。

それにしても、このように総長と参務を分断して任命したのは、大谷暢道氏の極めて卑劣な偽装作戦であって、まだ嶺藤内局も成立していない最中に早速府庁へ出かけ、

「嶺藤が四月一〇日に宗務総長に任命されたのは、嶺藤が本願寺規則の変更に賛成したからである。だから府庁におかれても速やかに認証していただきたい」

という虚偽の申し立てをしていたことが嶺藤総長に伝わり、翌朝ただちに五辻実誠宗議会議長と共に府庁へ赴き、「この本願寺規則の変更は宗門の大多数のものが反対しており、総長一人が賛成しうるようなもので決してない」と縷縷説明し、さらに我々二人が全責任をもつからと担当官を説得し、嶺藤総長の請け書で「宗教法人本願寺規則変更認証申請」をもらい下げてきたのである。

思えば、このような説得が功を奏するということは、官庁においてはまことに異例のことである。すなわち申請人以外の者が当該書類を取り下げるということは、嶺藤宗務総長と五辻宗議会議長の宗門を憶う至誠の心が、よく担当官の心を動かしたのであろうが、その心からなる訴えによく応えた担当官及び

京都府庁当局の決断も、大局を見極めた見事な識見であったといわねばならない。その当時の担当官の一人山本宣男宗教係長も、すでに亡くなられて久しいが、往時を偲んで心からの謝念を捧げたい。

この後、総長、議長は内事に出向き、管長や大谷暢道氏と厳しい折衝のすえ、どうにか翌一七日になって、前日一六日付けをもって参務全員が任命されるということで決着がつき、嶺藤内局は六〇余日ぶりに成立し、教団は緊急事態の大きな山場を越えたのである。

「宗務職制（条例）」の一部改正

一九七四年（昭和四九年）の五月半ばの頃であった。ようやく嶺藤内局が船出して「本願寺規則変更認証申請」も嶺藤総長の手に収まり、まず緊急事態は回避できたということで、それまで連日のように京都に詰めていた教全協の同志もそれぞれ国元へ帰ってほっと一息ついていたとき、川尻紀総務部長より直ちに上山せよの電話が入る。内容は、定期の議会が目前に迫っているので、一刻も早く部次長の人事を刷新し、嶺藤内局としての態勢をとらなければならぬが、管長の允裁拒否にあってどうにも宗務が進まぬ。お前は自坊でなにをのんびりしているのか、早く宗務所へ出てこいということであった。

私事で恐縮であるが、私は一九七〇年（昭和四五年）の三月に宗務役員の現職を退いて待命出仕（無給で籍だけはある自宅待機のような立場）の地位にいた。なぜそのようなことになったかというと、名畑内局が発足し、部次長及び教務所長の人事異動のとき、当時の福島昭信参務よりいわれ、大谷暢順連枝に会うように指示された。会ってみると、のっけから、

「君はなぜ仙台教区で直道会のための選挙運動をしたのか、宗務役員の分限を逸脱して管長のご意向に背くなら宗務所には居られなくなるぞ」

という威圧的な言い分であった。私は当時、組織部長兼仙台教務所長事務管掌を命じられていたので、「私は仙台教区管内を巡回したとき、どの住職も開申事件のことを心配して尋ねられるので、その説明をしたまでで、選挙運動はしていない」

と答えると、「それが選挙運動ではないか」との言い分であるので、

「それなら私の方も申しますが、今度の開申以来大谷家の皆さんの為されておることは、みな間違っております。だいたい『真人社』は嫌い、『直道会』は気に入らぬなどと言うていては、大谷家の立場は成り立たぬではないですか。大谷家の方々は、まず宗門を無条件で信頼してください。私の言いたいことはそれだけです」

と言うて、席を立って帰ってきた結果が、先程の「待命出仕」、世間的にいえば懲戒解雇であったのである。しかし、そのときの直言が何年かを経て現実のものになろうとは、当時は夢にも思わなかった。話が横道へ逸れたようであるが、当時の宗務所の雰囲気を少しでも察していただければということである。

自坊へ帰ってからは、政権の奪取を目指して、教全協運動に明け暮れる日々であった。いずれ野に下った直道会（この頃「同朋教団確立同志会」となる）が政権を担えば、おそらく再度の勤めをせよという声がかかるであろうことは、予想もし覚悟もしていたのであったが、いざとなるとやはり心がたじろいだ。なぜならば、開申が出た当初から宗門の状況に明るい宗務役員の間では、この教団問題はおそらく「百年戦争」になるであろうということが言われていたからである。なぜそういう見通しになるかというと、

当時宗派の代表役員である管長及び本願寺の代表役員である本願寺住職のどちらも、宗門法規の上では解任または罷免の規程がどこにもないからである。一時期管長は「無答責」の地位であるということがよくいわれたが、これは管長は一切責任を問われない地位であるということである。したがって当然のこと、解任の規程も必要としなかったのである。このような絶対的な権力を有する管長に対抗するということが、たとえ強力な教団世論に支えられていたとしても、いかに無謀であるかということである。

すでに前住職になっていた父にうちあけると、句仏事件を知りぬいている父は、「本山にゆくより仕方がなかろう」という返事であった。総代にも相談したが「貴方の決めたとおりやればよい」ということで、そこでようやく決断して、上山することにした。

さっそく人事の允裁拒否をどのように打開するかが協議されたが、その結果、「宗務職制」（条例）を改正して、人事権は全て宗務総長に移してしまえばよいということになり、直ちに「宗務職制」の一部改正案を作成し、来る宗議会に提案する準備を整えた。

ところが当時の与党幹部から、「せっかく発足した内局だ、今そのような『宗務職制一部改正案』などを提案して、管長と真っ向から対立して宗務の執行に支障がきたしては、いままでの苦労が水の泡となる、ここはどんな苦労があっても忍耐すべし」という強い要望があって、「宗務職制の一部改正案」の提案は見送りとなった。

結局、その時の定期宗議会が閉会と同時の六月二五日になって、ようやく管長の允裁がおり、嶺藤内局の初の部長、教務所長の人事異動が発令されたのである。このような事態は、全く悪質な宗務執行の妨害というほかはなく、一事が万事こうした状況で宗務が行われるという事態が続くのである。嶺藤宗務総長の忍耐は、まさに想像を絶するものであった。

私は内局の方針では経理部長に予定されていたが、暢道氏の不当な人事介入で企画室長に任命された。この頃のことで忘れられぬことは、川尻紀総務部長が病に倒れられたことである。川尻総務部長は夏の頃より体調を崩しておられ、執務がよほどこたえるのか、昼休みのときはほとんど表小書院などで体を横たえて休んでおられた。その姿が今も目に焼きついている。平時のときであるなら、とうに退職して療養に専念しておられたはずであるが、あえて退職願いを出さず、現職総務部長のままで亡くなられた。

川尻総務部長は、十月下旬の頃あたりから京大付属病院に入院された。見舞いに伺うと、「今のような教団では話にならぬ。もっと教団がしっかりならねば」と苦しい病状の中から熱っぽく語っておられた。一九七四年（昭和四九年）一二月二〇日、癌のため逝去された。

川尻総務部長のあの献身的な姿は、今も忘れることができない。ここにそのことを記して、改めて衷心より敬意と哀悼の念を捧げる次第である。

私は、未熟ながらその後を受けて、総務部長を拝命することになった。

「宗務職制一部を改正する条例案」上程

一九七五年（昭和五〇年）の定期宗議会を迎えるにあたって、前年見送った「宗務職制一部を改正する条例案」と、これに関連する四条例案を提案しなければ、管長の允裁拒否に振り回されて、まったく宗務が執行できない状況に立ち至っていた。いよいよ内局主導の行動を起こすことになり、「宗務職制一部を改正する条例案」と、これに関連する四条例案を宗議会に提案することとなったのである。

しかし提案した議案がまたもや允裁拒否となり、議会そのものが開会できず八日間の空転となる。ようやく六月一四日に至って允裁され、悲願の「宗務職制一部を改正する条例案」他、関連四条例案とも多数により可決される。

ところが、予測していたとおり宗務顧問会（管長の諮問機関）に諮問された結果、「宗務職制一部を改正する条例案」等は、宗憲第十九条第五号に違反する惧れがあるので再議に付するのが相当であるという答申がなされ、それを受けた管長は、宗議会に再議に付すべしとして差し戻した。その後内局は再議の議会を招集されたいと上申するが、またもや管長の允裁拒否にあって事は進まず、ようやく一一月一日臨時宗議会の允裁が下り、同月一三日の宗議会において五〇対一一で「宗務職制一部を改正する条例案」他関連四条例案とも再び可決される。内局は直ちに条例の公布を上申するが、またもや允裁はなかった。

この条例案が公布されるのは、一九七六年（昭和五一年）四月一九日、嶺藤宗務総長が管長代務者に就任の二日後、嶺藤管長代務者の名において公布された。同月二一日のことである。

法廷での争い

そのうち年も押し迫った一二月二五日にいたり、北海道教区浄恩寺住職・曾我敏より「宗務職制一部を改正する条例」他関連四条例は、いずれもその議決が無効であるとして、宗派（代表役員大谷光暢）あてにその議決が無効であることの確認を求める訴えを京都地方裁判所へ提起した。この訴訟は、管長にとっては渡りに船であって、応訴して争う必要のないものであるから、やむなく嶺藤総長は、真宗大谷派の責任役員であるからということで、当事者参加を申し立て、曾我敏の請求は棄却さるべきであると答弁し、逆に宗議会の議決が有効であるとの確認を求めた。

この訴訟の帰趨は、浄恩寺が一九七九年（昭和五四年）二月一七日付をもって宗派から離脱したので、宗派と関係がなくなったことから、一九八一年（昭和五六年）三月六日、判決を見ることなく訴えを取り下げた。

しかし、この訴訟が教団問題における初めての訴訟となり、以来一九七五年（昭和五〇年）から一九九九年（平成一一年）までの間、一連の教団問題で起こした民事訴訟の件数は三〇〇件を越えるともいわれ、裁判所で判決にまで至った事件はおよそ二〇〇件余りに達しているのではないかといわれている。

この教団問題に関係する訴訟については、三宅法律事務所（大阪市）の入江正信、山下孝之両弁護士のご苦労とご尽力を忘れることはできない。もちろん多くの訴訟に明け暮れたのであるから、その間、民事の権威といわれた川島武宜先生をはじめ数多くの先生方にお力添えをいただいたことであるが、教団問題の当初から一貫してお世話になった、両先生からいただいたご尽力とご厚誼は、言葉に尽くせない。さらに入江先生には、夥しい訴訟の資料を実に根気よく整理され、「宗門問題に係る判例集（仮称）」をほぼ脱稿されたと聞いている。近く出版の運びとなろうが、このお仕事は、教団においても法曹界においても極めて貴重な資料となることは間違いない。この場をお借りして深甚の謝意を捧げたい。

さて、このような夥しい訴訟のなかで、主だったことを記すと、まず二つの内局事件がある。一九七六年（昭和五一年）四月一一日、管長は嶺藤内局が自らの意に背いて、「宗務職制一部を改正する条例案」他関連四条例案を宗議会に提案したことなどを理由に、嶺藤内局員全員に解任通知を発し、替わりに曾我敏を宗務総長事務取扱いに任命し、曾我内局を組局《そ》させたと公表した。事ここに及んでは、宗憲はじめ宗門諸法規は、在って無き有様で、まことに残念なことながら教団正常化の方途を教団外の法廷の場に委ねなければならなくなったのである。

嶺藤内局は、直ちに内局の身分保全と曾我敏らの職務執行停止の仮処分を京都地裁に申請し、それは京都地裁において認められた。同時に、曾我敏宗務総長事務取扱いの職務執行停止の仮処分も認められた。

嶺藤内局の解任通知のあった四日後、忘れることのできない「宗門危機突破全国代表者決起集会」が御影堂で開催され、四五〇〇人の同志が御影堂を埋め尽くし、教団の不退転の願いと決意を教団内外に示してくれたことであった。

嶺藤宗務総長が、その全国から参集した同朋を前に、

「今日ここにお集まりの皆さんのためなら、この嶺藤の一身はどうなろうともかまわぬ」

と誓われた姿は、今も目に映る。この日の二週間前には、笹川良平氏が大谷の里の手形五億円の内、同氏が回収したと称する四億円を総長に返すというふれこみで現れるなど、宗務所全体に張り詰めた緊張感が漲っていたときであった。そのような時に、この「宗門危機突破全国代表者決起集会」は、宗務所にいた我々をどれだけ勇気づけてくれたか知れなかった。

民事訴訟の焦点

嶺藤総長も内局解任通知まで受けるようになると、それなりの覚悟を決めざるを得ない状況に立たさ

れた。その頃、嶺藤総長が口癖のようにいっていたことは、「教団は生き物だ、だから宗政は一日でも停滞させることはできない」という言葉であった。まるで自らを叱咤激励するような感じであった。そのような方針は、ついに大谷光暢管長に代わって管長代務者をたてるという最後の選択肢にまでいきついたのである。

管長代務者については、当時の宗憲第十七条第一項に「管長代務者を置くべき必要の生じたときは、参与会及び常務員会に諮ってこれを定める」と規程されている。この場合の「管長代務者を置くべき必要」という状況は、どのような時を想定しているかというと、それは管長が三か月をこえて、病気とか旅行とか、あるいはその他の理由によって客観的に管長の職務を行えないときを想定して規程されているのである。それを自らの意思で職務を行わないときも、管長代務者を置くべき必要にあたると拡大解釈して、いよいよ管長代務者を置く手続きに入るのである。

一九七六年（昭和五一年）四月一九日、参与会、常務員会を開いて、嶺藤総長が管長代務者に就任することになった。これより管長権をどちらが掌握するか、民事訴訟の焦点、天王山ともいう戦いが続くのである。

この一連の訴訟は、同年五月二五日、管長側から提起していた「嶺藤管長代務者の職務執行停止の仮処分申請」を認める決定をする。しかし、その一方で内局側から訴えていた「曾我内局の職務執行停止の仮処分申請」も認められた。これは一見相打ちのように見えるが、管長職を確保できないということは、管長の行う職務、すなわち宗議会の招集、開会や条例の公布など重要な宗務がすべて行えなくなるのであるから、この「嶺藤管長代務者の職務執行停止の仮処分」命令は、非常に大きな衝撃であった。

一か月後に控える定期門徒評議員会、宗議会は既に招集がなされておるので、差し当たってその招集で強行することとなったが、将来の大きな懸案課題となった。

嶺藤管長代務者の職務執行停止の仮処分命令の理由の要点は、

「宗憲ないし条例上管長が存する場合において、管長代務者を置くことができるのは、管長が病気等の心身の故障あるいは長期に亘る海外旅行等により長期間その職務を遂行できない客観的障害が存する場合にかぎるのであって云々」

というものであって、管長が忠実にその職務を行わないからといって、管長代務者を置けると解するわけにはいかないというのである。これは、やはり教団の法制の不備、すなわち管長に実権を与えておいて、解任規定を設けておかなかったことによるものであろう。

刑事告訴

大谷暢道氏については、一九七四年（昭和四九年）の秋の頃より、手形の発行やら、多額の借財を面倒な筋からしているなどの噂が流れてきた。年がかわり一九七五年（昭和五〇年）の九月の頃「骨肉の争い」で新聞沙汰になった、いわゆる「真宗本廟維持財団」理事長ポストの奪いあいが起こったのである。この様子を見たとき、暢道氏はよほど金に困っているのであろうと想像された。その年の春、光見新々門得度の祝賀会のあと、暢道氏と二人きりで話をしたとき、

「なにかお困りのことがあれば、内局に相談されたらどうですか」

と、ずいぶん時間をかけて説得したことがあったが、

「君達に心配されるようなことは何もない」
という、そっけない返事であった。

ところが、さらに年がかわり一九七六年（昭和五一年）二月半ば過ぎ、当時総務部長の私に大和郡山市の某氏から、緊急に是非会いたいという申し入れがあり、直ちに会見した。そこで暢道氏の「大谷の里」の計画書を渡され、大体の内容を聞いたのである。そのときの率直な気持ちは、相当な手形も振り出されているので、この始末が教団として大変だなという思いもちらっと脳裏をかすめたが、それよりも、これでようやく教団問題の解決がつくかと思うと、嬉しさが込み上げてくるのを禁じ得なかった。それは、いくら暢道氏が厚顔であっても、これだけの不正行為が発覚すれば、一切の非を認められるであろうという予測によるものであった。

直ちに内局にその報告を終えたとき、嶺藤総長も本多財務長はじめ各参務もみな同じ思いであった。嶺藤内局発足以来、はじめて宗務総長室にホッとした雰囲気が漂ったのであった。居合わせたもの、誰一人としてこれから教団問題の本番が始まるとは思わなかった。それほどこの教団問題は世間の常軌を逸したものであった。

本多敬虔財務長が、直ちに「大谷の里」の証拠書類を携えて内事へ出かけると、内事の応接間には暢道氏のほか三、四人の暴力団関係とみられる人物がいて、暢道氏は完全に居直り、とても正常な話はできなかったということであった。

このような教団問題の泥沼の状況が、嶺藤宗務総長をして、刑事告訴しか解決の道なしとの思いを固めることになったのである。

そして、ついに同年六月四日には、宗議会の開会中に、本願寺財産である聖護院別邸が、五日には同じく大谷専修学院の修練舎の土地が、教団所定の手続きを一切行わず、大谷光暢本願寺代表役員及び大谷暢道氏らの独断行為で所有権移転登記がなされていたのである。

嶺藤宗務総長は、即刻重大な決断をして同月九日、「緊急事態対策委員会」を招集し、大谷光暢本願寺代表役員及び大谷暢道氏を業務上背任横領の罪で告発する旨を諮り、同委員会の同意を得て、直ちに京都府警捜査二課に弁護士を通して告発したのである。

しかし、この決断は、相当以前から大谷暢道氏の無軌道ぶりの行状が噂されていたため、教団問題最後の決め手は、残念ながら司直の手に委ねるしか道がないということは、総長も我々も密かに考えていたことであった。この告発（後に告訴）から京都府警が京都地検に書類を送検するまでの二年一か月の期間は実に長く、まさに待つ身の、一日千秋の思いであった。私自身も取り調べの調書を取られに七、八回府警に足を運んだように思う。月に一、二度は府警に足を運び、担当警部に捜査の進捗状況を尋ねて、早く進めてくれるよう何度となく申し入れたが、なかなか進まなかった。

捜査が遅々として進まなかった理由は、警察には本来民事不介入という原則があるらしく、警察の方からは、大局的に見れば、この世間を騒がす教団問題も、単なる教団内部の内輪喧嘩でないかという見解が相当の期間続いたように思われる。

そしてまた、考えてもみれば、日本の伝統教団の中の大教団の真宗大谷派の法主・管長を、あまりに簡単に書類送検できるものではないということは、社会的影響の重大さからみても、無理からぬ面があったようでもある。後になって判ったが、これくらいの政治的、社会的に影響を及ぼす事件ともなると、法務省刑事局・最高検・大阪高検及び京都地検など合同会議を行い、意見統一がなければ書類送検などはできないことになっているらしい。その頃はそのような検察機関の内情を知らないため、京都府警に対して強い不信感をもったものである。

そうこうしているうちに、翌一九七七年(昭和五二年)早々に、旧臘二八日に、大谷光暢本願寺代表役員や暢道氏によって、当時の宗務総長役宅周辺の一三五四平方メートルの土地、及び山科別院隣接地七一〇平方メートル(いずれも本願寺所有)の土地を所有権移転登記していることが内局の調べで発覚する。

さらに同年一月一三日、大谷の里に関わる手形の債権者が執行官と共に内事を訪ね、宗宝の収蔵庫の開放を求め、「御伝鈔(康永本)」(重文)はじめ一四点の宗宝を差し押えられた。

そのように教団問題が日増しに緊迫化していくなかで、嶺藤宗務総長は一九七八年(昭和五三年)三月一五日、最後の意を決するかのように「管長推戴」の議会を招集、一方管長は、同月一七日嶺藤宗務総長の「得度を取り消す」と発表し、その一方では同月二六日に竹内良恵氏が管長に推戴され就任する。月変わって四月一日には、竹内良恵管長は、大谷法主が得度を取り消したという嶺藤宗務総長を宗務総長に任命すると同時に、内局員をも任命するという、まことに混沌とした教団状況が現出された。そのような教団状況が国会でも問題となり、時の法務委員会で、東本願寺教団問題について質疑がされるようになり、政府委員の刑事局長や刑事課長が捜査状況の追及を受けるような事態にまで立ち至ってきたと聞いている。

そのような状況の中で、六月の中旬、京都府警捜査二課から、総務部長の私に呼び出しがかかった。何事かと思ってかけつけると、府警本部長室に通され、本部長からの確認の質問があった。その要点は、

「大谷派は今度の刑事告発をどのように考えているのか、すなわち法主・管長と和解の手段として考えているのか、法主・管長を刑事責任で被告席に立たしてもやむを得ぬと考えているのか、嶺藤総長は一体どのような肚でいるのか」という尋ねであった。私はすぐさま、

「総長は法主・管長を刑事被告人にするのが本意ではありません。しかし宗門正常化のために、今はその刑事責任を徹底的に追及するしかないと決意しています。もう教団の混迷は限界にきています。本部長さん、一日も早く地検に書類を送検してください。もし私の言うことが信用できぬようなら、直ちに嶺藤総長名でこの趣旨を上申書にして提出します」

と返答すると、本部長は、

「いや、いまの話でよく判った。私も間もなく定年退官する。なんとか努力してご期待に添うようにしましょう」

という返事であった。そのときのことを想うと、真の闇の中に一条の光を見た思いがした。帰るやいなや嶺藤総長に報告し、

「府警は今度は本腰をいれて動くから、こちらも早く新宗憲の素案作りを急がねば」

ということを進言した。

そのことがあって二、三日後、府警二課の捜査官が宗務所に来所し、嶺藤宗務総長と本多敬虔財務長に対し、管長、暢道氏の背任横領事件の事情聴取を行いはじめ、捜査は急転直下進展しだした。私は教団問題の結末の日のそう遠くないことを感じたので、総長に要請し、古賀制二、宮部幸麿、不破仁の三氏を主査に迎えて、新宗憲素案の作成にあたるため、総務部長から「宗門法規整備室」参与に回り、き

たるべき日に備えることになった。

府警本部長は、自身の発言を違えず、翌七月六日、法主・管長及び暢道氏を京都地検に書類送検した。

それ以来、法主管長の宗派離脱宣言や一九七四年（昭和五四年）の分裂報恩講やら、いろいろの出来事があったが、水面下では着々と即決和解の機運は熟しつつあった。

嶺藤宗務総長は、その辺の微妙な政治情勢と自己の任務の全うしたことを的確に判断し、一九八〇年（昭和五五年）六月一八日、総長辞任を表明して、五辻実誠新宗務総長へと、実に鮮やかに内局更迭を果たしていったのである。

即決和解

六月二〇日、五辻内局が成立するや、武内孝麿、克麿兄弟が逮捕され、ついに同年一〇月一日検察合同会議が行われる。法務省刑事局・最高検・大阪高検及び京都地検の起訴を前提にした最終段階の合同会議である。その緊迫した中で、一方では和解の準備が進められていたのである。

一一月四日、大谷光暢法主・管長・本願寺住職の全権を委任された内藤頼博弁護士から正式の話し合いの申し入れがあり、それを受けた内局は宗務諸機関にはかり、和解の基本合意が成立した。それ基づき五辻内局は、一一月一二日、京都簡易裁判所に「即決和解」の申請を行った。

即決和解とは、裁判所に申請して行うものであって、その和解は確定判決と同等の効力を有するとされている。

一一月一四日の基本合意の内容は、大谷光暢法主・管長は、

一、嶺藤内局以来当局の行ってきた全ての宗務行為、及び宗議会、門徒評議員会が議決し、または承認してきたあらゆる事柄を有効であると承認すること。
二、大谷派及び本願寺の代表役員は宗務総長に移行すること。
三、各別院の代表役員を輪番に移行すること。
右の三項目を認められたということである。

これによって、大谷管長は同月一九日臨時宗議会を開会するよう同月九日に招集した。

この宗議会において、前記の実現のための最小必要限度の改正、すなわち「宗教法人『本願寺』規則」「宗教法人『真宗大谷派』規則」及び「本山寺法」（条例）のそれぞれ一部を改正したのである。

この規則等の改正成立によって、内局側（申立側）は、
一、相手方大谷光暢、同大谷暢道の両氏を被疑者として京都府警及び京都検察庁に行った告訴及び告発を取り下げる。
二、相手方三名が本願寺名義で負担した債務について、内局においてこれを処理することを約諾する。
三、相手方大谷光暢氏に対し、真宗大谷派及び本願寺の全僧侶及び全門徒の最高の地位にある大谷光暢氏を保証するとともに、その地位に相応しい宗制上の処遇をすることを約諾する。
という右の三項目が付け加えられ、同月二二日、即決和解が成立する。

この即決和解の申立人は、五辻実誠宗務総長、竹内良恵管長、古賀制二宗議会議長及び嶺藤亮前宗務総長の四氏であり、被申立人は大谷光暢法主・管長、大谷暢道氏及び大谷智子裏方の三氏である。

右の即決和解の和解条項を決定するため、最も困難を極めた点は、管長や代表役員など世俗の権限は、

内局側の要求に従うが、宗教的権限として「宗意安心の正否の判定権」は、大谷光暢氏のところに残すようにという主張であった。これらの折衝は内事方の内藤頼博代理人と電話でもってなされたが、「宗意安心の正否判定権」を与えられないことを納得してもらうため、七、八時間も要したように記憶している。結局、「真宗大谷派及び本願寺の全僧侶及び全門徒の最高の地位にある大谷光暢氏を保証する」という文言を挿入することで、ようやく結末がついたが、なにか釈然としない思いが残った。

このように「宗意安心の正否判定」を、家元制度の「免許権限」と同一視して見られるようなところに、この教団問題の本質が如実に語られているように思えてならない。

門首の離脱

即決和解の成立以来、なおさまざまな事件が次々と起こり、完全な教団の姿を見るには、道いまだ遠しであった。

一九八一年（昭和五六年）六月一五日、東京別院が離脱。

一九八四年（昭和五九年）三月五日、国宝坂東本「教行信証」の所在が不明になる。

一九八五年（昭和六〇年）一〇月二二日、大谷光暢門首、大谷智子裏方および大谷暢道氏等が「即決和解」の放棄を宣言し、その無効確認訴訟を起こす。

一九九二年（平成四年）四月一七日、財団法人「真宗本廟維持財団」（この時既に本願寺維持財団に名称変更済み）大谷暢順理事長が近鉄デパートの底地売却を発表。

これらの一連の流れのなかで、財団法人「真宗本廟維持財団」の問題が大きく浮上してきた。この財団問題は、今に始まったことでなく、嶺藤内局発足当初から、総長、財務長を「真宗本廟維持財団」の理事として就任せしめるよう、殊に門徒評議員会が強く主張してきた経過がある。その教団世論に対し、大谷暢順理事長は財団を私物化するため拒否し続けたのである。

この財団は、その名のとおり真宗本廟を維持することを目的に大正元年に本願寺所有土地を基本財産として寄付し、さらに当時の門徒が格別の懇志を寄進して設立したものである。

したがって財団と宗派は、まさに不離一体の関係の下に運営されてきた。宗派の宗務総長及び財務長は、必ず財団の理事の職を兼ねていたのである。ところが、一九七四年（昭和四九年）二月、末広愛邦宗務総長が退任してから後は、大谷暢順理事長は、宗務総長、財務長はもとより、理事、評議員の役員、職員すべて側近の者ばかりで固め、文字通り財団を完全に私物化してしまったのである。

六条山事件以来、二〇数年来財団の正常化が叫ばれ続け、大谷暢順理事長は、その弾劾の世論が我が身の地位の存亡にまで及ぶと察知するや、一九九六年（平成八年）一月三一日、門首業成氏や一族と共に宗派より離脱することを宣言したのである。

今や財団正常化の道は容易ではないが、このような公益法人を私物化することを、社会世論や教団世論、さらには監督官庁もそれを許すはずはなかろう。

教団正常化の達成

この大谷暢順氏一族の宗派離脱により、大谷家に宗門統治の宗主権があるとして、同朋の願いに背き続けた方たちは、全て自ら教団を去っていかれた。継承順位の上で、最も近い地位にあるのが、大谷光暢前門首の三男、大谷暢顕氏であり、次期門首は「内事章範」の定めるとおり、同年七月三一日第二五代門首に就任された。この門首就任の受諾にあたり、

「門首就任はお受けするのも苦しみ、お断りするのも苦しみ、どちらにしても苦しまねばならぬのなら、宗門の皆さんのご要望に添ってお受けいたします」

と人間味あふれる感想を述べられた逸話は、教団内外から温かい共感を呼んだのである。

同年一一月二一日、全国の同朋の祝福を受けて、「第二五代門首継承式」に臨まれた。

「私も親鸞聖人の門徒の一人として、門首の職務に勤め、聞法に励みたい」

と自らの心境を述べられ、続いてまた、

「私は体に障害があるから、まず御真影始めとして両堂の御崇敬を中心にして、勤めてまいりたい」

と述べられ、これまでの門首が人任せであったお仏供のお供えを自らの手で行われておられる。継承式に遠近から参列した一万数千の人々は、このような門首を迎え、一様に喜びを共にしたことである。

内なる宗門体質の克服

今改めて教団問題を回顧するとき、我々が失ったものは、あまりにも大きなものであったと思わずにはおれない。

一九七九年（昭和五四年）二月一三日、真宗大谷派と被包括関係を廃止するという、いわゆる普通寺院からの離脱第一号が出現した。それ以来三一一箇寺の離脱寺院が現存する。一度離脱して宗派に復籍した寺院は一八箇寺である。離脱寺院の問題は、教団問題が派生的に現出した事象であるが、住職のま

ことに勝手な独断で離脱し、このことのためにどれほど多くの人が心傷つき、その後の復籍のために後継住職や当該門徒の方々が、どれほどの苦労をされたことか、我々はそのことを決して忘れてならないと思う。いまだ復籍を願って機縁の熟するのを待っておられる寺院もあろう。それらの寺院の復籍の一日も早からんことを願う。さらにまた、教全協運動をはじめ、教団正常化のため、どれほどのエネルギーと資金が費やされたことであったろうか。しかし、俗にお東戦争といわれた教団問題も、それは単なるセクトの争いではなかったはずである。しかし、一方では「教団問題は信仰運動になり得なかったではないか」という厳しい批判がある。

教団問題の最中に、互いが指摘しあったことであるが、それは「どれほど本山の中枢を改革してみても、法主と少しも変わらぬ体質の全国の住職が変わらねば、教団革新はあり得ないではないか」ということであった。まさに我々の自らの内なる宗門体質の克服こそ、教団問題をとおして一人一人に与えられた根本課題であろう。新宗憲において教団存立の本義として見いだされた「同朋社会の顕現」という願いに立って自信教人信の誠を尽くす他に道はない。

すでに蓮如上人は、「一宗の繁盛と申すは、人の多く集り威の大なることにてはなく候。一人たりとも人の信を取るが、一宗の繁昌に候」と明示されている。

また清沢満之先生は、「況んや大谷派本願寺は、余輩の拠って以て自己の安心《あんじん》を求め、拠って以て同胞の安心を求め、拠って以て世界人類の安心を求めんと期する所の源泉なるに於てをや」と教団存立の使命を宣明しておられる。

しかし最後に憶うことは、明治の「白河党宗門改革運動」は挫折したことが危機感となって、浩々洞の僧伽を現成し得た。そのことを思うと、我々は教団問題を正常化して、もしそこに胡坐をかけば、せっかくの正常化を無為にして、教団をかえって危うくするといわねばならない。

訓覇先生は、真宗同朋会運動を身をもって実践された中から「教団にいろんな事件が起きるのは、なんら危機ではない。教団に危機意識がなくなったときが、本当の危機だ」と示されたことを、心して忘れてはならないと思う。

（『訓覇信雄論集』第三巻所収）

（佐々木和子・画）

訓覇先生の差別発言の背景とその課題

訓覇先生との出会い

訓覇先生との出会いは、一九五六年（昭和三十一年）に、真宗大谷派宗務所にご縁をいただいて、一年半あまり過ぎた頃、訓覇教学局長所管の教学部に移ってからのことである。それ以来、訓覇先生が亡くなられるまで、いや、その後今日までもずっと宗務にかかわっている。

今その歩みを回顧するとき、訓覇先生のお仕事のあとを思い起こすようで、まさに感慨無量である。嶺藤内局の下で総務部長の任に就いていた頃、教団問題の紛糾、混乱がその極に達した時には、もうこれで駄目かと思ったことが、何度あったか知れない。さらにまた、宗務総長時代の頃にも、苦境に立たされるたびに思ったことは、「訓覇先生にさえ遇っていなければ、こんな苦労をせずとも済んだのに」という身の不運をかこつ思いであった。

しかしまた、先生によって主体的に生きる人生、つまり求道の道を歩むことを教え与えていただいたことは、何ものにも替え難い幸せであった。

まことに訓覇先生との出会いは、まさに先生に対する信順と疑謗の常恒不断の闘いであったと思えてならない。

思えば、近年ことに戦後の真宗大谷派教団において、訓覇先生ほど僧伽《サンガ》の現成を願い続けて、常に指導的立場に身をおかれ、文字どおり不惜身命の生涯を尽くされた方は、ほかに見当たらないといっても過言ではなかろう。

訓覇先生は、深い歎異の精神から「宗祖親鸞の門徒一人もなし」という漸愧の念に立って、教団再生のための真宗同朋会運動を提唱し、その運動に生涯を尽くされた方である。訓覇先生との出会いは、同朋会運動との出会いでもあった。

訓覇先生の差別発言の背景

訓覇先生の差別発言は、一九八七年（昭和六十二年）、真宗同朋の会推進員連絡協議会全国集会の講演においてなされた。

かつて、一九六九年（昭和四十四年）の難波別院の輪番の差別事件が、部落解放同盟の糾弾となり、その回答書の中で、

「今回の難波別院の輪番の差別事件は、輪番個人のみの問題ではなく、その輪番を氷山の一角として教団自体に深く根差している教団の本質的な大問題であります。つまり教団内に差別者がいたという事ではなく、教団自体が差別教団であったのであるという点が明確にわれわれに知らされてきたのである」

という回答をされた訓覇先生が、なぜ信仰と差別の問題が無関係であるかのような発言をされたのか、非常な驚きと同時に、何か釈然としない思いを抱いたのは、私ばかりではあるまい。

その先生の差別発言の中で特に問題とされるのは、

「この頃は同和とか靖国とか、よく問題になっとるそうですな。そりゃけっこうな話だが、僕はそういうことやっとるひまがない。『自己とは何ぞや』ということがわからんのにね。同和が何か靖国がどうと、僕にはいう資格がありませんよ。もっぱら『自己とは何ぞや。是れ人生の根本的問題である』――清沢先生の仰せを、どうせもう長く生きられませんから、今しばらくその道を歩きたい、こう思っているわけです」

との内容である。

このことはいうまでもなく、単なる先生個人の差別発言ではなく、その背景は実に広く実に深い。真宗同朋会運動がなぜ起こされねばならなかったかということが、改めて問われているからである。

僧伽《サンガ》の現成を願った教団の歩みと清沢先生の精神主義

そこでまず、同朋会運動の歩みをとおしてその背景を探ってみたい。

さて、真宗同朋会運動発足の原点ともいうべきものが、一九五六年（昭和三十一年）四月、宮谷法含宗務総長の名で示された「宗門各位に告ぐ」の宗門白書にあることは、広く知られているところである。そのとき訓覇先生は、教学局長の重任におられた。その白書の「教学について」の箇所を掲げれば、

「明治のわが宗門に、清沢満之先生がおられたことは、何ものにもかえがたい幸せであった。先生の日本思想史上における偉大な業績もさることながら、大谷派が徳川封建教学の桎梏から脱皮し、真宗の教学を、世界的視野において展開し得たことは、ひとえに、先生捨身の熱意によるものであった。先生の薫陶を受けて幾多の人材が輩出し、大谷派の教学は、今日に至るまで、ゆるぎなき伝統の光りを放って

いる。これは正しく宗門が誇るに足る日本仏教界の偉観である。

真宗の教学を、世界人類の教法として宣布することは刻下の急務である。そのためには煩瑣な観念的学問となって閉塞している真宗教学を、純粋に宗祖の御心に還し、簡明にして生命に満ちた、本願念仏の教法を再現しなければならない。このとき如来と人間の分限を明らかにすることによって、絶対他力の大道が衆生畢竟の道であることを、現代に明白にされた清沢先生の教学こそ、重大な意義をもつものであることを知るのである。

『我々が信奉する本願他力の宗義に基き我々に於いて最大事件なる自己の信念の確立の上に、其の信仰を他に伝える、即ち自信教人信の誠を尽すべき人物を養成する』とは先生の有名な、真宗大学開校の辞であるが、これはそのまま、宗門教学の根幹を示す言葉であると非常な決意のほどを全宗門に訴えている。

さらにまた、翌一九五七年（昭和三十二年）十一月には、教化研究所編「清沢満之の研究」（『教化研究』別冊）が満を持したかのように刊行せられている。

これらを見れば、いかに教団再生の同朋会運動が、清沢先生の精神主義を基底として、展開されたかということがよく理解できるのである。

そして、いよいよ真宗同朋会運動の発足をみることとなる。

真宗同朋会運動の発足

訓覇先生は一九六二年（昭和三十七年）、第七〇宗議会において、真宗同朋会発足の「歴史的必然性並びに思想的根拠」について次の三点を挙げている。

一、同朋会の生まれなければならない必然性

近代ヨーロッパが果たし得なかった真の人間の自覚を明らかにし、現代の人類の課題にこたえる。すなわち意識の深層に根差す自我意識から、人間を純粋かつ根源的に解放する運動である。

二、教法社会の確立

人類の真の共同体の原形としての信仰共同体を確立することによって、現代社会の要請に応える。その第一歩が同朋会の発足である。

三、教団内部構造からの必然性

農村社会から工業社会への急速な移行と家族制度の法律的廃止という社会状況の変化を踏まえ、家の宗教から個の自覚へ向けて、新しい組織形成の一歩を踏み出す。

さらに同朋会運動発足の願いとして、

真宗同朋会運動は、「純粋なる信仰運動」である。それは従来単に門徒と称していただけのものが、心から親鸞聖人の教えによって信仰にめざめ、代々檀家といっていただけのものが、全生活をあげて本願念仏の正信に立っていただくための運動である。その時寺がほんとうの寺になり、寺の繁盛が一宗の繁盛となる。

しかし、同朋会は、単に一寺、一宗の繁栄の為のものでは決してない。それは「人類に捧げる教団」となるための運動である。世界中の人間の真の幸福を開かんとする運動である。

と高らかに謳いあげている。

このように真宗同朋会運動の流れを見てくると、その根底には訓覇先生の現代の危機と教団の危機を超克せんとする志願と、さらにまたその危機を超克する唯一の道が、清沢先生の精神主義、すなわち、真宗の教法によるしかないという確固たる信念が伝わってくるのである。

先生に言わしめれば、「現代の危機は、即ち近代の行づまりであって、人間が中世の神の奴隷から解放されたといっても、結局人間は理性の、仏教の言葉で言えば分別の奴隷になっている。つまり人間が人間を失っている。人間が人間ということを分からなくなった。そして、そのことが教団においても不透明になっている。これが危機の実態ではないか」といわしめる。

同朋会運動が問い直される

このような教団再生の願いと理念を掲げて発足した同朋会運動であるが、一九六七年（昭和四十二年）の難波別院輪番の差別事件の発生、国会における「靖国神社国家護持法案」の動き、さらに一九六九年（昭和四十四年）四月には、いわゆる管長職譲渡の開申が出て、教団は内外から実に厳しくその存在基盤を問われることになる。

その結果、教団内部からの自己批判として、同朋会運動には教団の抱える差別体質や靖国問題を通して浮かび上がってきた教団の戦争責任問題などが、全く欠落していたのではないかという、同朋会運動に対する反省も高まってきた。

現に私自身にとっても、難波別院輪番の差別事件に対する部落解放同盟の糾弾は、実に強烈な体験であり、それまでの部落差別に対する認識を一変するものであった。

一九六九年（昭和四十四年）八月二十五日に部落解放同盟の代表が東本願寺に来られて、第一回の糾弾会が開かれた。私も組織部長としてその糾弾会に出席した。

糾弾会の場で、難波別院輪番という宗門の中の指導者的人間が差別発言をするという、このような宗門の現状についてどう思うかということを、糾弾を受ける者全員が一人一人答えていった。私はそのとき、同朋会運動というものが、それまでの教団の権威的な封建的な体質を打破していったということは事実であったし、念仏者が一人から一人へと生まれてきて、共に御同朋御同行と呼び合う世界が実現していたということも実感していたことから、

「宗門にも抜き難い封建的、差別的な体質はあるけれども、同朋会運動という信仰運動を押し進めていけば、おのずからそういう問題は克服できると思う」

と答えた。

その私の発言に対して厳しい糾弾がなされた。すなわち、

「お前たちのいう同朋会運動というのは、何をどのように運動しようというのか、同じ教団の中にありながら、その教団の仲間から同和関係寺院や部落の者がどのような差別を受けてきたか、それを知っておるのか。このような差別を無視して、それが同朋会運動か、親鸞聖人の教えはそのようなことが許されるのか」

という趣旨の、まことに厳しい、部落差別という現実を踏まえての糾弾のまえには、一言も返す言葉がなかった。ただただ自らの現実認識の甘さと同朋会運動に対する理解の不徹底さを、身にしみて知らされたことであった。以来、内なる信心の問題と現実の問題とのかかわりは、私の基本的な問いとして絶

えることなく現在に至っている。

大谷派同和会の建議書における批判

難波別院輪番の差別事件の発生を契機として、一九六九年(昭和四十四年)八月九日、部落解放同盟からの厳しい糾弾に先立って、大谷派同和会から概略次のような建議書が時の訓覇信雄宗務総長に提出された。

(前略)このときに際し人間疎外よりの回復、人間尊厳の確立はいよいよ祖師の思想と信仰に立つしかないという反省が同朋会運動の展開になったということでしょう。

しかるに教団内部の実情は依然として真宗の名における非真宗的現生をもちつつ「真宗」と称してきた積弊のなかでまだあやまった現実についての直視と反省がなされていないのであります。内に自らを問うことなくして何を世に問わんとし、何を応えんとするのか。(中略)

また、一派において大正十五年真身会として出発以来、一般宗務と別立して同和会がいま設けられてある所以は、教学の基調は共にしつつも、その積極的展開は同和運動を通してのみ、より鮮明になるとの緊要の認識に立ったからであります。

この基本的認識と問題意識の浸透を欠くところには、当然反真宗的差別意識を温存する閉鎖性に堕落し、現実を遊離した高踏的教学姿勢はあっても客観的には、差別を合理化し、再生産することに終始する恐るべき役割を果たす結果になることを指摘せざるを得ません。

今、部落解放同盟全国中央本部より厳しい指摘をうけつつあるA難波別院輪番の不肖事件は突発的に発生した偶然ではなく、起こるべくして起こり、あるべくしてあった一派に充満する反真宗的差別的感情の温存の事実が発覚したに過ぎません。（後略）

との趣旨が述べられて、具体的実施事項として次のものが徹底的実施をされるよう要請された。

一、親鸞精神に基づく同朋教団の確立
一、非真宗、反真宗的事象の徹底的点検と排除
一、教団内部の身分制撤廃
一、寺院の実情に基づかない割当制の廃止
一、寺院住職の差別撤廃
一、同和問題に対処し得る教学体系の確立
一、同朋会運動における同和運動の位置付け
一、同和問題を教師研修の必須課程とすること
一、宗務職員の同和問題研修
一、教師・社会福祉・教護活動の点検　　以上

このような建議書によっても明らかになったことは、確かに同朋会運動の発足に当たって、十分な教団史の検証と問題点の点検が欠けており、それが運動の中の課題として見落とされていたという事実である。

しかし、訓覇先生が常に言われたように、

「同朋会運動は大学や研究所から生まれたものではない。少なくともなにがしかの実践をとおして生ま

れてきたものである」

と言われているように、真人社運動、親鸞聖人の七百回御遠忌という教団の大きなうねりの中から、勢いにのって生み出されてきた同朋会運動であるから、きわめて大事な見落としがあったとしても、それは致し方のなかったこととしても、今後については、近代教団史の検証を全力をあげて急ぐ必要があると思う。

むしろ、差別や戦争責任の問題などは、ある意味では同朋会運動を進めたからこそ教団の本質的課題として見いだされてきたといってもよく、もし同朋会運動がなかったら、ただ同和問題、靖国問題対策だけに終わったであろう。

そしてまた、それらの課題は現に運動を進めるなかで、新たな取組み課題として、位置付けられていったのである。

一九七一年（昭和四十六年）七月一日、宗務所に同和部が設置され、一九七七年（昭和五十二年）五月には、さらに拡充強化するため、同和推進本部が設けられたのもそのことを物語っている。

ところが、まことに残念なことには、同朋会運動の進展を阻むようなかたちで、管長職譲渡の開申、すなわち「教団問題」が惹起してくるのである。

同朋会運動発足十五周年大会

教団問題の紛争が日増しに強まるなかで、一九七六年（昭和五十一年）四月十五日、本山御影堂において「宗門危機突破全国代表者決起集会」が開かれ、じつに四五〇〇人が集まって、管長退位・宗務の全権を内局に移すことなどを決議された。

「(前略) じつに大きな問題をその内部にはらんでいる本願寺の危機は、決して本願寺だけの危機ではなく、日本文化そのものの危機である (後略)」

との有名な野間宏氏のメッセージが寄せられた決起集会である。

その翌年には、同朋会発足十五周年の大会が、立教開宗記念日の四月十五日を期して、これまた本山御影堂において満堂の参加者を迎えて開かれることになる。

高史明氏の「念仏よ興《おこ》れ」という、満堂の全員が心から感激し、決して忘れることのできない、あの講演があった大会である。

そしてそこで、三つの項目が同朋会運動の実践項目として採択された。三つの項目というのは、

一、古い宗門体質の克服

二、現代社会との接点を持つ

三、真宗門徒としてのあかしと実践

という三項目である。

ここで改めて確認されたことは、信仰運動としての同朋会の目標というのが、単なる信仰運動のための「同朋の会」つくりにとどまるのではなく、歴史的課題として教団が有する「古い教団体質」、つまり我々が体質として持つところの封建的、閉鎖的な体質の克服や、さらに差別や人権、平和、つまりいのちの尊厳という課題をとおし、現代社会との接点を常に持ち続けようということが、全教団的に確認され、真宗同朋会運動は「全人類に捧げる教団」の運動として、新たな広がりを持つことになるので

ある。

戦争責任の懺悔《さんげ》と推進養成講座の開設

一九六九年（昭和四十四年）、当時の靖国神社国家護持法案を契機として、教団に台頭してきた教団の戦争責任の問題も、十八年の歳月を経過してようやく機が熟する。

一九八七年（昭和六十二年）、第一回全戦没者追弔法会が真宗本廟御影堂で行われ、古賀制二宗務総長の名のもとに、

（前略）私たちは単に、「過ち」といって通り過ぎるにはあまりにも大きな罪を犯してしまいました。わが宗門は聖人の仰せになきことを仰せとして語ったのであります。私たちの僧分の者はその罪をおもうとき、ただ皆さまの前に頭をたれる他ありません。（後略）

初めて教団の戦争責任を広く教団内外に告白し、悲痛な懺悔とともに改めて真宗門徒として自律し、同朋社会の顕現を誓うのである。

さらにまた、しばらく停滞していた同朋会運動も、翌一九八八年（昭和六十三年）同朋会運動二五周年を総括し、新たに推進員養成講座を同朋会運動の機軸として開設することになる。

訓覇先生の差別発言の課題

このように、「古い宗門体質の克服」と「現代社会との接点を持つ」という、同朋会運動の原点が少しずつ成果を上げ始めたときに、訓覇先生の差別発言が公になったのである。

訓覇先生の発言から、私たちは何を学ぶのか、課題は二つある。

一つは、訓覇先生が「自己批判書」の中で、

「私の差別発言は、私の差別心と無自覚的指導者意識に基づくものと深く反省されて参ります」

と言われていることで、抜き難い教化者意識を、それぞれが克服して差別意識を克服しなければならないということである。

第二の課題は、同じく「自己批判書」の中に言われている、

「私は、部落解放運動からの至純な叫びを謙虚に受けとめて、宗祖親鸞の教えを仰ぎつつ、差別の現実に学んで参りたいと存じます」

という、常に現実から離れることなく社会と関わり続け、常に自己を明らかにし続けるということである。

第一の教化者意識の克服ということについては、同朋会運動を推進するにあたって、早くから訓覇先生をはじめとして運動を推進していた人々が声を大にして、「教化者意識に立つな」と言い続け、自戒してきたのである。そのように言っていたにもかかわらず、訓覇先生が無自覚的な指導者意識を内に抱えていたと懺悔されたのです。

これこそが、教団が真に克服しなければならない古い宗門体質の本質であるといってもいいのではないかと思う。

同朋会運動は、「人類の真の共同体の原形としての信仰共同体を確立すること」を目的とした信仰運動であり、そのような信仰共同体を確立するためには、まず一人一人が信心を確かに得なければならない。そこで、「南無の関門を通れ」と人々に説くことになる。

ところが、「南無の関門を通れ」と説く人々は、どうしても教化者意識を持って、人々を見下したように説いてしまう。それでは真の同朋会運動にはなりえない。だからこそ、教化者意識を持ってはいけないと言われ続けてきたのである。

教化者意識というのは、僧侶と在家を区別し、僧侶が自己を真の教法を知るものとして高みに上げることから起こってくるものであり、教団の差別体質の根源である。それだからこそ、同朋会運動を進めるにあたって、この教化者意識、すなわち内なる差別意識というのが問題にされ、それを克服することが真の同朋会運動には不可欠であるといわれていたのである。

ところが、その教化者意識を克服することが至難の問題であることを、訓覇先生が身をもって私たちに示されたわけである。それはつまり、教団の差別体質を克服することがたいへんな難事業であるということでもあろう。

同朋会運動は、信仰運動である。だからどうしても親鸞聖人の教えを一人でも多くの人々に知ってもらい、念仏に生きる人になってもらいたいという願いを持って進めることになり、そこにはどうしても教化しようという意識がはたらかざるをえない。さらに、念仏に意義を見つけてくださった人に対して、真実の教法に目ざめた人と誉めることになり、反対に念仏を謗るような人に対しては、「真実を知らない俗な人」という思いを持ってしまう。しかし、このような意識が起きてきたのでは、「人類の真の共同体」など実現できるはずがない。しかし、同朋会運動を推進する当事者としては、特に一人でも多く念仏を喜ぶ人を誕生させたいと燃えるような願いを持てば、それだけ念仏を伝えたいと力が入ってしまうこととなる。だからこそ、「教化者意識に立つな」と声を大にして指導してこられた訓覇先生においても、

「無自覚的指導者意識」によって差別心を克服しきれなかったと懺悔されることとなったのである。それほどに、僧侶にとって、また教団にとって、教化者意識に立った差別心は抜き難いものといえよう。

その抜き難い差別心を克服する道は、訓覇先生が「自己批判書」の中に、

「南無の機として阿弥陀の法に帰命すること、すなわち南無阿弥陀仏こそ自覚の内容であります。私はこれから改めて、阿弥陀の大悲に導かれつつ平等な人間関係の形成に一生を捧げる覚悟であります」

と言われているように、自力無功の南無の機として、阿弥陀仏に廻心し続けることによって、頭の上げようのない自己を生き続けることを通して、人間の平等性に立ち続ける以外にない。これは、いってみれば、同朋会運動の原点に立ち返るということにほかならない。

同朋会運動は、教団の封建的権威主義や差別体質を打破することを願って始められたことは間違いのないことである。そのような平等性を求める運動であったからこそ、大谷家との確執を生み、宗憲改正によって象徴門首制を実現し得たのである。

ところが、同朋会運動が、運動である限りは、それを主体的に担う人々の教化者意識を払拭することができず、差別体質を克服することができないということを、訓覇先生の差別発言が私たちに教えている。だからこそ、今いちど、同朋会の原点に帰って、新たな意識で、個々人の教化者意識に基づく差別心を見据えて、それを克服するための同朋会運動を始めなければならない。

しかし、新たな同朋会とは言っても、それが宗門の内にとどまるならば、やはり一人よがりの観念的なものにしかならないであろう。そこで問題になるのが、自己を明らかにするときに、自己の社会性を忘れてはならないということである。

訓覇先生は、「自己批判書」で、

「私は、部落解放運動からの至純な叫びを謙虚に受けとめて、宗祖親鸞の教えを仰ぎつつ、差別の現実に学んで参りたいと存じます」

と言われている。このように、社会の中にある自己として自己のあり方を見つめるという立場が必要である。

人間は、本来社会的な存在であり、「自己を明らかにする」ということも、純粋な個というようなものはないわけで、自己を明らかにするときには、同時に社会も明らかにならなければならない。

ところが、信仰運動というものは、どうしても仲間意識を抜け切れないものがある。阿弥陀仏を信じる者とキリスト教の神を信じる人が、共に信仰を語るということは違和感のあるものである。それとは逆に、同じお勤めをして、同じご法話を聞いて、同じように感動する仲間と一緒にいれば、やっぱり心が安らぐことになる。その意味で、どうしても同信の者が集まって、わかり合った話をするということになる。

そういう傾向を見られて、訓覇先生は、「他流試合をしなければだめだ」とよく言っておられた。自分たちだけでわかったつもりになり、喜び合っていたのでは、観念的になってしまって、本当の血となり肉とならないということから、いつも「他流試合をしろ」と言われていたのである。

そのように、自己の観念性を破り、社会に向かって自己をさらして、真実の自己のありさまを検証するように言われていた訓覇先生が、「差別の現実に学んで参りたい」と、社会から遊離していた自己であったと自己批判されたのである。そのことの意味はきわめて大きいものがある。

同朋会運動が、十五周年の大会において、「現代社会との接点をもつ」という実践項目を改めて採択したが、「他流試合をせよ」と言い続けてこられた訓覇先生においても、十分な社会性を確保できていなかったという事実を、差別発言をきっかけとして明らかにされ、それを訓覇先生が自覚的に受けとめて自己批判されたのである。

私たちは、この訓覇先生の自己批判を重大なこととして受けとめなくてはならない。同信の者が集まって、お互いの信心を深めていくということは、これはきわめて貴重なことである。しかし、そこに止まって、現実社会との接点を持たないようになると、必ずといっていいほど、独善的になり観念的になってしまうのである。

だからこそ、現実の中に身を置いて、自己のありようを吟味しなければならない。現実の中というのは、イスラム教の信者もいれば、天理教の信者もいるという現実である。それぞれが、自分の立場を正しいと信じている人々の中にあって、自分が心に懐く他力念仏に廻心した心を吟味する必要がある。また、差別や不条理の中で苦しむ人々がいるという現実の中で、その理不尽な苦悩を押しつけられている人々の現実の中で、信心を得たことによる自己の安らぎの意味を吟味しなければならない。そうでなければ、やっぱり一人よがりの独善になってしまうであろう。

訓覇先生が「他流試合をしろ」と言われた意味は、そのように、自分と違う者に出会って、自己の信心を吟味しろということである。しかし、これもまた至難の課題であることを、訓覇先生が身をもって私たちに教えてくださったのが、「自己批判書」だったのである。

だからこそ、訓覇先生が残された課題を、私たち一人一人が、それぞれ自覚的に受けとめ、常に同朋会運動の原点に立ち返って、「自己とは何ぞや」という課題を吟味し続けなければならないのである。
しかし、それは、決して私一人の自己を明らかにすることにとどまってはならない。それでは、また社会性を欠如した一人よがりになってしまう。だからこそ、明治以後の大谷派宗門の歩みを、徹底して検証する必要があると思われる。

大谷派教団が、どのような理念と教学を持って歩んできたかを徹底して検証することによって、戦争責任であるとか、同和問題、北海道のアイヌ差別問題への対応とか、さらには人権、女性差別の問題など、その真実の姿を浮き彫りにし、そのような教団を作り上げた意識を明らかにしなければならない。

そのように、自己の内を公開し、他者の視線にさらすことによって、真の自己が発見され、さらには他者を真実の他者として発見する道が開けるのである。

訓覇先生が先頭に立って進められた同朋会運動が、封建的な権威的教団を壊し、因習的な信仰を打破して、大いなる成果を上げたことは間違いのないことである。しかし、訓覇先生が、差別発言を通しての自己批判書において、私たちに身をもって課題を残されたとおり、今こそ、旧弊を打破しようと同朋会運動を推進した私たち一人一人の意識が問われているのである。

訓覇先生は、発言の事実確認に出向いた同和推進本部の職員に対して、
「部落解放運動や反靖国運動を否定し、批判したのではない。最近の大谷派教団には、本質的な課題として同和問題に取り組むということでなくして、とかく流行現象的に同和・靖国を旗印にしているかのような風潮があることを批判した。難波別院輪番差別事件の時の第一回目の回答書の内容を厳しく問い糾され、そして第二回目の回答書を提出した一連のできごとは、自分に大きな転換期をもたらした。そ

の心は今もかわらない。そのことをわが身にうけとめる時、自らを問うということを最も大切なことと考えている」

と、発言の真意を語られている。

ここで訓覇先生は、「本質的な課題」として取り組むのではなく、「流行現象的」にしているのではないかと批判されている。このことからもわかるように、訓覇先生にとって重要な課題は、部落解放運動や反靖国運動を荷う姿勢とその基盤を吟味することであった。それらの運動を、単なる人道主義的正義感や政治的イデオロギーに立って行うとするならば、その運動は、人間の恣意的な分別を超えることができず、真のいのちの連帯を実現するものとはならない。そして畢竟じて、その運動は不徹底なものになるというのが訓覇先生の立場である。

同和問題や靖国問題にかぎらず、どのような課題であっても、その課題と実践的に関わるとき、自己がどこに立って実践しようとしているのか、仏教者としての自らの立場を常に問うことを仏から迫られている。そのような自己の立場を問い続けることの重要性を訓覇先生は指摘しておられるのである。

しかし、自己とはいっても、その自己は、社会的存在であるが故に、社会的課題に関わらなければ生きてはいけない。その意味では、社会的な実践をする自己の立場を明らかにすることが、重大な問題であるとはいっても、その自己の立場が明確になるまでは社会的な課題との関わりを持たないということは不可能である。また、自己の立場というものも、社会的現実を自己の課題として荷うことの中でしだいに明らかになるものである。その関わりの中で明らかになった自己の立場を流行的なものに止めることなく、真実の仏法の立場にまで怠ることなく深めていかなければならないというのが、訓覇先生が最後に我々に示された課題であろうと思う。

同朋会運動を推進した私たち一人一人の基盤を徹底して吟味するというとき、仏法の基盤を離れて人間分別に基づく社会思想に流れるならば、真宗大谷派教団なるものはその存在意義を失うということを、あわせて意識する必要があろう。

社会の現実に学び、社会の中で自己を吟味し続けるということは、私たちが歩もうとしている真実の仏法を、ひいては真実信心が大衆の中で吟味されることであるが、それは同時に真実信心を大衆の中に普遍化し、生きる基盤として提起するということでもあって、社会に迎合し自らの基盤を曖昧にすることではあり得ない。

そのような、念仏者としての根源的な基盤の明確化および普遍化の中で、教団の吟味と自己の吟味を徹底して続けなければならない。

大谷派教団は、現在においても、部落差別問題をはじめ、ハンセン病関係の問題や死刑制度廃止の問題、さらには脳死や臓器移植の問題など、さまざまな社会の問題から積極的な問いを投げかけられている。それらを受けとめていくことの中で、常に自己の基盤を仏法に求め続け、その根本的立場を貫くことで大谷派教団の独自の社会的意義が大衆の中で共有されていく努力を積み重ねていかなければならない。

訓覇先生は、「自己批判書」の中で、

「私はよく『南無の関門を通れ』と自分にも人々にも言ってきましたが、いつのまにか、『すでに南無の関門を通ってしまった者』であると思い上がっておりました。今回、その『思い上がり』が打ち砕かれました。まことに南無は、帰命の一念は『今』であります。自己の全身心を投げ出して阿弥陀仏に南無することこそ自己を知ることであると気づかせていただきました」

と述べておられるが、この自らを赤裸々にさらけ出した懺悔の言葉に接し、私は初めて「純粋なる信仰」というものに覚醒された思いがした。

このような、徹底した自己批判・自己吟味こそが同朋会運動の根本精神である。その根本精神を基礎として、新たな宗門白書を作成し、今こそ、「人類の真の共同体の原像」を示す運動を起こす必要がある。それこそが、訓覇先生の残された課題を引き継ぐ我々の使命であり、また大谷派教団が真に社会に意義をもって開かれていく道であると思う。そのように、教団が社会に開かれていくことによって、苦しみ悩む人々と共に手を取り合って生きていける、真の共同体を開いていくことができるものと確信します。

資料

訓覇信雄の自己批判書

一九八九年五月十二日

部落解放同盟中央本部

中央執行委員長　上杉佐一郎殿

訓覇信雄

糾弾を受けて

先ず最初に申し上げたいことは、今日までの確認会、糾弾会をとおしまして、

一、私の中に職業についての差別意識、精神障害者並びに女性に対する差別意識が内在していること

二、私の発言が部落解放運動を阻害し、誹謗する差別性を持つものであること

三、さらに、これらの差別性を私自身が私の歩みの中で温存し、助長させていたということに気づかせていただき深く反省しています。

次に、この度の糾弾を受けた時に感じましたことを二点申し上げます。

第一は「自己とは何ぞや」ということが私自身について問われていないというご指摘についてであります。このご指摘は、「自己とは何ぞや」ということが、自分が他の人に言う言葉でもなく、自分が自分に問いかけることでもなく、如来が「汝の正体を知れ」と呼びかけて下さっている言葉であると了解しました。

如来の鏡に映し出されてはじめて自分の姿を知ることができるのだということを、あらためて感覚したのであります。そこに映し出された自分は、真実信心に背いている自分でありました。私はよく「南無の関門を通れ」と自分にも人々言ってきましたが、いつの間にか「すでに南無の関門を通ってしまった者」であると思い上がっておりました。今回、その「思い上がり」が打ち砕かれました。まことに南無は、帰命の一念は、「今」であります。自己の全身心を投げ出して阿弥陀仏に南無することこそ自己を知ることであると気づかせていただきました。私は「自己とは何ぞや」「自覚が大切である」とくり返し述べてきましたが、「どのように自己が知られたのか」「自覚の内容は何であるか」を十分に表現するということがありませんでした。南無の機として阿弥陀の法に帰命すること、すなわち南無阿弥陀仏こそ自覚の内容であります。私はこれから改めて、阿弥陀の大悲に導かれつつ平等な人間関係の形成に一生を捧げる覚悟であります。

第二点は、今回の糾弾は、訓覇という差別者に対して、共に親鸞を宗祖と仰ぐ、御同行の一員の信心同

一の信念からほとばしる純粋な叫びとして私の上に響いてきたのであります。その叫びは部落解放同盟も大谷派教団も超えて、如来のはたらきとして私の身に徹したのであります。差別された者の痛みと、差別に対する怒りの底に、人間解放への、同朋社会への願求が、更にそれに先立つ如来の願心からの呼びかけが尊く聞きとれるのであります。

要は、私の差別発言は、私の差別心と無自覚的指導者意識に基づくものと深く反省されて参ります。

かくて、私は、部落解放運動からの至純な叫びを謙虚に受けとめて、宗祖親鸞の教えを仰ぎつつ、差別の現実に学んで参りたいと存じます。

（『訓覇信雄論集』第一巻所収）

〔解説〕

真宗大谷派と能邨英士師……玉光順正

英士師を偲びて……能邨勇樹

（河島佐葉子・画）

真宗大谷派と能邨英士師

玉《たま》光《みつ》順《じゅん》正《しょう》

能邨英士さんは、真宗大谷派宗務総長に在任中の一九九七年、宗議会で「私は『真宗大谷派なる宗門とは、どのような宗門か』と問われれば、『真宗大谷派なる宗門は、真宗同朋会《どうぼうかい》運動を進めることを、いのちとしている宗門である』と答えたいと思うのであります」（宗務総長演説）と語っている。能邨さんの生涯そのものも、一九五六年に大谷派の『宗門白書』が発せられた年に宗務役員（職員）となって以来、逝去された二〇〇八年まで、まさにこの言葉通り生きぬかれたのである。「真宗同朋会運動を進めることを、いのちとしている宗門」に願いを持ちつづけた人、「自坊に居ても、宗門のことばかり考えている人」と夫人に言わしめた人・能邨英士さんを偲びたい。

1、同朋会運動の胎動と展開——宗門正常化の中で

宗祖親鸞聖人七〇〇回御遠忌《ごえんき》（一九六一年）の翌一九六二年に「真宗同朋会運動」は提起された。その十三年前、敗戦直後の混乱の中、蓮如上人四五〇回御遠忌（一九四九年）が勤められ、その頃から真宗同朋会運動に関する準備が始まっていることが、宗門史の中から読み取ることができる。

一九四七年　　礲《ながたに》内局発足　本廟奉仕道場開設。
一九四八年　真人社結成　『真人』創刊。
一九四九年　蓮如上人四五〇回御遠忌。

一九五一年　暁烏《あけがらす》内局発足　『宗門各位に告ぐ』を発表。同朋生活運動を提起。本廟奉仕始まる。
一九五六年　宮谷内局発足　『宗門各位に告ぐ（宗門白書）』発表。伝道研修会、同朋壮年研修会始まる。
一九五九年　同朋会館竣工。
一九六一年　親鸞聖人七〇〇回御遠忌。
――御遠忌終了後に訓覇《くるべ》内局が発足し、翌一九六二年、真宗同朋会運動の提起へとつづく。

今ここで、真宗同朋会運動の提起にいたる状況を拾いあげたのは外でもない。私たちはいま二年後に、宗祖親鸞聖人七五〇回御遠忌（二〇一一年）を迎えようとしている。しかし、「大谷派というのは御遠忌を節目に脱皮を図ってきた」（毎日新聞・田原由紀雄記者）と言われるにもかかわらず、今の大谷派宗門は余りにも元気がないからである。

能邨さんが最後まで気にしておられたことも、まさにそのことであった。「このままでは、親鸞聖人七五〇回御遠忌が終わると宗門は崩壊してしまうかもしれない。単なる同業者組合としては残るかもしれないが、宗門の宗教的、思想的意味は全くなくなってしまうのではないか」と語られていた。

そんなことを気にしながら、同朋会運動を振り返ってみると、今では大谷派宗門全体が口では同朋会運動という程にまでなっているが、発足当初は様々な批判が続出した。宗門内外から、寺を壊す、教団を解体する運動であるとも言われたり、また単に寺を守る運動ではないのだと言ったり、様々な声があった。それを提起した訓覇信雄師はその四年後、一九六六年宗議会で「それをはばむ前近代的なものが、大きな壁となってあらわれている」とも語った。その具体的な「大きな壁」となったのが「開申《かいしん》」問題に端を発する、いわゆる教団問題である。

ある意味で同朋会運動に最も敏感に反応したといえる事柄が、一九六九年当時の法主《ほっす》・大谷光暢師による管長職の譲渡、いわゆる「開申」問題であった。同じ一九六九年、宗門は「靖国神社国家護持法案」に反対を表明。また前々年一九六七年、「難波別院輪番差別事件」が起こり、一九六九年は部落解放同盟中央本部によってその第一回糾弾会が行われた年でもあった。

さて「開申」事件の後、宗議会の勢力図が変化し、何よりも大谷家の意向に添っていこうとした内局が次から次へと代わっていき、そんな中でさまざまな問題が起こってきた。これら一連の経過は本書第V章のうち「教団問題の克服への歩み」で明らかにされている。宗務官僚として、それらの問題の最前線におらざるを得なかった能邨さんのこの論考は宗門史に残るものとも言えよう。

一九七四年に、嶺藤亮師が宗務総長に推挙されるも、大谷光暢管長に任命を拒否され、「宗門崩壊阻止全国同朋大会」が行われ、全国からムシロ旗を立てて白洲に集結したことがあった。同年四月に嶺藤内局は発足。その後も、手形乱発や白紙委任状、本願寺規則一部変更による本願寺の宗派離脱のもくろみ、渉成園（枳殻邸《きこくてい》）所有権移転、等々が続いた。

その頃のことを能邨さんは、「嶺藤内局の下で総務部長の任に就いていた頃、教団問題の紛糾、混乱がその極に達した時には、もうこれで駄目かと思ったことが、何度あったか知れない」（本書二五二頁）と述べている。

個人的なことになるが、私が能邨さんと初めて話したのが、嶺藤内局が発足する前、当時「教団問題全国協議会（教全協）」というのが組織され、その事務所が河原町七条西北の角にあった旅館「華山」にあったのだが、そこへ行ったときのことである。もう何の用でいったのか、そこで何を話したのかも忘れてしまったが、そこで一人で〝留守番〟をされていたのが能邨さんだった。能邨さんがこんなところで〝留守番〟をされているんだと、何か不思議な感じをもったのだろう、だから今でもそのことは覚えている。

教団問題の直中、一九七七年には、「真宗同朋会運動十五周年全国大会」が行われ、高史明《コサミョン》さん（作家）の「念仏よ興《おこ》れ」という講演があり、実践課題として①古い宗門体質の克服、②現代社会との接点をもつ、③真宗門徒としての自覚と実践――が謳われた。

一九七八年、同朋会運動テキスト『宗祖親鸞聖人』『仏《みほとけ》の名《みな》のもとに』製作。

そして一九七九年、いわゆる「分裂報恩講」が勤められ、これがある意味で教団問題の一応の終息ともなっていくのである。翌年一九八〇年、即決和解の申請、そして十一月、即決和解が成立となる。

一連の教団問題の真っ直中で苦悩し、苦闘された能邨さんは、即決和解の見通しがついた段階で、ホッとする間もなく、新宗憲（真宗大谷派宗憲）の制定にシフトを移行された。

一九八一年、新宗憲制定。「同朋社会の顕現」を明記。

宗務官僚として訓覇、嶺藤、五辻内局を支え、宗門内外からの荒波を何とかしのぎきった能邨さんは、新宗憲を制定するやいなや、次には宗議会議員（一九八一年〜）として、今度はその後の同朋会運動の展開に尽力されるのである。

実際のところ、同朋会運動は発足したものの、まもなくして起こった「開申」問題に始まった教団問題によって、ほとんど実質的に、何も出来なかったと言っていいのかも知れない。しかし見方によれば、同朋会運動の願いがあったからこそ、あの厳しい教団問題を何とかしのぎきったとも言える。

ともあれ、教団問題の解決への動きで精一杯だった大谷派宗門は、同朋会運動当初から訓覇さんが願ったような方向は、とても取れなかったというのが、それまでの状況であったように考えられる。

2、宗門を開く――能邨内局が担った諸課題

さて、そんな中で能邨さんは、一九九四年一月、細川内局の後、宗務総長に推され、能邨内局を組局するのである。蓮如上人五〇〇回御遠忌を四年後に迎える時だった。このことを親鸞聖人七五〇回御遠忌(二〇一一年)を迎える今の時代と重ねてみれば、五十年前に同朋会運動の胎動の始まった頃と、同じようだと言っていいかも知れない。

能邨さんは、一九九五年六月の宗議会・参議会の宗務総長演説で、「宗門の戦後五十年の歩み」を、四段階に分けて提起されている(本書一〇六～一〇七頁)。

①戦後～一九六二年まで。すなわち同朋生活運動に象徴される十七年間(同朋会運動の前史)

②一九六二年～一九六九年までの、特別伝道・本廟奉仕団・推進員教習を中核とした運動(同朋会運動の第一期)

③管長職譲渡の「開申」に始まる一九六九年から、一九八七年の宗派と本願寺の合併、すなわち宗本一体までの、いわゆる宗門正常化・新宗憲制定のための時期(第二期の同朋会運動)

④そして一九八七年以降、蓮如上人五〇〇回御遠忌を迎えようとする今(第三期の同朋会運動のただ中)

――その第三期の同朋会運動では、「それだけに今は、戦後の宗門の歩みを充分に点検総括し、第三期の同朋会運動のより充実した方策の構築を急がねばならぬときであると強く認識しているのでありま

す」と述べている。おそらく能邨さんは、総長に推される前から当然これらのことは考えられていたことであろうが、それ故と言ってもいいだろう。

第三期の同朋会運動を展開した能邨内局の時代、宗門の動きというのは、かなり特徴があったように思われる。それは徹底して、宗門を開いていこうとする方向である。「人類に捧げる教団である」と謳ったあの宣言（『真宗』一九六二年一二月号）から、まさに満を持してと言ってもいいかのような動きである。

そこには、訓覇さんの「他流試合をせよ」との言葉はもちろん、難波別院差別事件での糾弾を受け、「ただただ自らの現実認識の甘さと同朋会運動に対する理解の不徹底さを、身にしみて知らされたことであった。以来、内なる信心の問題と現実の問題とのかかわりは、私の基本的な問いとして絶えることなく現在に至っている」（本書二五八～二五九頁「訓覇先生の差別発言の背景とその課題」）と、述べられている言葉の通りである。それは、能邨さんが「訓覇先生にさえ遇っていなければ、こんな苦労をせずとも済んだのに」（本書二五二頁）と言われる言葉通り、訓覇さんの願いを、表現され続けた歩みであった。

思いつくまま、能邨内局の仕事を列挙してみると、高木顕明《けんみょう》師の名誉回復、ハンセン病に関わる謝罪声明、「らい予防法」廃止にかかわる要望書、蓮如上人五〇〇回御遠忌テーマ「バラバラで　いっしょ――差異《ちがい》をみとめる世界の発見――」発表、愛媛玉串料違憲訴訟・最高裁判決に対する声明、「臓器移植法案」の衆議院可決に対する声明、女性室の開設、第二十五代門首・継承式、第一回「真宗大谷派・全国ハンセン病療養所交流集会」、蓮如上人五〇〇回御遠忌法要、「死刑制度を問い直し、死刑制度の停止を求める」声明（第一回目）、二十一世紀ビジョン委員会立上げ等々である。

その間、一九九五年に大谷派宗議会・参議会では「不戦決議」の声明もあり、阪神淡路大震災者支援の現地救援連絡拠点の設置などもあった。そして「帰敬式《ききょうしき》」実践運動も、能邨内局で始めたことである。

これらの施策は、宗門を開くと同時に、もう一つの眼がある。それは宗門近代史に対する厳しい検証の眼である。「開申」問題と時期を同じくして起きてきた「靖国問題」、そして部落差別問題、それらのことに宗門が果たしてきた〝負の遺産〟とも言うべきものに、きちっと真向かいになることでもあった。つまり、慚愧なくしては新たな出発はない、ということである。高木顕明師の復権、「ハンセン病」問題での謝罪、門徒代表である参議会での不戦決議、等々。宗門を開くためには、それらはどうしても避けることの出来ない歩みであるわけである。それらの課題に真向かいになろうとし続けたのが、能邨内局の仕事だった。

3、昼行灯《ひるあんどん》

ところで、あるとき宗務所全員の研修会があり、講師の上田紀行さん（東京工大教授）から「今の宗門の状況に満足しているか？」という問いかけがあった。誰もが手を挙げることを躊躇していた時、たったひとり手を挙げられたのが能邨さんだった。私はそのとき複雑な思いとともに、「あッ、さすが総長だ」と感心したことがある。総長が満足していないようでは、ガタガタな組織としか言えないだろうからである。

能邨さんの総長時代は、宗務役員（職員）の誰に聞いても、そんなに強烈な印象はないように言われる。しかし、為された仕事は、強い印象が持たれるものが多いし、今も続いているのは、ほとんど能邨内局の時代に始まったものだとさえ言えるほどである。

まことに失礼なのだが「昼行灯」という言葉があって、日中に火を点している行灯のことで、「ぼんやりしている人」という意味にも使われる。行灯は、昼間輝いていても外が明るいから分からないが、暗黒の夜に、その輝きがよく分かる。つまり、常人には分からない、じつは大変な人だという譬えとなる。能邨さんの総長時代は、よく分かった人は別として、凡人には「昼行灯」のようにしか感じられなかったのかも知れない。

また同時に、宗務役員（職員）に、けっこう自由に仕事を任せられていたので、全体が伸び伸びと仕事が出来た、と言われたりしている。

本書第I章に、新聞に連載された「語る」を収録したが、能邨さんの大きさの一面を表現しているものと言える。書くことを仕事にしている人ならともかく、この文章を毎週、それも総長としての激務の中で書かれていたというのだから、本当にびっくりしてしまう。能邨英士という人の上に働く親鸞の信というものが、日常生活の中で、どのように行動となり、どのように語られ、どのように考えられているか——それが見事に表現されている。そして何よりも能邨さんの、ものを見る眼の優しさが感じられる。

そういう意味でも大きな人だった。どうもこのところ日本中全体が人間が小さくなってきた感じがしているが、今まさに親鸞聖人七五〇回御遠忌（二〇一一年）を迎えて、新たな同朋会運動が求められている時、能邨さんのような大きな人が必要な時代であるだけに、急逝が本当に残念なことである。

（兵庫県神崎郡市川町・光明寺住職、大谷派宗議会議員）

英士師を偲びて

能《の》邨《むら》勇《ゆう》樹《き》

信念の人

英士師を父と呼ぶようになったのは、一九九〇（平成二）年に長女と結婚し、勝光寺に入寺してからです。つれあいとの出遇いも大きなものですが、私にとって父との出遇いは得難い出来事でありました。特に「仏道に生きる」という一点において大きな示唆を頂戴したことです。

今、改めて父を憶念するとき私は、「信念（信心）」という言葉を想起します。「信念（信心）」とは普段見えませんが、いざという時、決断の時に具現化するものだと思います。つまり、その人が何を依りどころにしているのか、本当は何を根拠としているのか、いざという時に表われるのです。たとえ日頃からどれだけ雄弁に語っていても、その時その場で決断できなければ、語っていることは観念であり空論であると言わざるを得ないのではないでしょうか。その意味で、いざという時、決断の時というのは、その人の生き様が凝縮された時ではないかと思うのです。そう考えると父は、宗門人として宗務行政に携わっていく中で、幾多の決断をしてこられました。あえて茨の道を突き進んでいかれることもありました。そのすべてが信念に基づいて歩んでおられたことであります。

それが身近な生活の上でも垣間見える時が度々ありました。つれあいと結婚するときのことですが、父が二十代の私に向かって正座し、物静かに仰られたことを今でも鮮明に記憶しています。「もし勇樹さん、あなたと娘が縁あって別れることになった場合、勝光寺住職として娘を捨てて勇樹さん、あなたを選びます。どうかよろしくお願いします」と……その言葉を聞いたとき、驚きをかくせなかったのですが、同時に本当かなという疑念も生じてきました。しかし生活を共にしていくなかで、何気ない時に見える受け止めとか、決断とか、火中の栗を拾うような姿を目の当たりにしていると、この人なら本当に実行しかねないなと、そんな思いを少しづつ持つようになりました。

しかし普段はといえば煩悩いっぱいで、お酒がお好きで、孫と戯れるおじいちゃんの姿をいつも晒しておりました。もし仲間の人が見られたら、こんな一面があったのかと、きっと驚かれるのではないかと思います。だから逆に、いざという時の姿に確固たる信念を感じるのです。

善導大師の『二河譬《にがひ》』の中に、「真実の道・白道《びゃくどう》」が説かれていますが、その幅が「四五寸《しごすん》」と述べられています。私自身、父と出遇うまで単に「白道」は真実の道であり、一切衆生を救う広い「大道」であると思っていました。しかし、その道を歩むということになれば、やはり「四五寸」であり、狭い道なのではないでしょうか。『二河譬』では、旅人が「三定死《さんじょうし》」という絶体絶命を経て、狭小の「白道」を選択するわけですが、そこには「覚悟」が必要であると説かれています。つまり、狭小の道を選ぶには相当の覚悟が必要であり、この場合、死の覚悟がないと本当の道は歩めないということなのでしょう。それだけ真実の道を歩むということは困難なことであり、険しい道であることを示しているのです。現在、私も住職になり寺を預かる身となって、「四五寸」の重さをヒシヒシと実感しています。

しかしながら父はどちらかというと本山でも家庭でも「白道」を選んでこられたように思います。いつだったか、一緒にお酒を酌み交わしたときに「決断をしなければならない時があったら、楽な道と大変な道の場合、大変な道を選びなさい」と言われたことがありました。その理由を尋ねると、「実際選んでみたら分かります」と笑っておられましたが、そのあと「問題によって多少ケースが違っても、大変な道の方がほぼ正しいと、経験上思う」と言われ、それ以上語られませんでした。しかし今思うと、自分を是とし、保身に立っていては道は開かれないということなのかと考えるのですが、少なくとも仏道を生きる上において「覚悟」「決断」の重要性を父から学んだように思います。

弥陀《みだ》の御《おん》もよほし(お)にあづかって

父は、学生時代より安田理深《りじん》先生、本山宗務所時代に訓覇信雄《くるべ》先生に出遇い、師事しておられました。特に訓覇先生にお遇いしたことが大きな出来事で、先生にひっくり返された話を聞かせていただいたこともありました。そのことがご縁で宗門に、亡くなられるまで関わりを持たれました。

しかし、もっと以前に念仏に遇わせて頂く大きなきっかけがあります。父は五人きょうだいの二番目で、勝光寺住職・俊英師の次男として生を賜りました。長男は英雄《えいお》という方で、亡くなられた祖母によれば、とても頭がよくて器量のいい人だったようです。若き頃の父はどちらかと言えば型にはまらず、母親である祖母に心配ばかりかけさせておられたようで、苦労話を聞かされたことがあります。

ところが長男である英雄氏が、小学五年生のときに風邪を拗《こじ》らせて肺炎で亡くなられました。大晦日《おおみそか》の日に風邪をひかれ、新年を迎えるのでお風呂に入れさせたそうです。それがきっかけで肺炎になり亡くなられたと、祖母は言っておりました。しかも英雄氏が亡くなられる数年前に、「小松の大火」で、建てて間もない勝光寺本堂を焼失したばかりでした。まさに悲劇が立て続けに起こったのです。

英雄氏が亡くなられて、どれぐらい経ったのでしょうか。ある時、祖母が父に「英雄は死んでまで念仏させようとしたのだ」と仰られたそうです。それを父が亡くなる二週間前に、つれあいである母にそのことを話されたのです。「もし兄貴がおったら、念仏してなかったかもしれん」「仏法に遇わなかったら、自分の人生は一体どうなっていたか分からない」「兄貴が死ぬという大変な出来事でもなければ、わしみたいなものは念仏に遇う道理がなかった」「英雄は死んでまでも念仏をさせようとしたという母の言葉が深く染みわたる」ということを、病床の中で話されたそうです。

そう思うと『歎異抄《たんにしょう》』（第六条）に「弥陀の御もよほしにあづかって」という言葉がありますが、念仏に出遇うということは、ただごとではない縁だという事実を思わせられます。父の場合、英雄氏が亡くなるという悲劇が縁で、寺の跡を継ぐことになったのです。本人が「兄貴が死ぬということでもなければ、わしみたいな者は念仏に遇う道理がなかった」と仰られましたが、思いを超えて予期せぬ事実が父を押し出したのです。そのことがなければ、安田理深先生や訓覇信雄先生をはじめ多くの方々との出遇いを賜ることはなかったのでしょうし、当然、本山に関わることもなかったでしょう。しかし現に、弥陀の御《お》もよほしにあづかって念仏に出遇い、宗門という場所で生き抜かれた事実に、甚深なるものを感じます。父もまた病床で自身の人生を振り返っておられたのでしょうか、念仏している身の事実を実感しておられたから、亡くなる前に母にそのことを話されたのではないでしょうか。

今、改めて七十六年のご生涯を思うとき、多くの課題を私たちに提起してくださったように思います。少なくとも私自身は「仏道に生きるということは、どういうことか」身をもって問われた思いを持っています。その意味で父は私にとっては、かけがえのない「教え」であり「師」であったと思っています。

（石川県小松市・勝光寺住職）

能邨英士師　略年譜

年		宗派の動き
一九三二（昭和　七）年	石川県小松市で生まれる（四月一六日）。能邨俊英の次男。小松市大火にて勝光寺焼失。	
一九三八（昭和一三）年	芦城国民学校に入学。	
一九四一（昭和一六）年	兄英雄逝去	
一九四四（昭和一九）年	旧制石川県立小松中学校に入学。陸上部。	
一九四七（昭和二二）年	新制石川県立小松高等学校に入学。陸上部。	
一九四八（昭和二三）年		訓覇信雄、佐々木近衛、竹内良恵、蓑輪英章ら「真人社」を結成。『真人』創刊。
一九四九（昭和二四）年	勝光寺本堂再建	蓮如上人四五〇回御遠忌（四・一八〜二五）
一九五〇（昭和二五）年	大谷大学入学。	
一九五一（昭和二六）年		暁烏敏内局発足。「宗門各位に告ぐ」（三月）「同朋生活運動」計画を発表。　教化研究所開所。
一九五六（昭和三一）年	真宗大谷派宗務所に奉職。	宮谷法含宗務総長「宗門各位に告ぐ（宗門白書）」発表。
一九六一（昭和三六）年		親鸞聖人七〇〇回御遠忌。訓覇信雄内局発足（六・二七）
一九六二（昭和三七）年		第二次訓覇信雄内局、真宗同朋会運動促進のために第一次五ヵ年計画を発表。

一九六四（昭和三九）年	美保子と結婚。	
一九六五（昭和四〇）年	長女誕生	
一九六六（昭和四一）年		第三次訓覇内局発足。
一九六七（昭和四二）年	次女誕生	
一九六八（昭和四三）年	組織部長就任	
一九六九（昭和四四）年	三女誕生	開申問題起こる。
一九七〇（昭和四五）年	宗務所退職	
一九七一（昭和四六）年		六条山浄苑問題表面化。
一九七三（昭和四八）年	勝光寺住職就任	親鸞聖人御誕生八〇〇年・立教開宗七五〇年慶讃法要。
一九七四（昭和四九）年	企画室長を経て総務部長就任	
一九七六（昭和五一）年		「大谷の里」設立計画と手形乱発発覚。
一九七七（昭和五二）年		本山大師堂爆破事件。
一九七九（昭和五四）年	父・俊英逝去（勝光寺第二四代・八十一歳）	
一九八〇（昭和五五）年		即決和解。
一九八一（昭和五六）年	宗務所退職　宗議会議員初当選（以後、七期）	新宗憲の制定。
一九八二（昭和五七）年		本山阿弥陀堂須弥壇より天牌を下ろす。後に、別院にも天牌撤去を指示。
一九八四（昭和五九）年	第一次古賀内局参務（一九八六年一月まで）	

一九八七（昭和六二）年		宗本一体、「宗教法人真宗大谷派」が「宗教法人本願寺」を吸収合併。
一九九〇（平成　二）年	長女結婚・勇樹入寺	
一九九四（平成　六）年	宗務総長就任　第一次能邨内局（一九九四年一月二四日～一九九七年一〇月三日）	聖護院別邸移転登記事件で宗派の所有権が最高裁で確定する（三・八）。
一九九五（平成　七）年		沖縄戦五〇周年追弔法要（三・四～六）。　宗会（第二八回宗議会・第二六回参議会）両議会で「不戦決議」を採択。　帰敬式運動を提唱。　阪神・淡路大震災被災者支援のため大阪・山陽両教区内に四つの現地救援連絡拠点を設ける（八・一）。　フランスの核実験に抗議文を宗務総長名で送付（九・八）。
一九九六（平成　八）年		宗務審議会「女性の宗門活動に関する委員会」が答申、「住職就任とそれに関する問題・教導職等、女性の活動分野の促進・女性の教化組織」。　大谷暢順師ら、教団「本願寺」を新設。（二・六）　大谷暢順・業成・実成三名の僧籍を削除。（二・一三）　大逆事件に連座したとされる高木顕明師の住職差免並びに擯斥処分の取消を公示（四・一）。　ハンセン病に関わる真宗大谷派の謝罪声明を発表し、総理大臣・厚生大臣宛に「らい予防法」廃止に関わる要望書を送付（四・五）。　蓮如上人五〇〇回御遠忌テーマ「バラバラでいっしょ——差異をみとめる世界の発見——」発表（四・一五）。　大谷暢顕師、真宗大谷派第二五代門首に就任（七・三一）。　女性室開室（一二・一二）。

一九九七（平成　九）年	宗務総長再任、第二次能邨内局（一九九七年一〇月六日〜一九九八年一二月四日） 母・レツ逝去　九十五歳	能邨英士宗務総長、文化庁宗教法人審議会委員になる（四・一）。　能邨総長、最高裁による愛媛県玉串料違憲訴訟（安西賢誠原告団長）の原告勝訴の判決に対し支持声明（四・二）。　衆議院での臓器移植法案可決を遺憾とする声明を発表（四・二五）。　「従軍慰安婦」問題への取り組み「ハルモニの絵画展」を全国展開（九月〜一〇月）。　第一回真宗大谷派全国ハンセン病交流集会を開催（九・一六〜一八）。
一九九八（平成一〇）年	宗務総長辞任	蓮如上人五〇〇回御遠忌（四・一五〜二五）。　死刑制度を問い直し、死刑執行に停止を求める宗派声明（第一回）（六・二九）。　訓覇信雄師死去（七・二六）。　二一世紀ビジョン委員会第一回全体会議（一〇・七）。
二〇〇六（平成一八）年	勝光寺住職辞任	
二〇〇八（平成二〇）年	五月一三日逝去。 法名　唯信院釋英嗣　七十六歳	

（編＝能邨勇樹・山内小夜子）

（河島佐葉子・画）

〔追悼〕能郁英士師を偲《しの》んで

（池野久子・画）

宗門を縁として

＊文章が扱っている事柄の年代順に掲載。

能邨さんは仕事師だった

――宗務職員のころの能邨さん

不破　仁《ひとし》

法友・能邨さんとは、互いに宗務職員として本山《ほんざん》（宗務所）に勤務していた昭和三十七（一九六二）年頃からのご縁でした。それから二人は、昭和五十六（一九八一）年、宗議会議員として議席をもち、同期・同会派の仲間として、引続き交友をつないできました。

ふりかえると、われわれ二人の宗務職員時代は、ビールのおつき合いも長かったが、特記すべきは、前の宗祖聖人七百回ご遠忌《えんき》法要（昭和三十六年）がすみ、とき正に宗門が、時代社会のなかにあって、真の同朋《どうぼう》教団を回復すべく第一歩を踏み出した時期でありました。

ご遠忌直後、訓覇《くるべ》内局が誕生し、教団再生の基礎を培う方向が打ち出されました。それから、同朋会運動第一次五ヵ年計画が発表されると、門徒同朋の一人《いちにん》いち人が、全国のお寺一ヵ寺一ヵ寺が、そして組《そ》・教区など宗門あげて、この信仰運動を受けて立つという気概がたかぶっておりました。しかし又その反面、運動が全国的に展開されていくと、同時にそのリアクションも又、かなり激しくありました。

そのころ、われわれ宗務職員は、お互いに若輩の身ながら、当時の訓覇内局のもと、同朋会運動推進のための諸業務を分担しながら、お手伝いしておりました。当時は、教学とか教化とか、生意気なことは言っていましたが、内実は頼りないものでありました。ただ、何か宗門のために、お役に立ちたいという意欲のようなものは、正直もっていたように思います。そのころ、宗務上の仕事の面での能邨さんは、いわゆる勤勉実直のタイプというだけでなく、みなで協議しても一向に妙案が浮かばず、思案のあげく先送りしようという場合に、意外にも能邨さんは常識を破るというか、奇抜な発想の持ち主でした。

能邨さんのそうした着想は、彼が宗政を担うようになると、きわだって顕著となり、困難な局面を打開する有効打を放っていきました。

時は昭和五〇年代、本山本願寺が宗派から離脱するための申請が京都府庁に提出され、宗門は大きな衝撃を受けました。それと連動して、全国にある主要別院が同じく離脱する動きが始まりました。別院離脱を阻止するために、宗派側はいろいろ手だてを講ずるのであるが、別院が宗派と別法人であることから、国の法律や法人規則に守られて、思うがごとく阻止できない。

そのとき、能邨さんの発想をもとにして出来たのが『別院特命住職』であって、この臨時特例の法制を宗門法のなかに立法化して、この特例法を活用して、別院正常化の道を切り拓いていったのであります。能邨さん自身も、自ら別院特命住職に就任して、別院の宗派離脱を見事に防いでいったのでありました。

そのことをいま追憶すると、彼は単に仕事師だけでなく、宗門崩壊阻止のため、よく身を尽くしてくれたと言うべきであります。

（岐阜県大垣市・長圓寺住職／宗議会議員）

（佐々木和子・画）

能邨さんをおもう
――真宗教団の課題の根っこ

廣瀬《ひろせ》杲《たかし》

昭和四十五年（一九七〇）の三月か四月の頃だったと記憶している。能邨さんから拙宅へ電話が入った。激動し続ける真宗大谷派教団の、困難な課題を荷負しておられる能邨さんからの直接の電話ということでもあり、なにごとかと思って受話器を取った。電話での用件は研修会の講師依頼であった。能邨さんはいつもの静かな口調で、こう語り掛けられた。

「突然お電話を致しまして申し訳ありません。実は田舎（小松市）の寺族からの要請がありまして、お聖教《しょうぎょう》を拝読したいが、その道案内役を引き受けて頂きたいので、打診してみて欲しいということなのです。お引き受けくださるならば、日時、方法はご自由にお考えください。ただ『選択集《せんじゃくしゅう》』をテキストにして頂ければ、大変に有り難いのですが……」

ということであった。お断りする理由もないのでお引受けしたが、テキストを『選択《せんじゃく》本願念仏集』（法然上人）にしたいと言われることがちょっと気になり、その旨をお尋ねすると、そのことについては驚くべき返事が返ってきた。それは、

「真宗教団の課題の根っこを、真宗興隆の大祖にお尋ねしたいからです」

という一言であった。この一言は、三十余年の歳月をすぎた今も新しい。

能邨さんの真宗大谷派教団への願いは、この一言に尽くされていることを、改めて思い見ずにはいられない昨今である。小松での『選択集』の会は、その日から始まった。

（京都市岩倉・聞光舎／大谷大学名誉教授）

能邨さんのエネルギーの源泉
――「お東紛争」のころ

田原由紀雄

能邨さんには、大谷家と本願寺財産をめぐるスキャンダルが相次ぎ、宗政の混乱が続く一九七七年に初めてお目にかかった。能邨さんは当時、嶺藤亮内局の総務部長、私は駆け出しの宗教記者。明日何が起こるか分からないという緊張感がみなぎる宗務所で、能邨さんが黙々と膨大な仕事をこなしておられた姿が、今もまぶたに焼き付いて離れない。

紛争解決の功労者として、よく嶺藤師の名前があげられるが、辛抱に辛抱を重ねて筋を通し続けた嶺藤師を陰で支えた能邨さんの労苦も忘れてはなるまい。

万事に慎重で、口は堅い。新聞記者としては苦手なタイプだが、ある時、「大谷家には表に出せない莫大な借金があるようですね」と水を向けると、声をひそめて、

「随分、以前のことですが、幹部の意を体して、大谷家のある方に『お金にお困りではないのでしょうか。もし、率直に事情をうち明けていただければ、事が大事に至らない前に何とか処理させて頂きます』と、バーでさりげなく、お話ししたことがあるんです。何の返事も頂けなかった。事がこじれにこじれた今となっては、とても解決は難しい」

という答えが返ってきた。滅多に内幕を語ることはなかった能邨さんから聞いた、ただ一つの裏話である。

一九九七年、当時、宗務総長だった能邨さんに長時間のインタビューをした。

「お寺に生まれた以上、ご門徒の期待に応えて、お寺をやっていかんならん。そうは思っても何か自分の生き方がはっきりしない。そういう時、宗門白書が出て、目の前が開けたという思いがしたんです」

そう話されたことが印象的だった。宮谷法含内局が、同朋会運動の布石ともなった「宗門白書」を発表したのは一九五六年のことで、能邨さんの宗門人としての出発点と重なっている。能邨さんのエネルギーの源泉を探り当てたような思いがした。

（毎日新聞専門編集委員）

教団問題のころ

——「教化者意識の克服」の底に

藤井慈等

能邨さんは、訓覇《くるべ》信雄師の差別発言問題、その表白《ひょうびゃく》を『訓覇信雄論集』第一巻（法蔵館、二〇〇一年）において取り上げられた。このことは訓覇さんを師と仰ぐ能邨さんにとって、師が担った課題を改めて検討し、自らの使命としようとする面目ではなかったろうか。

その『論集』において、「教化者意識の克服」ということ、さらに「私はよく『南無《なむ》の関門を通れ』と自分にも人々にも言ってきましたが、いつのまにか『すでに南無の関門を通ってしまった者』であると思い上がっておりました（略）」という訓覇師の表白をふまえて、能邨さんは「このような、徹底した自己批判・自己吟味」によって、「苦しみ悩む人々と共に手を取り合って生きていける、真の共同体を開いていくことができる」と述べておられる。能邨さんご自身の宗務に関わる一貫した姿勢、現代の課題に関わるその確信が、記されているのだと思う。

私が能邨さんを初めて見たのは、一九六八年に宗務所に入所した時で、能邨さんは組織部長ではなかったかと記憶している。「教団問題」の渦中に若手宗務役員（職員）で構成する「教団問題協議会」が、能邨さんのお寺を訪ねたことがあった。その時、お寺の偉容を目にした私は、同朋会運動、教団問題を語る能邨さんの姿と、お寺との間に違和感があって、それをずっと心の底に引きずっていた。

能邨さんが亡くなった翌日、久しぶりにあの大きなお寺まで出かけて、お別れさせていただいた。お通夜、そして葬儀にお参りする沢山の人々で、さしもの大きな本堂が小さく見えたが、それはおそらく能邨さんの担った課題、その使命のなせることではなかったかと、ふっと思った。

能邨さんが宗務総長在任中、田舎寺にいた私はどうしてか研修部長に引っ張り出され、ご一緒に仕事させていただいたが、「教化者意識の克服」という課題の底に流れている深い苦悩を知らされて、有り難いご縁であったなあと、いま改めて味わい直している。

（三重県松阪市・慶法寺住職）

約束した日は、大震災になった
——私と能邨英士さんとの出会い

戸次《べっき》　公正《こうしょう》

能邨さんといえば、阪神・淡路大震災をすぐに思い出す。

正月に能邨さんから電話があり「ぜひいちど、ゆっくりと話をしたい」とのこと。一瞬ためらった。叩き上げの宗務官僚から議員になり、宗務総長になった人に、当初は大して期待していなかった。でも、誠実そうな人柄や宗務へのとりくみは徐々に伝わってはきていた。

それにしても一対一で何を？　と、何か取り引きでも持ちかけられたらという困惑もあった。でも、まぁ会ってみようと決断して受諾した。

約束した日が、一九九五年一月十七日。

その早朝に地震で眠りを覚まされ、茫然としていた。本山に電話して能邨さんに様子を伺うと、阿弥陀堂門があかないようだ、と。

その日の面談は中止となった。

そして日を改めて二月三日、京都の井筒安旅館で会った。午後二時から、夕食もしながら九時すぎまで、えんえんと話し合った。

話題は、大学論、教団論の本質について。同朋会運動の見直し。青少年教化の課題とは。女性の宗政・宗務への参画。帰敬式の自由化。高木顕明の事績とその名誉回復・復権の方途とは。そのことと「同和」問題・靖国問題との関連性とは——等々で、まさに宗務懇談となった。

師は私の意見にも耳を傾け、質問し、自分の想いを述べ、私が反論や同調すると、さらに議論を重ねた。思いきり話し合えたのだった。

師の謙虚な姿勢と、教団革新への意欲がひしひしと感じられて驚いた。この人は、人の話しをきちんと聞き、聞き置くだけでなく、それを宗務において課題化し、実現していく道をつけようとしている……。

これが能邨英士さんと私との出会いのはじまりだった。

記憶の中に在る能邨英士さん
——女性の宗門活動への端緒

（大阪府泉大津市・南溟《なんめい》寺住職／元宗議会議員）

尾畑潤子

女性に関わる問題は女性たちが考え、意見を出し合い、その声が宗門政治に反映される。そんな論議の場が、教団の内に開かれることを願って、「真宗大谷派における女性差別を考えるおんなたちの会」では再々、要望書を提出してきました。しかし、私たちの要望書は、いつも返事のないメール（？）に似て、一方通行。

ところが、はじめて逆方向から、つまり教団の「内」から、「外」に在る私たち女性にメッセージが届いた！そう実感できた事があります。能邨英士さんが宗務総長であった一九九四年九月、宗務審議会「女性の宗門活動に関する委員会」が開催されたのでした。委員構成は、女性十五名、男性四名、「おんなたちの会」からは、私を含めて数名が参加することになりましたが、この男女比に、宗門の女性問題に対する、能邨さんの思いの深さを感じ取りました。

そして能邨さんは、世襲制による住職継承の論議の中で、「私は坊守《ぼうもり》制度の是非論ということも念頭にあるのですが、そのことが良いのか悪いのかについて、皆さん方の委員会が宗門に対して、提言していくものだと思います」と、坊守問題について、ご自身の考えを明確にされ、その上で、私たち一人ひとりの主体的な坊守問題に対する関わりを求めたのでした。試行錯誤の中で私たちは、これまでとは全く違った「配偶者」をはずして、主体的な選びの中で、「坊守」になるという位置付けを提起しました。

それから十五年、私はこの委員会の中で、ジェンダーイコールな花を咲かせるのは宗門ではなく、私たち一人ひとりの歩みにあるのだと、そんなことを能邨さんの言葉から教えていただいたと思っています。

そして一九九六年以降、「おんなたちの会」の連絡係を引き受けた私が、深く「坊守問題」に関わった原点は、審議会における能邨さんとの出会いがあったからでした。

いまも差別性を抱えた坊守制度の中で、私の課題は続いています。

（三重県いなべ市・泉稱寺衆徒／真宗大谷派における女性差別を考えるおんなたちの会）

残された言葉を担って

――「女性室」の開設とその課題

見義《みよし》悦子

この男性教団にあって、はじめて女性の声と向き合って下さった宗務総長として、能邨さんは大谷派教団女性史の中に名前が残る方だと思っています。

思えば一九九五年、はじめて総長室に迎え入れて下さった時、ぽつりと言われた言葉が、今も耳の底に残っております。

「ぼくはずっと、坊守《ぼうもり》制度の問題は課題にしなければならないと思ってきました。学生時代、夏休みで帰省した時、寺に訪ねてこられたご門徒さんと話をする母の言葉を、隣の部屋で聞いていて、真宗の教えとは思えないことを言っているのを聞いていたからです。聞法道場に身を置く者の問題として、考えていかねばならんですね」

その後すぐ、女性住職の道を開き、同時に「女性室」を設置し、「男女両性で形づくる教団」へと方向を向けました。その願いを、

「女性室には、単なる宗務の行政機構等の枠を越えて、幅広い活躍を願いたい」

と言われました。そして間もなく始まった坊守制度の論議。それは女性住職の誕生によって「その配偶者は坊守と称す」という規定によって、男性坊守誕生の可能性が出てきたことによります。そこで、坊守制度の論議期間を設け、

「この問題を通して、坊守のみならず、寺院・教会や、住職・寺族、そして門徒も含めたところで、坊守制度の存廃も含めて論議してほしい」

と願われました。

これらの言葉を通して感じるのは、この宗門が「同朋教団」として歩み出したからには、これまで本当の意味で、見えていなかった人々の声を聞くことを通し

て、「同朋」の内実を確かめていきたいという願いに立っておられたのではなかったか、ということです。

この願いにまだ応えられていない宗門の現実にあって、改めて宗門に関わる一人ひとりの課題として、そして何より私の課題として受け止める歩みを今後も続けていきたいと思っています。

（富山市・正覺寺坊守／女性室スタッフ）

高木顕明《けんみょう》師の名誉回復と能邨氏

山口範之

大逆事件に連座したとして、擯斥《ひんせき》という最も重い罰を受けて宗門より追放された浄泉寺十二代住職・高木顕明師の復権が、一九九六年（平成八）四月一日、八十五年という永い歳月を経て為されました。

その日、私は、京都の本山の宗務所の応接間で、当時、宗務総長であった能邨英士氏に初めてお会いしました。告示第十号「本日、同氏の住職差免及び擯斥の処分を取り消す」。一末寺の住職である私には、能邨英士氏は会いがたい存在の人であり、直接、お言葉をいただけるなどとは想像も出来ないことでありました。さらに「逆徒の寺の汚名を着せられ、浄泉寺さまと御門徒の方々には大変な苦痛を与えた事をお詫びいたします。高木顕明師を新宮の御門徒にお返しいたします」と、お言葉をいただきました。一九九二（平成四）年十二月、本山から『死刑制度と私』というタイトルの初版本が出版され、その文中に高木顕明師についての史実に不適切な文があり、本山へ電話をいたしました。幾度かの調査の末、当日の復権になったのです。

「高木顕明師を新宮の御門徒にお返しします」のお言葉通り、翌年一九九七（平成九）年九月二五日、新宮市南谷墓地に高木顕明師の顕彰碑が建立され、新宮の地までお越しいただき、報告法要が営まれました。その碑に刻まれた【高木顕明師顕彰碑】の文字の下書きは氏自ら書かれた文字であります。その報告法要では、宗務総長・能邨英士氏として表白《ひょうびゃく》を述べられ、その文中には「われらは今、念仏者たる高木顕明師の事績に学び、その願いを心に刻んで顕彰していくことを決意するとともに、本願念仏の教法に背くこのような過ちを二度と繰り返すことなく、同朋社会の顕現に努めることを改めて誓うものであります」と、自らの言葉が述べられていました。

その後、二〇〇〇（平成十二）年の遠松忌法要には、個人として御参詣いただきました。いま思えば、高木顕明師の名誉回復は、能邨英士氏なくしては為し得なかった事だと感謝する今日であります。

（和歌山県新宮市・浄泉寺住職）

「ハンセン病に関わる謝罪声明」からの出発

旦保《たんぼ》立子

一九九六年、らい予防法廃止を聞くや、真宗大谷派は「ハンセン病に関わる謝罪声明」を表明し、国に対しては「要望書」を提出しました。その要望書は、まさに、今、課題になっている療養所の将来構想をも展望してのものでした。そして、ハンセン病問題に関わる懇談会を設置し、一九九七年には「第一回全国ハンセン病療養所交流集会」が、東本願寺で開催されました。

もちろん、当時、療養所におられる方を京都にお迎えするには、十分な建物構造ではなかったことは否めず、職員の方々の手作業で、手すり設置や、足元の廊下修復にあたられたと聞きました。しかし、今この時機に出会わないで、いつ出会うのかという、各療養所に行き来していた友の思いと、時の宗務総長であった能邨英士さんの決断が、「交流集会」実現の運びになったと思います。

それ以後、大谷派のハンセン病問題に関わる姿勢は、草の根のように出会い続け、二〇〇八年、第七回開催にまで至りました。そして、回を重ねるたびに、参加者は宗派を超えた人たち、海を隔てた方々にまで及びました。

思い返せば、第一回の集合写真撮影の時、阿弥陀堂階段に参加者全員がカメラに向かってスタンバイ、能邨総長の登場を待つばかりでした。確か暑い日で、発汗調節のままならない方もおられ、私は内心、いらいらしていました。そこへ能邨さん、皆の方を向いて、言葉はありませんでしたが、深々と頭を下げられました。また、総長をやめられてからも、交流集会の懇親会の席で、いよいよ、このような集会が大切であることを伝えて下さいました。

能邨さんは「信仰運動はもう今となれば、草の根運動に期待するしかない」と言われたと聞きました。ハンセン病問題に関わることで言えば、「懇談会」設置が教団内外、日本国内外を問わず、療養所の存在する地、そうでない地にかかわらず、新たな草の根として歩み出す基になったと感じています。

大いなる礎を能邨さんは築いていって下さいました。

（さいたま市・宗泉寺衆徒／宗議会議員）

死後に出会う

兪《ユ》　漢子《ヨンジャ》

能邨さんに二度、待たされたことがある。

一度は「ハンセン病全国交流会」が本山で開かれた第一回目（一九九七年九月）。全国から集まった人々との記念撮影の時。暑い日だった。記念写真を撮るために並んで、どれくらい待っただろうか。病の後遺症で汗を出せない友人の辛さを想い、私はイライラした。私たちが待っていたのは総長の到着だった。

もう一度は、宗務所内の報恩講。案内された会場の講師席で待った。待っていた時間は数分だったかも知れないけれど、なぜ誰を待っているのかが分からず、不安になった。待っていたのは、この時も総長だった。

総長・能邨英士という名をずっと後になって、私ははっきり記憶した。二つの理由によって。戦後五十年に出た「不戦決議」と、ハンセン病に関する謝罪声明によって。「不戦決議」が出された時、私はうれしかった。日本の中の批判精神、と考えたからだ。私はまだ大谷派に名を連ねることのない他者として、共感した。しかし、いま自分は「不戦決議」を内実あるものとして考え生きているか、と問われる側に居る。能邨英士総長の時代に準備された大谷大学開学百年の記念事業によって、二年間、大谷大学で学び、大谷派僧侶として補任された私だ。

私は、喜んでそのことを受け取る。悪戦苦闘して生きた人間の軌跡が私に呼びかけるからだ。そして、いまも苦悩の直中にあって、解放に向かって生きている人間がそこに居るからだ。何という縁の豊かさ、不思議。

人は死んでからしか、出会えないことがあるだろう。能邨さんとは一度しか話したことがない。でも私は、残された言葉に込められた願いに出会い続けていこう。

願いは生きるいのちの力だ、と思う。

二度待たされた訳は、その時から病だったからだと、後で知った。

いま、先に逝かれた能邨さんに、それでいいか、と私が待たれているのだ、と思う。

（琉球親鸞塾発信人）

灯火をいただいて

――大谷中・高等学校校長の打診

真城《ましろ》義麿

一九九七年三月、総会所教導としての法話を終えて部屋へ帰ると「総長室へ来てください」とのメモがありました。前年の十二月からスタッフになっていた女性室の件で、何かお尋ねでもあるのかしらと総長室をお訪ねすると、大谷中・高校の校長就任の打診でありました。私は、日本有数の高齢者村での住職としての活動についてお話しし、ご門徒の理解を得るのが難しいとお答えしましたが、能邨総長からは是非にとのことでした。

能邨総長は、真宗大谷学園理事長として理事会で提案し了解を得た上で、すぐに瀬戸内の小島の自坊（愛媛県今治市・善照寺）へ直接いらして、ご門徒にお話をなさって下さいました。まず一同でお正信偈《しょうしんげ》のお勤めをする、そのときの能邨総長の様子が、本当に懸命な発声で、そのお勤めの姿勢に感動しました。そして懇切な説明と、宗門としての教育への思いを、熱を込めて語られました。私は一学校の校長であるのを超えた、使命と責任の火を灯《とも》していただいたと思います。

先般、御命終の知らせに、すぐ小松市の御自坊をお訪ねし、拝顔の機会を賜りました。願いに生きる尊い人生に、あらためて触れた思いでした。そのとき、「本願を仰いでは身の善悪をかへりみず、念仏に親しんでは自ずから無碍の一道を知る」という金子大榮先生の『宗祖を憶う』の一節が重なりました。

信念の人でした。人を信じ人を支え、約束をしたらどこまでも守る、そういう方でした。目的地へ真っ直ぐ入る人でした。そして願いを語られて、出会った人に火を灯していかれたと思います。私生活は存じませんが、雑行《ぞうぎょう》（「私が」という進みかた）にまみれる世界の中で、念仏弘通《ぐずう》のためには無私、本願に生きようとされた。そのお姿を憶念しながら、親鸞聖人が法然上人から灯され、そしてさなざまに相続されて、能邨総長から灯していただいた「火」を、有縁の人に灯すことができればと願っております。

（大谷中・高等学校校長）

一九九七年四月二日の宗務総長

——愛媛玉串料違憲訴訟と能邨師

安西賢誠

能邨英士師は、真宗を自明のこととしていた「宗門体質」への深い悲しみと、秘めた怒りを感じさせる人であった。私が能邨英士というひとりの宗門人としてではなく、むしろ「宗務総長・能邨英士」という存在に対し、親しみと敬意を実感したのは、今からほぼ十二年前の一九九七年四月二日のことである。

この日、東本願寺は春の法要中で、「全戦没者追弔法会《ほうえ》」の厳修《ごんしゅう》当日であった。いっぽう私は十五人の裁判官が居並ぶ東京の最高裁大法廷で、県知事の靖国神社などへの玉串料支出が、違憲か合憲かの判決を待っていた。

能邨英士宗務総長は、この日の全戦没者追弔法会の挨拶で、参詣者を前に、

「……このような近代史の検証に関連して思いますことは、本日、靖国神社等への公費による玉串料等の支出が憲法違反であるかどうかの愛媛玉串料違憲訴訟の判決が、最高裁において出されることになっております。日本国憲法における『政教分離の原則』に基づいて、宗教と政治の分離が明確に表現された判決が出されることを念ずることであります」

と述べた。法会閉会時には、私たち原告の全面勝訴判決を受け、宗務総長の宗派声明を、今は亡き山陽教区の後藤宣一参務が代読した。

この法会のときの経緯詳細が私の耳に届いたのは、もちろん後日ではあった。この話を後藤参務から聞いたとき、胸が熱くなったのを覚えている。よくぞ、わが宗務総長があえて御門徒に向かって生の声で、しかも因縁深いこの「全戦没者追弔法会」において——という想いが、私の中を去来したからだと思う。

この訴訟を提訴した当時（一九八二年）、真宗大谷派参議会はできなかったが、宗議会と全国正副議長会は、四国教区からの支援要請に対し支持・支援決議がなされ、運動のための支援カンパも各方面から長期にわたり頂き、運動も維持できた。その意味から言えば能邨さんが、十五年後にたまたま宗務総長という立場だっ

たので、世間的にも注目されていた訴訟であり、宗門として当然の意思表示をしたまでといえば言えなくもない。しかし、この「当然の意思表示」一つに、紆余曲折し、口先だけのポーズで終わるのが、まさに宗門体質である。社会の危機的状況を論評はしても、決して身を危険水域にさらさないのが、これまでの宗門であった。

能邨総長に、ぶれはなかった。宗門の歩むべき方向、そしてその社会的使命に一貫性があった。思えば興法議員団からの自らの脱会も、玉光順正・教学研究所所長「強制解任」に対する批判も、真宗を自明のこととしてきた古い宗門体質への深い悲しみと、秘めた怒りに由来していたのだと思う。

巨星墜《お》つ。いま宗門は真宗信心の今日的意義を誇らしげに語るときではない。社会が病み、人が病んでいる。何を喜ぶというのか。だからといって、自らの愚劣さを演じてみせる必要もない。毎田周一流に言えば「あなたが愚劣なことなど、みなさんよくご存知ですよ」ということになる。座を起ち、棄てるときである。

（愛知県松山市・専念寺住職／
元・愛媛玉串料違憲訴訟原告団長）

能邨英士さんとの出逢い
――宗門への危機意識

阿満《あま》利麿

一九九七年六月、当時宗議会の議長をしておられた木越樹さんの招きで、議員方に「日本人の宗教意識と真宗」という話をしたことがあった。講演のあと、枳《き》殻邸《こくてい》に席が移され、議会終了の慰労会が開かれた。その席で、はじめて能邨さんとお会いした。

私は、そのとき、同朋会運動が門首制度の樹立にまでいたったことを高く評価したい、と述べたところ、能邨さんは即座に「改革運動はいつ元へ戻るか分かりません。全国八五〇〇ヵ寺の基盤は脆弱なものです」と話された。この発言は今もって忘れがたい。というのも長年、同朋会運動の中心におられて、今は宗務総長という要職に就いておられる方から、このような危機に満ちた言葉を聞くとは思ってもいなかったからだ。そのときは、運動の細部を知っておられる立場だからこそ、このような発言がなされるのであろうと、それ以上のことはお尋ねしなかった。

今から思えば、このとき、能邨さんがいだかれていた危機意識の内実をもっと詳しくお聞きしておくべきであった。なぜなら、その後十年も経たないうちに、「改革運動はいつ元へ戻るか分かりません」というご心配が的中し、本山の行政を預かる人たちは急速に反動化し、宗門からは新しい信仰共同体を目指すエネルギーが失せてしまったからだ。そのような中でも、能邨さんは同志を糾合して「宗門を開く会」を立ち上げられた。この会が多数派になり、再び新しい信仰共同体造りの推進力となるためにも、能邨さんのいだいておられた危機の内容を明確にする必要があろう。

二〇〇八年三月、小松市の御自坊をお訪ねした際、あらためて能邨さんに、同朋会運動の挫折の原因をお尋ねした。だが、その詳細を伺うには時間がなかった。「全国八五〇〇ヵ寺の脆弱な基盤」をどうするのか。課題は後人にゆだねられた。

（明治学院大学名誉教授）

「学んで下さるアジアの学生達を…」

――能邨さんの願いの一つ

本多一壽《かずひさ》

能邨さんは、大谷派宗門の正常化とたゆみなき改革に、文字通り生涯を捧げてこられた方でした。私個人としても宗議会議員となってからこの三年間、能邨さんが身近にいて下さることで、いろいろな事を教えていただきました。その大先輩を失ったことは痛恨の極みで、その喪失感は言葉では表わしきれません。現在の宗門にとっても、大きな喪失の痛手を背負ってしまったと感じるところ大です。能邨さんは、現在の宗門状況を大変に憂いながら去っていかれました。

亡くなられる二ヵ月前、能邨さんとお茶を飲みながら、私は何気なくこんな質問をしました。

「能邨さんが、もし今総長だったら、具体的な施策として何を一番したいですか？」

私の中では、単に宗門組織内での何かの具体的施策を予期しての質問でした。しかし能邨さんは即座に真顔で、こう言われました。

「聖護院別邸跡に、親鸞さんの仏教を学んで下さるアジアの学生達を無償で大谷大学へ通学してもらうシステムと施設を構築したいですね」。

はっきりと「学んで下さるアジアの学生」と。私は今でも、この言葉を聞いたときの驚きと感激を、忘れることが出来ません。

この、矛盾と自己保身のルツボと化したかのような宗門の中で、目線をそんなところに置いておられた元総長のつぶやきは、私が議員となっていろいろな問題に直面して憤りと悲しみと苦悩の中で右往左往している、そんなあり方に対して、この上なく叱咤激励して下さったことでした。

また、元宗務役員（職員）であった方から聞いたのですが、約十年あまり前、総長在任中の能邨さんが新年明け、宗議会議場での全職員の集いのおり、こう挨拶されたということです。

「私たち宗務行政に関わる者は、各分野に分かれてそれぞれの仕事をしています。例えば、財務会計に携わる者は、日々ただお金の出し入れをするだけで、つい何のため？　と思うかも知れません。それぞれの目標が見えなくなるときが、きっとありましょう。／しかし、私たち本山宗務所の全体が、真宗同朋会運動の本部なのです。親鸞聖人の教えをしっかり受け取り、それを門徒の方々、真宗に関心を寄せる方々に伝える役目があります。各人の役割、持ち場は違えど、そこにあることを憶念して下さいますよう念じております」

宗門内外の縁ある人々が、親鸞聖人に出会っていくことを心底から願い、その環境作りに身を粉にされた人ではなかったでしょうか。

（大阪府寝屋川市・護念寺住職／宗議会議員）

（能邨希《け》有《い》（小4の時）・画）

勝光寺を縁として

前住職・ごえんさんを偲んで

門徒総代　中田吉美輝

板尾という在所は、白山の山間に位置する在所で、昔から勝光寺を手次寺として支えてきました。報恩講の時期になると大根を炊き、お煮しめ（あげ・蓮根・ぜんまい・人参などの煮物）を作り、その日をお迎えしたものです。

亡くなられた前住職のごえんさんは、お酒もお好きで、ゆっくりした語り口で在所の皆とよく語り合っておられました。

私がごえんさんと個人的なお付き合いをさせていただくようになったのは、ご本山の宗務総長になられてからです。上に立つと何かと気苦労が多いのではないかと、経験上感じて、本山《ほんざん》に上山し、陣中見舞いにお伺いしました。そのことがきっかけでお話をするようになりました。ごえんさんを応援しなければという思いで、はじめて在所の者とご本山の報恩講にお参りをさせていただきました。それから今日まで欠かさず毎年お参りをしております。今も満堂の中、堂々とご挨拶をしておられるお姿を昨日のことのように覚えております。

そのごえんさんから、しばらくして「総代になっていただけないか」と頼まれました。親もまたその親も仏法を喜び一所懸命、聞法をしてきましたので、浅学非才の身ですが、お引き受けしたことです。お引き受けした以上は、仏法のため勝光寺発展のために尽くしていきたいと思い、今日まで頑張ってきました。

そのごえんさんが亡くなられ、勝光寺として大きな穴がぽっかりと開いたようです。しかしごえんさんが本山宗務総長としてなされた数々のご功績を思う時、門徒として誇りに思います。特に本山問題は、ごえんさんがおられなかったら今ごろ解決していなかったのではないか。もしかしたら今ごろ本山は、あの紛争の最中になくなってしまったのではないかと思っています。そう思うと本当に惜しい方を亡くされた思いでいっぱいになります。

しかし、亡くなられる時にごえんさんより勝光寺のことを託されましたので、いのちを尽くして今の住職とともに、仏法のため勝光寺のために邁進したいと思っています。

長い間ご指導くださり誠にありがとうございました。

合掌

勝光寺と私

門徒総代　谷口　肇

それは私が五、六才の頃（昭和十四、五年）だったと思いますが、私の村から大きな松の木と欅の木が、何十人もの人によって引き出されたことを忘れません。昭和七年の小松の大火で焼失した本堂の再建の木材だったのですが、昭和十六年十二月、太平洋戦争の勃発により、再建が中止されました。

私が中学校を卒業した昭和二十三年に再建が始まり、本堂建設のお手伝いに何日も何日も出向いたことを覚えています。

私と前住職との出会いはよく憶えていないのですが、東本願寺のお仕事が多かったように思います。当時は本願寺の問題が大きく報道されましたが、前住は本山総務部長として問題の解決に取り組まれ、解決されたのは前住のお陰であり嬉しく思いました。

平成十四年、前住がわたしの家に行くからと言われたので、私の方から本寺に行きますと、

「門徒総代を引き受けてくれ」

とのことでした。私にしたらとんでもない話であり、お断りをしたのですが、どうしてもと言われ、何も分からないままにお引き受けしました。私はその日から、勝光寺のお参りや行事に欠席したことはありません。

平成二〇年四月、急に前住が入院されたとの話があり、早速お見舞いにあがりましたが、どこが病気かと思われるほど元気なお顔に見えました。

五月九日、何となく勝光寺にまいりますと、前住が退院されたとのことでしたので、さっそく奥の部屋に駆けつけました。そこでお会いした前住のお姿はまさに「御仏《みほとけ》のお姿」でした。私は思わずお手を握りしめ、

「前住さん、先に行って待っていてください。私も行きます。

前住さん、この世に思い残すことはないでしょう。ご家族、勝光寺、東本願寺、心配ないでしょう」

と言ってしまいました。そうすると前住はにっこり笑われ、お休みになりました。

十三日の両度の命日の最中に「ご逝去」が伝えられ、奥に駆けつけましたが、今までにお目にかかったことのない「御仏のお顔」でした。あなたが残されたご功績は東本願寺をはじめ、浄土真宗にとって得がたい喜びとして残るでしょう。

「浄土に必ず必ず参らすべし」

この言葉はあなたが残してくださった言葉として生涯忘れることはできません。

謹んで心からお悔やみを申し上げます。

合掌

弔辞

責任役員　竹田又男

第二十五代住職・唯信院釋英嗣様のご逝去を悼み、謹んで弔辞を捧げます。

長い京都でのお勤めから解放され、特に最後は宗務総長の重責を全うされて小松にお帰りになり、門徒一同、心から喜んでおりました。それがこんなに早いお別れになろうとは夢にも思わぬことでした。

平成十四年八月初めの頃であったかと思いますが、仏弟子入門講座が開かれるとのお知らせがあり、周囲の人達の強いお勧めもあり参加いたしました。あまりお寺に縁のなかった私でしたが、前住職様のお話をお聞きして心動かされるものを感じました。

しばらくたったある日、前住職様から「帰敬式を受けた感想は？」とお尋ねがありました。そのとき私は次のようにお答えしたように覚えています。

「この間、親しい友人のお葬式にお参りしてきましたが、今まで何も感じなかった事ですが、導師がおかみそりをされるお姿を見てハッとしました。剃刀で三度頭を撫でるのは、名聞《みょうもん》（名誉欲）、利養（利益追求欲）、勝他（他に負けたくない欲）の三つのもとどりを剃り落とし、仏道に精進する故事に習ったものだと、前住職様より帰敬式の深い意味を教わったばかりでしたから、友人も今はもとどりを剃り落として、一切の欲望から解放され安楽浄土の世界に生まれたであろうと一瞬羨ましいような気さえしました」と。

その後もいろいろお教え頂くことが多くあり、私は長いあいだ政治に関係する立場にあり、自分自身の五回の選挙運動の体験から「他人に自分を誇る、自分だけのことをはかろう、自分をよく見せかけようとする」という三つのもとどりに縛られた生活をしていたのだと深く反省していると申しますと、やさしい語り口でなぐさめはげましてくださいました。その時に私は、前住職は心の底に強い信念と自信を己の人生を通して養ってこられた方なのだと感じました。

宗務総長に就任された時は、大谷家と内局の紛争が再燃し、いわゆる「お東紛争」が続いていました。前住職には強い信念と自信をもって解決に当たられました。その努力により長く続いた紛争もようやく終結に向かいました。私どもはその偉大なご功績を誇りとし、後世に長く伝えていかねばなりません。

尊敬し、多くの教えを頂いた前住職様とお別れする時がきました。後継には立派な若い住職がおられます。すばらしい若い住職のもと一致団結して勝光寺を守っていきます。

どうかお見守りください。

合掌

平成二〇年五月二十日

お父さん

坊守　能郁奏美子

私が子どもの頃の父は大変近寄り難い人でした。いつも難しい顔をして威圧感でいっぱいでした。その頃、教団問題のさ中にいたことは随分あとになってから知り、苦労が多かったのだろうと理解したことですが、子どもの私はそんな父を恐れていたので大人になっても緊張が抜けず、なかなか上手に話をすることもできませんでした。（ごめんなさい、お父さん。でもその分、妹がカバーしてくれたでしょうから、いくらかは安心しています。）

その頃の思い出は、私が確か小学三、四年生の頃だったと思いますが、母にこう尋ねてみたことがあります。「どうしてあんな怖い人と結婚したの？」と。母はくすっと笑い、「ああ見えても本当は子どもを思う優しい人なのよ」と答えてくれました。すごく意外な答えでした。「そうなのかなぁ？　そんな風に見えないけど……でもお母さんが言うのだから本当はそうなのかもしれないなぁ」と半信半疑ながら不思議と嬉しかったのを憶えています。

　住職としての法務に、本山の仕事に、と忙しかったからか、父からはお寺のことやお勤めなどは特別に教わりませんでしたが、一つだけ強く言い聞かされたことがあります。やはり子どもの頃に言われたのですが、それは

「お前たちの住んどる所は能邨の家ではない。これだけ土地や建物があっても能邨の財産は何一つ無い。全部お寺のもんや。お寺をあずかる者として、たまたま居らしてもろとるけど、もし悪さをして門徒さんから出て行ってくれと言われれば、いつでも出て行かなならんのやぞ」

ということでした。「能邨の家は無い」「出て行く」とは考えてみたこともなく、子どもの私にとっては、かなり衝撃的な言葉でした。その時はお酒が入り廊下に座り込んだ父が「いいか、よう聞けよ」と始めたので、お父さん酔ってると思いながら聞いておりましたが、父の真剣な言葉にこれは大変なことだ、覚悟しておかなければならないと思ったことです。

　父から面と向かって教わったことは、この他にはあまり記憶がありません。でも父は十分に日頃の振る舞い、態度のひとつひとつで教えてくれていたように私は思います。父の大きかった背中が教えてくれていたもの……。それが何だったのかもっと知りたくて、いなくなられて、なお大きくなったその背中に、私は問いかけ問いかけしていくのでしょう。この先たぶん、ずっと。

（能邨香美《こうみ》（小２の時）・画）

囲碁好き

戸井久志

平成二十年五月十三日、前住職能邨英士氏が亡くなられました。ここに謹んでお悔やみを申し上げます。

私は平成十七年に勝光寺の役員としてお世話させて頂くことになりました。前住職は東本願寺の総長をなされた方とお聞きしていたので、私どもの近より難い方と思っておりました。しかし、それから話を聞いたりお付き合いをさせて頂くようになり、改めて前住職の人柄の良さ、また決断の早さに感じ入りました。

前住職が体調をくずされ入院されたと聞き驚きましたが、激務のお疲れで暫く休まれたら治られるだろうと思っておりました。私の孫娘が前住職の入院された病院に務めているので、よく容態を聞くことができました。

前住職が自宅療養となり退院されたと聞き安心しておりましたが、まさかこんな事態になるとは思いませんでした。残念です。

住職との思い出というと、私の父が亡くなり京都本願寺へ納骨に行ったときお世話になり、色々とお寺の案内をして頂いたのを覚えております。

また私は囲碁が趣味で前総代の加後幹夫さんとは昔からの囲碁仲間でよく彼と対局して楽しんだものです。残念ながら平成十九年三月に亡くなりました。前住職も囲碁がお好きで、温泉で三人で一杯やりながら打ったことを覚えており、懐かしく思います。前住職曰く、「囲碁は常に態勢判断と決断力の強い方が勝つ」とよく話されました。棋力は不明。今頃浄土で加後さんと楽しんでおられることでしょう。

長い間御苦労様でした。ゆっくりお休みください。

正信偈《しょうしんげ》の勤行《ごんぎょう》

北村　進

勝光寺第二十五代住職のご逝去に当り、師が生前に「仏法のひろがり」と「真宗の安穏《あんのん》」の為にくだされた大きな業績を、お偲び申し上げるものであります。その業績は、師のやや近くで指導賜った平成のはじめごろ約十年ほどのものが、主であります。

その頃、ご本山で大きな紛争が起きており大変な時期でしたが、師が対処に任ぜられ、ご苦労の末、主動的に大改革を成就なされたことであります。問題が、ご本山内の紛争で特殊性があったこと、広範囲で根深かったこと等、複雑多岐であったのです。これら困難な問題改革のため師は、諸般の要請にこたえ、恵まれた多くの人脈に支えられながら、改革の固い信念で、その任に当られました。途中多くの苦難を乗りこえ遂に、大きな改革を達成されたのであります。人脈も、信念も、容易に得られたものではありません。師の、日頃からの充実した生活の積み重ねから出来たものなのです。ご本山の紛争処理もこの平素の積み重ねが、多くの方々の温かい支援となり、又ご自身の信念強化に大きく貢献したのでしょう。

次に、『正信偈・和讃』の勤行のご縁に、数多くお遇いして、わけも無く心に感じ入ったものでした。多くの方からも、同じような定評がありました。『正信偈・和讃』は、念仏の教えを正しく信ずるための道理を述べた歌であると、頂戴いたしております。愚かで情けないものが、その心にふれることが出来ないのでありますが、師の心をこめたお勤めが荘厳《そうごん》だったからでしょう。今も追想しております。

師の多くの業績の中から、印象の強かった一部分を偲びさせて戴きました。平成十八年、住職を辞任され、今後も更に円熟した教化を期待されていましたのに、浄土に旅立たれました。

惜別の情にたえません。

聞法《もんぼう》、御縁と頂く

黒田喜久磨

この度、平成二十年十月の報恩講に際し、図らずも勝光寺役員を三十年間勤めさせて頂いたことに対し、御住職をはじめ御門徒の皆様より感謝状を賜り、心より厚く御礼申し上げます。これもひとえに多くの皆様方の御指導があったればこそと、深く感謝致しております。

さて、私事で恐縮でございますが、私の父は、昭和二十九年七月、母と六男一女を残して四十九年の生涯を閉じました。長男の私は二十六歳。当時、父は農業を営む傍ら、数人の仲間と織物工場を経営。当初は順調に進んでいたが、所詮は素人商いで経営が成り立たず、その為に心痛も多く死期を早めることになったのではないかと思われます。父は亡くなる前日、私を枕元に呼び、

「アンサや、工場の問題は、ウラひとりの問題であるから、あとに何も残さぬように頼むぞ」

と言われた。しかし、それは私には全く理解できぬことばであった。工場の倒産が、父ひとりの責任であろうはずもないのにと、その後ずうっと疑念を引きずることになりました。

有り難いことに、父の五十回法会を済ませた現在、あの時の父の言った「…ウラひとりの問題であるから…」という意味がわかるような気がして、気持ちも随分すっきりとしてきました。このようにさせて頂いた陰には、勝光寺の門徒として聞法に熱心であったといわれている祖母や母がつくってくれた家風、また、私自身、永年お寺様のお手伝いをさせて頂く中でお導き下さった前住職をはじめ、多くの皆様のお陰であると深く感謝致している次第です。

今後は微力ではありますが、勝光寺のご繁栄の為に皆様と共に精進していく所存でございますので、よろしくお願い致します。

合掌

兄の思い出

——子供の頃のエピソード

能邨英栖

兄は活発な子供で、彼が生まれた年に焼失した本堂の焼け跡を含めた広い境内で、何時も、遊びまわっていた。それ故、生傷が絶えたことが無く、近くの春木外科医院のお得意様であった。

兄は好奇心が旺盛で、特に、機械類に関心が強く、自転車やミシンなどを分解して、中の構造を確認していた。彼はまじめに取り組んでいたが、親の目から見ると、単なるいたずらに過ぎないことが多かった。

彼が六年生の冬、父が大切にしていた大理石製の置時計を分解したが、ぜんまいがどうしても元に戻らなくなったことがあった。兄は私に、「これはお前が壊したことにしてくれ。実は、一カ月前、これも父が大切にしていた懐中時計を分解して壊してしまった。今度

のことがばれると、家に居られなくなる」と、切に頼み込まれたので、私は引き受けた。門徒の法事から疲れて帰ってきた父に、覚悟を決めてそのことを話すと、「兄にそう言えと言われたからといって、嘘をつくのはよくない」、と諭された上で、兄は時計を壊したことよりも、罪の身代わりを立てたことを酷く叱られた。父は幼い私が分解出来る筈が無いと判断したようだ。

兄は四年生から学校を代表する相撲の選手として活躍した。大柄だったとはいえ、六年生に混じって、代表を勝ち取ることは大変な努力だったであろうと思う。

旧制中学へ入学してからは、跳躍競技の選手として活躍した。記録の限界を感じたのか、新制高校へ入学してからは投擲《とうてき》競技に転向した。二年生のときは野球の選手（中堅手）も兼ねていた。

大学を受験するに当たり、兄は物理を勉強したかったようだ。その点で、長兄の早逝を嘆いていたが、正月休みに、父と話し合って、大谷大学へ進学する決断を下したようだ。もし、理学部へ進んでいたら、どんな人生だったであろうか。

すげ、
ねこ
ゆうこと
きいて
る

（能邨真実《まみ》（幼稚園の時）・画）

「無明《むみょう》の闇をやぶれ」

――英士　最後の言葉

竹田英璣

「兄さんから聞いたんやが、君のことを小松の方では、こっぱおじと言うらしいな。君は、こっぱおじか？」」。兄の英士が絶対の信頼を寄せていた法兄のK氏が、さも嬉しそうに話されたことを思い出す。「こっぱおじ」というのは、多分「小葉小児」とでも書くのだろう。確かに私は、兄とは十一歳も年齢が離れている。私が小学校に入学した頃には、兄はすでに高校二年生であった。

小学一年生の私には、兄は大変大きく見えた。その兄の部屋の前には、母の名付けた「熊部屋」なる紙が貼り付けられていた。「あそこには、熊がおるけん、絶対入ったらいかんよ」と母に言われて、怖がっていたものである。

その兄も私が三年生になった春には大谷大学へ入学し、京都へいったので、その後、兄と会うのは正月か、夏休みぐらいなものであった。

私達きょうだいは、酒豪の兄が脳梗塞で寝たきりの哀れな末路となるのではないかとさえ心配していた。しかし最後まで、兄は兄らしく豪快な最後であった。最後まで付き添ってくれた義兄が聞かしてくれたのは、兄は最後までずっと、

「無明《むみょう》の闇をやぶれ。無碍《むげ》の一道《いちどう》を歩む者となれ」

と言っていたという。それが、宗門改革に心血を捧げてこられた理由であろうか。私などは、闇の存在にも気付かないでいる。いま、兄の生前のご苦労に対し、深謝したい。

（愛知県海部郡美和町・法光寺住職）

和顔愛語《わげんあいご》

長田吉昭

五月十三日、私が吉崎別院での教区同朋の会の研修会に参加していました所へ能邨英士様逝去の訃報が入り、一瞬ギクリとしました。まさしく巨星堕《お》つです。合掌。

ああ憶えば英士様は、此の親鸞聖人の真宗本廟本山に生涯を懸けられた方でありました。殊に平成六年から十年までは宗務総長として、開申事件以来、長年尾を引いていた教団問題に決着をつけ、現門首を座につけるという大難事も手掛けられ、その他大変な苦労の中から蓮如上人の御遠忌を勤め上げられたことでした。

私は勝光寺門徒ではありませんので、英士様とはそんなに長い以前からの御縁はなかったのですが、寺井和田山の嘉門正順様との御縁で英士様との御縁をいただきました。初対面は上山した際、宗務所へ嘉門様の名刺を出し本山宗務総長室へと案内していただきました。短身痩躯《そうく》色黒の私と異なり、体軀豊満色白で物腰柔らかく声は優しく、それこそ「和顔愛語」。同郷小

松の者として全く親しみをもっていただきました。その後、宗務総長をお辞めになるまではあまり会う機会もなかったのですが、私は教区同朋会のお世話をさせて頂いた関係御縁から再々お会いすることがあり、盃を交わす機会もあって、長田さん長田さんと呼んで親しくしてくださいました。

昨年九月二十四日、嘉門正順様が亡くなられました。生前ずっと以前から、

「わしゃ死んだら葬式の導師を能邨さんに頼んであるがや。能邨さんに会うたら、あんたからもよーく頼んどいてくれや」

と私が訪ねる度に言っておられ、私も責任を感じお会いするごとに伝言しお願いしていたことです。そして嘉門様のお葬式には遺言通り立派に導師を勤めていただきました。

それからわずか八カ月、私たちの前からその温厚なやさしい慈愛の姿を遺して逝かれました。今年三月、称名寺に於いて「真宗大谷派九条の会・小松」の設立があり、その場には代表として優しさの内にも金剛堅固の信心のご挨拶がありました。

まさに、ご生涯は本山に、いや本願念仏に身を捧げ尽くされたお方でした。私の眼前からはそのお姿は消えましたが、私の命の内に英士様は生きてあります。そして御縁あった多くの皆さんの間にも生き続けられ、子々孫々に至るまでのそのいのちの純粋清浄心、すなわち浄土としてお活きくださる御事と思います。

南無阿弥陀佛　　合掌

前住《ぜんじゅう》様を偲びて

重田美重子

平成二十年五月十三日、勝光寺前御住職・能邨英士様がお浄土に還られました。私の生涯に忘れることのできない日でございます。

定例十三日講のさ中、知らされました時は、あまりにも突然で頭の中が真っ白になってしまい、しばらく記憶にありません。

お講が終わり、やっとの思いでお庫裏《くり》への階段を降りた時、下で待っておられた御住職が御遺体に遇わせてくださいました。まだ誰もおいでにならない御殿の

間。枕辺には前坊守様ただお一人。

「御院さん！」夢中で駆け寄りました。ご生前のお姿そのままに。優しいお顔！ 美しい御手《みて》！「おお来られたか」今にもお言葉がいただけそうなお口許。「御院さん！ 御院さん！ こんなお姿になられて！」次の言葉が見つかりません。南無阿弥陀佛、南無阿弥陀佛！

御手を撫でながら六十余年の大恩をしみじみと思いました。芦城国民学校の六年生でいらっしゃった若さん。あの混乱のさ中のご本山へ宗務総長として上がれました時。現御門首をたてられ宗政の大改革。そして蓮師五百回忌。すべての大事業を成し遂げられ、お寺へ帰って来られた時は嬉しかった。もう御院さんは何処へも行かれない。何時もお寺にいらっしゃる。そんな念仏申す身の拠り処であった御院さんにもうお目にかかれない。御法話が聞けない。

どっと悲しみが押し寄せました。「御院さん！ 御院さん！ 南無阿弥陀佛！ 南無阿弥陀佛！」ふと聞こえました。

弥陀の回向《えこう》成就して
往相還相《おうそうげんそう》ふたつなり
これらの回向によりてこそ
心行《しんぎょう》ともにえしむなれ（高僧和讃）

安楽浄土にいたるひと
五濁悪世《ごじょくあくせ》にかえりては
釈迦牟尼佛《しゃかむにぶつ》のごとくにて
利益《りやく》衆生はきわもなし（浄土和讃）

往相回向・還相回向。あぁ今、私は御院さんの御回向のなかにいる。ふっと思いました。

何時か安田理深《りじん》師の「法話の最も重いものは、死ぬ姿を見せる事。」と、み教えにありましたが、今、御院さんは身をもって私に御法話をしてくださっている……。

御院さん、有難う御座いました。この尊いみ教えを拠り処にこれから生きて参ります。南無阿弥陀佛！ 南無阿弥陀佛！ 南無阿弥陀佛！

合掌

（池野久子・画）

編集委員あとがき

能邨英士氏の年譜をたどってみると、真宗大谷派（東本願寺）の真宗同朋会運動のその始まりから関わってこられたことがわかる。一九五六年、「宗門白書」が発表されたその年に宗務所に奉職されている。宗門の激動の時代を、そのまっただ中で生きられた人。

特に、宗務総長在任期間の一九九四年から四年間、事柄の項目だけをたどっても、仕事の量の多さとその重さに息をのむ思いがする。

枳殻邸訴訟の和解や、いわゆる教団問題の最後の課題ともいえる門主後継者問題の解決等々。さらには、宗門における女性の問題、ハンセン病問題、靖国神社問題、臓器移植問題、さらに宗門の近代史の検証については大逆事件に連座した高木顕明の復権をはじめ、着実に具体的に推進された。

時代・社会の中で、親鸞聖人の教えを、大谷派の同朋会運動として、具体的でダイナミックな行政政策（運動）として提起し推進され、そして次の世代に託された。

その「運動」の中で、どれほど本当にたくさんの人たちが「親鸞」に出遇うことができたろう。この本に寄られた多くの人々の言葉からもそのことが知られよう。

超がつく多忙の中、毎週の新聞連載も担当されていたことを知った。

連載最初のタイトルは「恋愛」。

なにか意外な思いもしたが、恋愛の中でも特に「失恋」をとりあげられ、成就しない恋は人を育てる、「不幸を知らないものは不幸です。悲しみのわかる心こそ、本当に豊かな人間性であります」と語られる言葉から、暖かな笑顔を思い出した。

（山内小夜子）

私が同和推進本部に在籍のおり一九九七年の新年明け、恒例の本山宗務役員（職員）の集いが三階宗議会場で持たれた。そのとき宗務総長として能邨さんが「私たち宗務行政に携わる者は各分野で仕事をしていますが、つい何のため？　と目標が見えなくなるときが、きっとありましょう。私たち本山宗務所全体が、真宗同朋会運動の本部であることを憶念したいものです」と話されたその内容が忘れ難い。

＊　＊　＊

二〇〇七年七月出版の拙著『海の声』を贈呈したとき、長い丁寧な便りをいただいた。「まさに軍靴の音が近づく今日、このような優れた作品を世に送りだして戴いたことは、何より喜ばしく有難く思う…」。〇八年二月二日、大阪・南御堂での『海の声』出版記念会には、集い呼びかけ人を引受け、当日、小松市から二時間半かけて駆け付けて来て下さった。能邨さんは正月明けから体調を崩して入院、三日前に退院したばかりの体で出席されたのだった。

大阪・摂津市のわが手狭な菩提樹庵を訪ねて来られたのは〇八年三月十日。出して六年目となる、手書きA3判四頁・隔月刊のささやかな試み『菩提樹庵つうしん』を能邨さんにも読んでもらい、三十二号には紙上法話を書いてもらっていた。能邨さんは地元小松市の自坊で「仏弟子入門講座」を〇二年から開き、門徒さんたちが勉強に集まってくれているので、宗議会議員の任期が終わるころ、門徒さん向け通信を出したい。自分も手書きで試みたく、『菩提樹庵つうしん』をヒントにしたいので作り方の指南を、と。――改めて原点に立とうとされるその姿に、私は心打たれた。揮毫をお願いすると、ゆっくり「汝自當知」と書かれた。そのおり大阪・矢田で貰ったサイボシ（馬肉の薫製）を出すと、それを割いて美味そうに食べられた能邨さんの表情が、今も目に浮かぶ。

能邨英士選集作りに参加できて嬉しい。

（日野範之）

◉**賛同協力委員**（五十音順）

赤松範昭（遠慶寺住職・真宗大谷派宗議会議員／滋賀県近江八幡市）
渥美芳映（本覺寺住職／石川県小松市）
阿満利麿（明治学院大学名誉教授／東京都中央区）
安西賢誠（専念寺住職・真宗大谷派靖国訴訟を支援する会／愛媛県松山市）
池田勇諦（同朋大学名誉教授／三重県桑名市）
石川正生（玉永寺前住職・宗議会議員／富山市）
石原友之（西運寺住職／愛知県津島市）
一郷正道（京都光華女子大学学長／京都市）
一楽典次（宗圓寺前住職／石川県小松市）
鵜飼香尾留（乗西寺坊守／愛知県名古屋市）
大垣智（勸歸寺住職／石川県小松市）
正親《おおぎ》恒信（西宝寺住職／兵庫県姫路市）
大城《おおき》雅史（則善寺住職・宗議会議員／福岡県大川市）
大窪祐宣（専勝寺住職／石川県羽咋郡宝達志水町）
大澤秀麿（勝誓寺住職・宗議会議員／北海道上川郡剣渕町）
岡川秀映（覺照寺住職・宗議会議員／石川県鳳珠郡能登町）
尾畑潤子（泉稱寺衆徒／三重県いなべ市）
梶原敬一（姫路医療センター・医師／兵庫県姫路市）
加藤亨（光明寺住職／北海道旭川市）
金石晃陽（光福寺住職／北海道磯谷郡蘭越町）
金倉泰賢（高徳寺住職／北海道雨竜郡秩父別町）
亀谷亨（即信寺住職／北海道余市郡余市町）
釋《きく》氏《ち》政昭（福善寺前住職・宗議会議員／香川県高松市）
木《き》全《また》和博（寶泉寺住職・宗議会議員／愛知県名古屋市）
草野信之（真教寺住職／福岡県久留米市）
熊谷宗《そう》恵《え》（仰西寺前住職・宗議会議員／石川県金沢市）
訓覇《くるべ》曄雄（金蔵寺住職／三重県三重郡菰野町）
狐《こ》野《の》秀存（大谷専修学院院長／京都市）
酒井義一（存明寺住職／東京都世田谷区）
調《しらべ》紀《おさむ》（明永寺住職・宗議会議員／福岡県八女市）
千羽秀綱（教信寺前住職／北海道士別市）
高橋悉《つくす》（願興寺住職・宗議会議員／新潟県長岡市）
竹田英璣（法光寺住職／愛知県海部郡美和町）
立野義正（西岸寺前住職／富山県南砺市）
多屋宣（法栄寺住職／北海道空知郡中富良野町）
旦《たん》保《ぽ》立子（宗泉寺衆徒・宗議会議員／埼玉県さいたま市）
經《つね》隆《たか》優（願隆寺住職／石川県輪島市）
寺永哲（永専寺住職・宗議会議員／北海道網走市）
寺西伊久夫（佛聲寺住職／愛知県名古屋市）
内記達也（往還寺前住職／岐阜県高山市）
中津功（親鸞仏教センター嘱託／千葉県市川市）
中田吉美輝（勝光寺総代／石川県白山市）

中林徳雄（本明寺住職／石川県能美郡川北町）
浪花益夫（真宗大谷派参議会議員／大阪市）
波佐谷見正（正念寺住職／北海道厚岸郡厚岸町）
花園兼有（光圓寺住職／愛知県名古屋市）
菱木政晴（同朋大学大学院特任教授／京都市）
廣瀬杲《たかし》（聞光舎・大谷大学名誉教授／京都市）
福田元道（西念寺住職・宗議会議員／富山県高岡市）
藤井慈等（慶法寺住職／三重県松阪市）
藤内明子（明賢寺坊守／福島県いわき市）
藤沢紹子（頓随寺住職／大阪府松原市）
藤田智賢（浄善寺住職・宗議会議員／福井県鯖江市）
藤場芳子（真宗大谷派女性室スタッフ／石川県石川郡野々市町）
藤原正雄（西源寺住職／愛知県愛西市）
古田和弘（大谷大学名誉教授／京都市）
不破仁《ひとし》（長圓寺住職・宗議会議員／岐阜県大垣市）
戸次《べっき》公正《こうしょう》（南溟寺住職／大阪府泉大津市）
堀部知守（林照寺前住職／富山県高岡市）
本多一《かず》壽《ひさ》（護念寺住職・宗議会議員／大阪府寝屋川市）
本多祐徹（真宗大谷派女性室スタッフ／愛知県蒲郡市）
本間義悦（蓮心寺住職／青森市）
本間幸恵（蓮心寺坊守／青森市）
本間義敦（蓮心寺副住職／青森市）
真《ま》城《しろ》義麿（大谷中・高等学校校長／愛媛県今治市）
松岡満雄（廣圓寺住職／北海道苫前郡苫前町）

三浦長《はじめ》（安養寺住職・宗議会議員／愛知県刈谷市）
八島昭雄（徳生寺住職／北海道札幌市）
安原晃《こう》（安浄寺住職・宗議会議員／新潟県長岡市）
矢田政人（光壽寺住職／北海道天塩郡豊富町）
山口範之（浄泉寺住職／和歌山県新宮市）
兪《ユ》渶《ヨン》子《ジャ》（琉球親鸞塾発信人／沖縄県中頭郡読谷村）
吉田幸麿（量徳寺住職／北海道稚内市）
四《よつ》衢《つじ》亮（不遠寺住職／岐阜県高山市）
四衢信（智徳寺住職／北海道札幌市）

◉刊行委員

三浦崇（覺通寺住職・宗議会議員／三重県いなべ市）
玉光順正（光明寺住職・宗議会議員／兵庫県市川町）
佐々木五六（称名寺住職／石川県小松市）
見《み》義《よし》悦子（正覺寺坊守・真宗大谷派女性室スタッフ／富山市）

◉編集委員

能《の》邨《むら》勇樹（勝光寺住職／石川県小松市）
山内小夜子（祐泉寺衆徒《しゅと》／京都府長岡京市）
日野範之（菩提樹庵・普賢寺衆徒／大阪府摂津市）

◉編集協力…旦保哲夫／高村貴代美／森　和代／能邨奏美子／米津優喜子

◉編集会議の会場協力…養蓮寺（京都市下京区）

著者
能邨英士（のむら えいし）
1932（昭和7）年、小松市の勝光寺に生まれる。大谷大学で正親含英教授の下で真宗学を学ぶ。1956（昭和31）年卒業。同年9月真宗大谷派宗務所に奉職。宗務役員として同朋会運動の当初よりこれに深く関わると共に、東本願寺紛争といわれた事件には、その解決に奔走して即決和解、さらには新宗憲の制定に尽力した。1994年1月から98年12月まで宗務総長を務めた。2008年5月13日逝去。76歳。法名唯信院釋英嗣。

編者
能邨英士選集刊行委員会（代表：三浦 崇）
［下記に、ご意見・感想をお寄せ下さい（はさみ込みのハガキをご利用下さい）。］
- 〒511-0207　三重県いなべ市員弁町上笠田1936　覺通寺　三浦 崇
- 〒923-0923　石川県小松市東町87　勝光寺　能邨 勇樹

能邨英士選集
よきひとのおおせをかぶりて――真宗同朋会運動を生きた人

2009年5月13日　第一版第一刷発行

著　者　能邨英士
編　者　能邨英士選集刊行委員会
発行者　吉田朋子
発　行　有限会社 白澤社《はくたくしゃ》
〒112-0014　東京都文京区関口1-29-6　松崎ビル202
電話 03-5155-2615 ／ FAX 03-5155-2616
E-mail : hakutaku@nifty.com
発　売　株式会社 現代書館
〒102-0072　東京都千代田区飯田橋3-2-5
電話 03-3221-1321㈹／ FAX 03-3262-5906

カバー装幀　蓑輪秀一／装画　みのわ淳／口絵レイアウト　森和代
装幀・口絵協力　臼井新太郎
組　版　字打屋
印　刷　モリモト印刷株式会社
用　紙　株式会社山市紙商事
製　本　矢嶋製本株式会社

 ISBN978-4-7684-7929-2